사고 싶게 만드는 것들

고객의 오감을 만족시키는
미학 비즈니스의 힘

Aesthetic

사고 싶게 만드는 것들

Intelligence

폴린 브라운 지음 | 진주 K. 가디너 옮김

알키

유행을 선도하는 모든 이에게

계속해서 우리를 기쁘게 하고 영감을 주시기 바랍니다.
그리고 비즈니스에서 그 이상의 성과를 거두시길 바랍니다.

차례

미학이
중요하다

—

2015년 하반기의 어느 날, 당시 하버드 경영대학원 부학과장으로서 교수 채용과 기획을 담당하던 프랜시스 프레이Frances Frei를 만나서 강의하고 싶은 주제들을 의논하게 되었다. 내가 세계적인 명품 기업 루이비통 모에 헤네시Louis Vuitton Moët Hennessy, LVMH의 북미 회장인 시절이었는데, 프레이는 내 커리어를 토대로 브랜드 관리, 리테일, 명품 마케팅 분야를 맡길 수 있겠다고 추측했다. 괜찮은 제안이었지만, 뻔한 주제들로 강의할 생각을 하니 어쩐지 부아가 치밀었다. "저는 현장에서 배운 것들을 그대로 넘겨주기만 하는 교육에는 관심 없습니다." 내가 말을 꺼냈다. "그보다는 제가 얻은 지식과 경험들을 여러 종류의 사업에 적용할 수 있는 방법을 탐구하고 싶어요." 프레이는 흥미롭다는 표정을 지으며 어떤 강의를 하고 싶은지를 물었다.

"미학의 경영."

내 입에서 불쑥 튀어나온 그 문장에 프레이의 얼굴이 환해졌다. "너무 좋네요!" 프레이는 제목을 받아 적다가 고개를 치켜들고, "질문이 하나 있어요. 철자가 어떻게 되나요?"라고 물었다. 상황이 이럴 정도니, 하버드 경영대학원에서 미학을 다룬 전례가 없다는 사실은 그렇게 놀랍지도 않았다.

나는 이틀도 채 되지 않아 강의 계약서를 받았고, 두 달 후에는 공식적으로 하버드 소속이 되었다. 교육 기관치고는 이례적일 정도로 절차가 빠르게 진행되었다. 학생들은 강의를 반겼는데 이런 폭발적인 관심은 전혀 놀랍지 않았다. 경영 분야에서 새로운 관점을 갈구하는 것은 흔한 일이며, 일반적으로 미적 가치의 개념은 금전적 가치와 관련성이 없다고 여겨진다. 하지만 내 과거 경력(에스티 로더Estee Lauder의 전략 팀장으로서 기업 인수를 도맡고, 에이본 프로덕츠Avon Products의 전략을 세웠으며, 칼라일 그룹The Carlyle Group의 리테일 기업 투자들을 이끌었다)을 되돌아보았을 때, 내 직업적 성공과 더불어 내가 참여했던 여러 사업의 성공에는 와튼 스쿨 MBA 과정과 신입 시절 베인 앤드 컴퍼니Bain & Company에서 배운 정밀 분석 훈련만큼이나 미학을 이해하고 존중했던 내 태도도 틀림없이 중요한 역할을 했다.

이 책은 하버드 경영대학원에서 펼친 강의를 당신에게 전달하려고 집필했다. 내 목표는 미학을 이용해 가치를 드러내고 사업을 성공시키는 방법을 보여주는 것이다. 내가 미적 지능Aesthetic Intelligence, 혹은 '또 다른 AI'라고 이름 붙인 개개인의 미적 재능을 당신이 새로이 발견하고 갈고닦을 수 있기를, 그리고 금전적 가치를 창출하고 지속할 수 있는 방향으로 각자의 사업에 적용할 수 있기를 바란다.

미학이 단지 소비주의나 변덕스러운 유행의 얄팍한 겉치레로 느껴진다면 이 말을 명심하자. '미학은 그보다 훨씬 더 본질적이며, 경영 전략에서 결정적인 요소다.' 이미 안정된 사업이든 스타트업이든 상관없이 모든 회사가 이 문제를 진지하게 받아들여야 한다.

이 책에서는 네 가지 핵심을 강조한다. (1) 사업에서(그리고 그 너머의 것들에서도) 미학은 중요하다. (2) 누구나 미적 지능을 개발할 수 있으며, 사실은 우리 모두가 실제로 구현해내는 결과물에 비해 훨씬 더 대단한 능력들을 품고 있다. (3) 미적 비전과 리더십은 기업들을 넘어 사회의 전 부문까지도 변형시킬 수 있는 힘을 갖는다. (4) 미학이 없다면, 대부분의 기업은 치명타가 될 수 있는 변화에 쉽게 영향 받는다. 다시 말하면, 기업의 미학이 실패하는 순간 회사 전체가 무너진다.

각 장은 기업들이 미학을 이용해 시장 점유율을 높이고 고객의 충성도를 얻으며 지속될 수 있는 가치를 창출해낸 여러 사례를 보여준다. 미학의 힘을 설명하기 위해 이론과 과학에 기대고 있긴 하지만, 이 책은 기업 설립자, 사업가, 리더 등의 인물들과 그 기업의 이야기를 중심으로 전개된다. 여러 기업과 리더의 조건에 관한 수십 가지 사례들을 담고 있으며, 그중 상당수는 운 좋게도 함께 일했던 협력자들의 이야기다. 각 사업의 미적 자산들이 전반적인 가치를 높이거나 낮추었던 이 현실 속 예시들은 내가 주목하는 원칙들이 적용되는 과정을 실시간으로 보여준다.

누구에게나 가능성이 있다고 믿지만, 나 역시도 실용주의자다. 미적 지능을 끌어올리려면 시간과 노력을 쏟아야 하는데, 이는 근육을 키운다고 상상하면 쉽다. 미적 지능이라는 목적을 이루기 위해 여러 가지 접근법과 구체적인 연습들로 미적 근육을 만들고, 그 근육들을 이용해 고객을 내 편으로 만드는 과정은 다음과 같다.

첫 순서는 '적응attunement'이다. 주위 환경과 그 속에서 받는 자극들이 어떤 효과를 내는지 예민하게 받아들이는 능력을 발전시키는 연습이다. 둘째로는 '해석interpretation'이다. 감각기관이 자극을 받으면서 일어나는 긍정적이거나 부정적인 감정들을 미적 입장·선호·표현의 토대를 형성하는 생각들로 번역해내는 일이다. 그다음은 '명료화articulation'다. 팀원들이 전망을 이해할 뿐만 아니라 신중히 수행하도록 당신의 브랜드, 제품, 서비스의 미적 이상들을 분명하게 표현하는 것이다. 마지막은 '큐레이션curation'이다. 최대의 효과를 이루기 위해 다양한 소스와 이상들을 조직, 통합, 편집하는 일이다. 코코 샤넬Coco Chanel이 "우아함은 거절에서 비롯된다Elegance is refusal"라고 말했듯이, 미학을 달성하는 과정에서 편집에 관련된 지시는 정말로 중요하다.

이 책에서 내가 가이드나 선생님의 역할을 하겠지만, 나는 결코 미학과 관련해 특별한 재주를 타고난 사람이 아니다. 무엇이, 어떻게 미적 매력을 풍기는지, 그리고 사업이나 삶에서 왜 그렇게 미학이 중요한지를 이해하기까지 오랜 시간이 걸렸다. '미'를 발굴하는 과정은 하찮은 일이 아니다. 창의성과 취향은 측정, 분석 같은 부수적 요소로 폄하될 만한 것이 아니다. '또 다른 AI'의 발달 과정은 극도로 개인적이며 수치로 환산할 수 없고, 그렇기 때문에 더욱 가치 있다. 대부분의 사업들이 존재의 이유를 상실해가고 있는 흐름과는 반대로, 나는 미학이 불가피하다고 생각한다. 사람들은 더 이상 '물건'을 찾지 않는다. 그들은 배움과 발견의 기회를 필요로 하며 자신들이 누구인지, 각자가 어떻게 느끼는지를 표현하고 싶어 한다. 현대인들에게는 그들 자신과 세상을 더 아름답게 만들 도구와 영감이 필요하다.

내게 미적 진화가 일어난 결정적 순간은 1976년, 열 살 때였다. 그 시절의 나는 인생에서 귀 뚫기, 강아지, 파나소닉의 테이크 N 테이프Take-N-Tape 휴대용 카세트, 이렇게 딱 세 가지만을 갈망했다. 이 중 어느 한 가지만 얻더라도 미치도록 행복했을 테지만, 나는 모두 갖게 해달라고 부모님을 졸랐다. 비록 귀를 뚫기까지는 10년이 걸렸고 그 30년 후에 첫 강아지를 입양했지만, 당시 열 살의 나이로 미국 독립 200주년(1976년-역주) 하누카 명절에 부모님께 받은 선물은 내가 그토록 원하던 강청색 카세트 녹음기였다.

가볍지만 튼튼한 디자인, 근사한 곡선형 모서리들, 반짝이고 매끈한 페인트 마감, 오른편 위쪽에 별 모양으로 홈이 파여 있는 스피커, 이 모든 요소들이 어우러진 테이크 N 테이프는 내게 신비로운 위력을 행사했다. 그 선명하고 발랄한 색감은 당시 내가 너무 사랑해서 툭하면 꺼내 입던 폴리에스테르 재질의 아디다스 운동복과 잘 어울렸다. 나는 내 목소리를 녹음할 수 있는 기능에, 내가 갖고 있던 숀 캐시디Shaun Cassidy의 노래 테이프들을 재생할 수 있음에 감탄했다. 게다가 건전지가 아닌 전기선을 연결해서 작동할 수도 있었기 때문에 AM과 FM 라디오가 끊임없이 흘러나왔다. 내가 무엇보다도 사랑했던 건 그 짤막한 검은 버튼들을 누르는 감촉이었다. 재생, 빨리 감기, 되감기 버튼이 있었지만 특히나 녹음record 버튼이 좋았다. 또래 여자아이들 중에서 휴대용 카세트를 갖고 있는 사람은 나 하나뿐이었다. 덕분에 인기가 치솟았고 여기저기서 나를 불러댔다. 온종일 친구들과 목소리를 녹음하고 다시 들으며 시간을 보내곤 했다. 우리는 기술의 힘을 경외했다.

그 조그맣고 진기한 기계를 탐내는 10대는 나 혼자가 아니었다. 그 시대에 파나소닉이 출시한 기기들 중에서 이 카세트는 가장 상징적이며 최대 매출을 낸 소비재였다. 테이프 기반의 다양한 녹음기들이 출시되었지만, 테이크 N 테이프만큼 시각과 감정을 자극하지는 못했다. 돌이켜보니 내가 그 제품을 그토록 원했던 이유는 그 또렷하고 독특한 생김새와 느낌이었던 것 같다. 내가 살면서 만난 수많은 '미적 깨달음'들 중 최초였던 셈이다.

뉴욕 교외에 살긴 했지만 우리 집은 전통적인 유럽 유대인 가정이었다. 집의 진열장에는 빅토리아 시대부터 전해 내려온 골동품들과 가보들이 가득했고, 그래서인지 나는 더욱 더 그 기계의 간결한 초현대식 디자인과 재창조를 의미하는 상징성에 매력을 느꼈다. 테이크 N 테이프는 파나소닉의 "제품의 성격과 본질에 집중해, 도발적이면서도 또렷하고 매력적인 디자인을 만든다"[1]는 오랜 디자인 철학을 그야말로 완벽하게 담아냈다.

테이크 N 테이프처럼 개인적인 깨달음의 순간들은 내 취향과 열망을 형성해왔고, 40년 후의 구매행동을 결정했다. 나는 롱아일랜드 교외의 부유한 북부 해안 지역이자, 한때 F. 스콧 피츠제럴드F. Scott Fitzgerald가 거주하면서 《위대한 개츠비The Great Gatsby》의 웨스트 에그 졸부 생활을 지어내기도 했었던 그레이트넥에서 청소년기를 보냈다. 주위의 여자아이들은 빠른 속도로 성장했는데, 특히 그 변화가 쇼핑 습관에서도 두드러졌다. 나는 친구들이 사고 입는 모든 제품들을 관찰하고 흡수했다.

열세 살이 되자 또래 여자아이들 대부분이 유명 브랜드의 청바지를 갖기 시작했다. 상징적인 하얀 박음질선과 빨간색 상표, '울랄라Ooh la la' 캠페인으로 다른 비주류 브랜드들과의 차별화를 이끌어낸 사순Sasson 청바지가 독보적이었다. 우리 부모님에겐 그런 사치를 감내할 인내심도 여유도 없었던 데다가 내 베이비시터 아르바이트 수입은 사순 청바지의 진입 가격entry price이었던 34달러를 간신히 마련할 수 있는 수준이었기 때문에, 나는 관심을 돌려 고급 헤어용품에 돈을 쏟았다. 비달 사순Vidal Sassoon 샴푸 덕분에 희망을 얻었다. 구체적으로 말하자면, 그런 고급 제품을 쓰면 내 머리카락이 비달 사순 광고에 나오는 언니처럼 부드럽고 세련된 생머리가 되리라고 믿었다. 샴푸는 물론이고 단백질 트리트먼트, 린스까지 모든 종류를 원했다. 액제를 넘어 제품 용기의 그 둥근 형태와 고급스러운 초콜릿색에 사로잡혔고, '사순해요Sassooning'라는 아이디어도 마음에 쏙 들었다. 무엇보다도 거품을 내는 순간부터 진동하기 시작해 샤워 시간 내내 맡을 수 있었던 체리 아몬드향을 가장 사랑했다.

고등학교 1학년 때는 패션 잡화 브랜드 레스포색LeSportsac이 주목받기 시작했다. 내가 아는 모든 여자아이들이 그 브랜드의 립스톱 패러슈트 나일론(찢어지지 않도록 가공한 천이며 낙하산 제작에도 쓰인다—역주) 소재 토트백을 하나씩은 갖고 있었다. 제일 잘나가던 친구는 레스포색의 전 제품을 모으고 있었다. 가방을 사면 같은 색의 파우치가 딸려 왔고, 대담한 아이들은 갖고 있는 제품들의 색을 뒤섞어 독특한 조화를 만들어냈다. 색 선택은 개성의 표현이기도 했다. 내 가방은 올리브 그린이었다. 좋아하는 색 중 하나라서가 아니라(심지어 그렇지도 않았다), 그 색이 담고 있다고 여기는 상징이 좋았기 때문이었다. 나는 올리브 그린의 독창적이고 감정이 풍부하며 지적인 이미지를 원했다.

1984년에는 다트머스 대학교에 입학했고, 뉴잉글랜드 지역 사립학교 학생들이 뿜어내는 완전히 색다른 미학을 접하게 되었다. 나는 그 학생들처럼 입으려 하진 않았다. 솔직히 말하자면, 남자 같아 보이는 여자 동기들의 모습을 기피했다. 그렇더라도 그들의 털털하고 즐거움을 추구하는 당당한 분위기에 매료되었음은 분명하다. 물리적으로 자유롭지만 경박해 보이지는 않았고, 흐트러진 듯하면서도 단정했다. 당시 엘엘빈L.L.Bean 브랜드가 그 스타일을 가장 잘 반영했던 것 같다. 메인주에 있었던 엘엘빈의 공장 직영 매장은 쉬는 날 없이 24시간 동안 열려 있었고, 수많은 동기들이 양털 스웨터나 덕 부츠를 사려고 야밤에 먼 길을 다녀오곤 했다.

다트머스 대학교의 미학은 학생들이 마치 '교복'처럼 입던 패션 외에도, 교내 곳곳에 있었다. 상징적인 청록색(정확히는 팬톤 색상 번호 PMS 349), 라틴어 교훈이었던 "황야에서 외치는 목소리Vox clamantis in deserto", 1769년 설립 사실이 적힌 역사 깊은 휘장 등 다트머스 대학교를 상징하는 온갖 종류의 코드들이 가득했다. 심지어 뉴햄프셔주의 들쑥날쑥한 산과 거친 화강암, 기운차게 뻗은 상록수 등 자연 요소들까지도 학교의 정신을 표현했다. 이 모든 요소는 '다트머스'라는 브랜드가 강인한 개척 정신을 위해서라면 기꺼이 감각적 윤택함을 단념하고 황야를 숭배했던 미국 특유의 전통을 토대로 건설되었다는 사실을 꾸준히 상기시켜주었다. 다트머스를 졸업하던 즈음, 스타일에 대한 나만의 감각은…. 음, 살짝 뒤죽박죽이 되어 있었다.

여러 해 동안 유럽식 섬세함과 롱아일랜드의 현란함, 뉴잉글랜드의 공리주의까지 너무나 다른 미학들에 영향을 받게 되면서 내가 한때 매력을 느꼈던 스타일들이 서로 부딪혔고, 이 충돌하는 요소들을 한데 묶고 있었을 내 취향이라든지 자신감 같은 것들이 무너져갔다. 게다가 지적 능력을 날카롭게 연마하려고 받았던 엄격한 교육은 그저 내 감각만 둔하게 만들었다. 20대에 접어들 즈음에는 '나'는 없어지고 이성만 남았다. 나만의 취향을 표현하는 시도는 가로막히거나 묵살되었고, 모든 결정과 행동에서 합리성을 따졌다. 이런 과정은 스타일에 대한 감각만이 아니라 삶의 방향까지도 앗아 갔다.

미적으로 말하자면, 길을 잃었던 내가 다시 정상 궤도로 들어서기까지는 20년 이상이 걸렸다. 초기에 시도했던 방법 중 하나는 내 직업적(또는 공적) 정체성과 개인 정체성을 떼어놓는 일을 중단하는 것이었다. 사회 초년생 시절에는 사회에 진지하게 받아들여지고 성공하려면 '나'라는 사람을 억눌러야 한다고 생각했었다. 다시 말해서, 사회에 나를 맞추고 나만의 스타일을 숨겨야 한다고 생각한 것이다. 그리고 이 생각이 틀렸다는 것을 나중에야 깨달았다.

사실, 내 개인의 삶과 직업적인 부분 모두에서 가장 획기적인 발전은 내가 세상의 그 어떤 사람들보다도 잘하는 단 한 가지 일을 내보이고 자랑할 용기를 얻었을 때 찾아왔다. 그 한 가지는 바로, 폴린 브라운이 되는 것이다. 나 자신의 미적 이점을 실험할수록 더 많은 관심과 칭찬을 받았고, 더 큰 자신감을 얻었으며 성공을 누렸다. 게다가 사업을 따내고, 구축하고 성장시키는 일에도 내 지식을 적용할 수 있었다.

1997년에는 뷰티 산업에 뛰어들었고, 개인으로서의 나와 일터에서의 나를 융화할 때 생기는 강력한 힘을 이해하게 되었다. 아름다움, 스타일, 창의성에 값을 매기는 이 업계에서 내 자신을 드러내기 시작하자 나만의 취향을 표현할 수 있는 기회뿐 아니라 색다른 모습과 기술을 실험할 도구들까지 따라왔다. 하지만 이 시기에도 스타일을 바꾸는 과정에서 많은 실수를 저질렀다. 버터 빛깔이었던 내 금발 머리를 적갈색으로 바꾸려고 하다가 머리 전체가 자주색이 되기도 했고, 또 어떤 날에는 회사 야유회에 10센티미터도 넘는 하이힐을 신고 가는 바람에 발을 디딜 때마다 잔디밭에 구멍이 뚫리고 내 500달러(한화 60만 원)짜리 마놀로 블라닉Manolo Blahnik 구두가 더러워진 적도 있었다. 그리고 이런 사건들을 겪으며 꾸준히 배우고, 성장하고, 발전했다. 실수를 반복하지 않으려고 조심하긴 했어도 절대로 위험을 두려워하거나 실험을 중단하지는 않았다.

의류, 화장품, 파인 주얼리 산업을 포함해 거의 70개에 달하는 명품 브랜드들의 고향 LVMH의 북미 대표로서 세계 패션 산업의 정점에 앉게 된 시기에는 이제껏 경험해온 다양하고 이질적인 미적 요소들을 모두 끌어안으면서도 패션 그 너머의 영감과 자기표현을 중시해, 개인적 스타일의 강렬한 감각을 구현해냈다. 또한 내게는 전통적인 재무 분석과 운영 분석을 거쳐 나 자신의 발전을 사업 성과로 이끌고, 그 사업의 결정적인 문제를 해결하는 일에 내 미적 판단을 적용할 수 있는 능력이 있었다. 나는 회사에 필요한 인재를 고용하고 그들과 좋은 관계를 유지하는 일, 미학 중심의 단단한 내부 문화를 형성하고 보강하는 일, 창의적인 자원에 투자하는 일을 중요하게 여겼다.

LVMH 같은 디자인 중심 기업들 외에도 모든 사업에서 미학은 중요하다. 그리고 이 책은 어째서 미학이 그토록 중요한지를 알려줄 것이다. 독자는 각자의 판단과 스타일들을 섬세하게 조정하는 방법을 배우고, 상업성과 창의성 사이의 균형을 맞추기 위해 알아야 할 수완을 키우게 될 것이다. 나는 당신이 이 책을 통해 과연 무엇이 미적 사업을 이루어내는지, 원칙을 어떻게 적용해야 미적 이점을 얻을 수 있는지를 이해하여 결국에는 각 분야에서 각광받게 될 것이라 믿는다.

Part 1

Aesthetic
Intelligence

또 다른 AI 익히기

Aesthetic
Intelligence

CHAPTER

1

미적 이점

내가 LVMH에서 맡은 첫 임무 중 하나는 세상에서 제일 오래된 샴페인 하우스 뢰나르Ruinart, 이탈리아 귀금속 회사인 불가리Bulgari 등 LVMH 소속 브랜드들의 내부 운영 방식을 자세히 관찰하는 일이었다. 나는 뢰나르의 지하 채석장(저장고로 쓰인다-역주)과 포도밭을 방문했고, 불가리의 작업장에서 보석을 붙이고 세공하며 모양을 새기는 과정을 직접 보면서 경탄했다. 그리고 이런 경험들 덕분에 감각이나 미학을 자극해서 브랜드를 정립하는 새롭고 색다른 세상에 눈뜨게 되었다. 이 기업들이 생산 공정에서 중시하는 높은 품질과 독창성과 세심한 관리 체계는 수준 높은 미학 덕분에 고객의 심리에 영향을 미쳤다.

미학은 곧, 지속성이다. LVMH의 대표 베르나르 아르노Bernard Arnault는 다음과 같은 말을 했다.

"나는 아이폰을 쓴다. 그런데, 사람들이 20년 후에도 아이폰을 쓰고 있을 거라 장담할 수 있는가? 나는 아니라고 본다. 그때가 되면 아마도 새로운 제품이나 더욱 혁신적인 물건이 나올 것이다. 반면, 한 가지는 꽤나 확신할 수 있다. 사람들은 20년 후에도 돔 페리뇽을 마시고 있을 것이다."[1]

'미학aesthetics'이라는 단어는 주로 겉모습 묘사에 쓰인다. 사업에서 미학은 제품이나 포장의 디자인, 브랜드의 이미지와 정체성을 의미한다. 하지만 시각적 차원을 넘어서는 의미를 온전히 받아들일 때 그 단어는 훨씬 더 유용해진다. 내가 학생들에게 미학이라는 단어를 이해시켰던 방법이자 이 책이 계속 이야기할 방향은 다음과 같다. 미학은 우리 즉, 모든 사람들이 여러 감각을 통해 사물이나 경험을 인지하면서 얻게 되는 즐거움이다. 뒤에서 이야기할 또 다른 용어 '미적 지능'은 특정 사물이나 경험이 일으키는 느낌을 이해하고, 해석하고, 표현하는 능력이다.

미적 사업들은 대부분 오감을 모두 이용해 구매와 소비 그 자체가 즐거움이 되는 제품과 서비스를 제공한다. 그 결과로 소비자들은 유용성 때문이 아니라 그 제품이나 서비스가 시각, 미각(맛), 후각(냄새), 청각(소리), 촉각(체성감각)을 자극하여 불러오는 감각적인 즐거움을 위해 기꺼이 웃돈을 낸다. 미적 과제들은 기능과 거래조건만을 따지던 소비자들의 구매 동기를 변화시켜 그 상품이 얼마나 기억에 남을지, 경험과 열망에 어떤 영향을 미칠지를 고려하도록 만든다. 사업에서는 이런 과정들이 결국 제품을 향한 더 많은 수요, 고객들의 충성심, 주주가치 상승으로 이어진다.

현대인들은 물건 개수를 줄이고 싶어 하는 대신 더욱 풍부하고 의미 있는 경험들을 갈망한다. 지금은 고객이 정확한 날짜에 원하는 상품을 얻을 수 있도록 만드는 능력이 시장을 지배하는 세상이다. 이러한 세상에서 제품이나 서비스의 미적 가치는 기업의 장기적 성공에 결정적인 역할을 한다. 미학의 힘을 이용하고 싶다면 경영진, 기업가, 그 외 전문가들 모두 미학을 감별하고 회사 이익에 적용할 방법을 배워야 한다. 나는 이 결정적인 기술을 미적 지능, 혹은 '또 다른 AI'라고 부른다.

한 가지 미적 특성으로 소비자를 한 명이라도 사로잡을 수 있다면 그 사업은 승리한다. 와튼 스쿨에서 MBA 학위를 딴 1995년까지만 해도 나는 이 사실을 인지하지 못했다. 그리고 당시에 이를 알아챈 사람도 몇 명 없었다. (미학을 진지하게 다루지 않았다면 수년, 길게는 수백 년이나 살아남지는 못했을) 여러 명품 브랜드 회사에서 일하고 다양한 직급을 거쳐오면서 깨달은 사실이 하나 있다. 전통적으로 사업의 규모, 효율성, 혁신에 중점을 둔 기업들이 미학을 무시하고 오해하거나 미학에 투자하기를 게을리해서 그들의 금전적 가치와 소비자 가치consumer value를 무너뜨리고 있다는 것이다.

문제 해결 과정과 해결책을 마련하기 위한 전략들에 집중하는 '디자인 싱킹design thinking'과는 달리, 사업에서 이용하는 미학의 가치는 기쁨과 관련 있다. 다시 말하면, 미학은 감각적 경험들을 통해 인간 정신을 드높이고 상상을 불러일으킬 수 있는 기회다. 미학이 제대로 적용되면 기업과 고객 모두에게 큰 득이 된다. 오늘날은 물론 가까운 미래까지도, 미학이 있는 곳에 돈이 있다. 사업의 기능적인 문제들은 점점 더 컴퓨터가 해야 할 일이 될 것이다. 하지만 그렇다 할지라도 컴퓨터에게는 인간과 인간성을 재결합하는 새롭고 의미 있는 방법들을 강구할 능력이 없고, 앞으로도 그럴 것이다.

사회의 자동화는 분석, 데이터 수집, 해석, 심지어 인간의 신체를 이용하는 노동과 해당 직업까지도 아우르는 수많은 업무가 컴퓨터로 대체되는 현상을 의미한다. 이런 경향은 시간이 갈수록 점점 더 심해질 것이다. 우리는 과학 기술이 인간을 쉽사리 뛰어넘을 수 없는 분야에 각자의 재능과 기술을 발휘해야 한다. 이는 창작 활동을 하거나 아름다움을 창조하고 사람들 사이의 끈끈한 관계를 구축하는 일이 그러하며, 이 활동들은 바로 우리가 컴퓨터를 능가할 수 있는 지점이고 미래에도 지속될 것이다.

구글의 CEO였던 에릭 슈미트는 미래에 성공하길 바란다면 이 '힘의 분리separation of powers'를 관찰하는 법을 익혀야 하고, 우리가 가장 잘할 수 있는 일들을 전문화하면서도 관련 업무에서는 컴퓨터를 잘 활용해야 한다고 말했다. 과잉 생산과 산업 발전의 악영향을 줄이기 위해서는 상품들의 가격·접근성·폐기 가능성보다는 품질·의미·아름다움·지속 가능성을 더욱 중요하게 생각해야 한다. 미적 수준과 전략을 발전시키는 과정은 모든 사람과 기업을 아울러 그들의 경제적·사회적 유지 능력에 중대한 영향을 미친다.

좋은 소식:
미학은 학습할 수 있다
—

미적 사업을 이끌고 싶다면, 경영진들은 기업은 물론이고 고객의 미적 감수성과 미적 가치들까지도 적극 반영해야 한다. 구매 결정의 약 85퍼센트가 분석적 사고 대신 느낌 때문에 일어난다는 연구 결과가 있는데도 마케터들 대부분은 그 나머지 15퍼센트에만 치중한다. 다시 말하면, 그들은 상품의 생김새와 기능을 따지는 합리성에만 주목한다는 것이다.

사업에서 미학의 가치는 리더들의 미적 지능을 토대로 꼭대기에서부터 시작된다. 그 회사의 미적 입장에 맞는 조직·문화를 세우고, 지지하며, 지속시키는 리더의 능력이 미학의 가치를 결정한다. 모든 사람은 실제 사용하는 것보다 더욱 뛰어난 미적 능력들을 품고 있다. 물론, 선천적으로 소리와 리듬에 예민한 귀를 가진 음악가 밥 딜런Bob Dylan, 향·식감·맛의 균형 조절에 전설적인 능력을 타고난 볼프강 퍽Wolfgang Puck 셰프처럼 처음부터 유리한 조건이나 재능을 갖고 태어난 사람들도 있다. 하지만 해당 분야에서 꾸준히 활동하고 존재감을 유지하려면, (밥 딜런이나 볼프강 퍽 같은 사람들마저도) 자신의 미적 이점이 시들지 않도록 끊임없이 기술을 갈고닦으며 스타일을 발전시켜야 한다. 또한 세계 시장의 급변하는 흐름에 뒤처지지 않도록 노력하면서 기존의 표현 방식을 수정하고 변경해야 한다.

결국, 시대에 맞는 '적합성'을 잃지 않으려면 소위 클래식마저도 변해야 한다. 예를 들면 루이비통 브랜드는 해외여행이 처음으로 유행하기 시작한 증기선 시대에 등장했다. 하지만 2차 세계 대전 이후 증기선과 함께 사라지기는커녕 가치와 영향력이 더욱 상승했고, 그 어느 순간보다도 지금, 사람들의 삶에 깊이 관여한다. 오랜 세월 동안 유의미한 브랜드로 남아 있기 위해 루이비통은 무엇을 했는가? 루이비통은 선대가 남긴 문화적 유산과 그것을 개선시키는 과정 사이의 균형을 중시했다. 순식간에 모든 것이 변해버리는 이 시대에, 과거의 유산과 전통은 더더욱 중요하다. 하지만 브랜드가 미술관의 예술 작품처럼 보존되고 전시되는 것만은 피해야 한다. 어찌 되었든 제품은 유용하고 의미 있게 쓰여야 한다. 마케터들은 각 브랜드를 조사하면서 브랜드 유산의 어떤 측면이 여전히 유효한지, 그리고 반대로 어떤 측면이 역사 속 흥밋거리로만 남게 되었는지를 이해하는 데 시간을 투자해야 한다.

1800년대 중반에 여행용 트렁크 제작자로 활동하던 루이 비통은 바닥이 평평해서 여러 개를 쌓을 수 있고, 캔버스 천 소재를 사용해 상대적으로 무게가 가벼우며, 완전히 밀폐되어 내용물이 물에 젖지 않을 수 있는 커다란 가방을 출시했다. 증기선 시대 여행자들에게 이 새로운 가방은 유용하고 의미 있는 혁신이었다.

자, 이제 21세기로 건너뛰어보자. 거대하고 단단한 트렁크를 들고 다니는 모습은 현대의 여행에 그다지 어울리지 않는다. 그러나 해외여행을 생각하면서 느끼는 설렘만큼은 그 어느 때보다도 짜릿하다. 루이비통이 지금까지도 의미 있는 브랜드로 남게 된 가장 큰 이유는 광고에 쓰인 이미지, 매장 디자인, 심지어는 '[브랜드]가 1854년부터 현재까지 이어온 모험 정신을 되짚는다'라는 취지로 기획한 화려한 팝업 전시 "비행하라, 항해하라, 여행하라Volez, Voguez, Voyagez"2에까지도 강렬하고 현대적인 해외여행의 상징들이 두루 담겨 있었기 때문이다. 게다가 루이비통 제품들은 이제 가볍고 아담해져 비행기의 머리 위 선반에도 딱 들어맞는 크기가 되었다.

루이비통 외에도 애플, 월트 디즈니, 아디다스, 스타벅스 등의 선도 기업들이 지닌 공통점은 선대가 남긴 문화적 유산과 '브랜드 코드'에 가치를 두면서도 끊임없이 그 기업의 독특한 미적 특성들을 개선하고 장점을 강화한다는 것이다. 정체되어 있는 기업은 절대로 최고가 될 수 없다.

이들은 경쟁사와 비슷한 제품을 생산한다. 애플의 스마트폰에는 삼성과 비교되곤 하는 처리 기능이 있으며, 에어비앤비, 메리어트Marriott, 크레이그리스트Craigslist는 앞다투어 숙소 서비스를 제공한다.

미학은 곧, 차별점이다. 1,000달러(한화 약 121만 원)가 훌쩍 넘는 아이폰 X를 사려고 줄을 서거나, 테슬라 자동차 구매 대기 명단에 이름을 올리고자 흔쾌히 예약금 1,000달러를 내는 이유가 바로 '미학'이다. 미학은 에어비앤비가 그보다 20년이나 앞서 설립된 인터넷 회사와 세계에서 가장 큰 호텔 체인을 모두 제치고 굴지의 숙박 공유 플랫폼으로 우뚝 설 수 있었던 이유를 설명해준다. 에어비앤비를 통해 느끼는 예약 경험의 미학은 직관적이고 즐겁다. 웹사이트 디자인은 깨끗하고 고급스러운 데다가 그 기능을 이야기하자면 굉장히 직관적이다. 클릭 세 번 만에 예약이 끝난다. 사용자 편의성보다도 훨씬 더 중요한 점은 이 웹사이트가 사람들의 꿈을 돕고 격려하도록 설계되었다는 것이다.

우리가 미적 지능을 키우고 활용하기 위해 거쳐야 할 마지막 단계에는 내가 미적 공감aesthetic empathy이라고 부르는 개념과 관련이 있다. AI는 한 사람의 미적 감수성이 발전하면서 시작된다. 여기에 우리 자신과는 다를지라도 시장이 원하는 요소를 잘 반영하고 있는 타인들의 미적 감수성을 깊게 이해하고 존중하는 과정 또한 필수적이다. 조금 다르지만 좋은 안목이 있다고 해서 세상에 나쁜 안목이 없는 건 아니다. 나쁜 안목이 정말로 있다. 결국, 좋은 안목과 나쁜 안목의 차이를 인지하고 타인의 좋은 안목(예를 들면 미적 공감)을 예민하게 받아들이는 태도는 자신의 제품이나 서비스의 미적 표현들에 누가 반응하고 누가 반응하지 않을지, 그리고 어떻게 반응할지를 상상하고 예상할 수 있도록 돕는 귀중한 도구가 된다.

미학이 어떻게 자신의 사업에 이익을 불러올지를, 그리고 미학을 어떻게 효과적으로, 확실하게 적용할 수 있는지를 이해하게 되는 순간, 그 사업이 오랜 기간 지속될 가능성이 극적으로 치솟는다. 세계에서 가장 유명한 샴페인 브랜드로 꼽히는 뵈브 클리코Veuve Clicquot의 경우도 좋은 예시다.

19세기 초 프랑스 사업가 바브 니콜 퐁사르댕 클리코Barbe-Nicole Ponsardin Clicquot 부인은 샴페인의 미적 표현에서 혁신을 일으켜 '샴페인의 귀부인'이라는 별명을 얻었다. 그녀는 메종 클리코Maison Clicquot 설립자의 아들인 프랑수아 클리코François Clicquot와 1798년에 결혼했다. 남편 프랑수아는 샴페인 지식에 대한 열정을 아내와 나누곤 했고, 남편이 사망한 1805년에 클리코 부인은 27세의 나이로 경영권을 넘겨받게 되었다. 샴페인 사업은 그녀의 리더십에 힘입어 끊임없이 번창했다.

클리코 부인은 가업을 구하기만 한 게 아니라 그 사업을 발전시키기까지 했다. 클리코 부인은 리들링이라고 불리는 새로운 제조법을 개발해 샴페인의 맛뿐만 아니라 시각적 매력을 급격히 향상시켰다. 병 바닥에 고인 침전물이 입맛을 떨어뜨린다고 여겨 침전물을 없애려고 고안해낸 기술이 리들링이었으며 오늘날까지도 와인 생산에 같은 기법이 사용된다. 또한 최초로 로제 샴페인을 출시하기도 했다. 매력적인 분홍빛의 로제 샴페인은 전 세계 어느 곳에서나 결혼식 등의 특별한 행사에 널리 쓰이고 있다. 1772년부터 지금까지 클리코 브랜드의 상징으로 이어져온 달걀노른자 같은 색감의 상표는 클리코의 오랜 역사와 성격을 보여주며 강렬한 시각적 표식으로 남아 있다.

클리코 부인은 자신의 미적 지능을 이용해 기존 제품을 향상시켰다. 특별한 무언가를 창조해, 시간에 구애받지 않는 제품으로 만들었다. 강력한 미적 전략 덕분에 그녀의 기업은 세계를 선도하는 샴페인 브랜드들 중 하나가 될 수 있었다. 하지만 클리코 부인은 와인 사업에 대한 지식을 타고나지도 않았고 대학에서 디자인을 배우지도 않았다. 그 대신 남편 옆에서 주시하고 관찰했다. 그러고는 제품의 어떤 측면이 좋았는지, 어떻게 하면 좋은 제품이 될 수 있는지에 대해서 자신의 직감을 믿는 법을 터득했다. 이처럼 'AI는 학습될 수 있다'라는 생각으로 이 책은 시작되었다.

예술사학자 맥스웰 L. 앤더슨Maxwell L. Anderson은 정규 교육이나 좋은 성장 배경이 AI의 기본 틀을 잡아줄 수는 있어도 AI의 발전에서는 그 조건들이 불필요하며, 그 사실을 클리코 부인이 증명해냈다고 주장했다. 앤더슨은 이렇게 말했다. "품질 감정 능력은 누구나 개발할 수 있는 기술이다."[3] 요리를 좋아하는 사람들은 주방용품의 품질에 뛰어난 직감을 발휘할 확률이 높다. 자전거를 즐겨 타는 사람들은 자신의 철저한 기준에 따라 자전거를 고를 테고, 화가가 특정 브랜드의 유화나 아크릴 물감을 다룰 때도 마찬가지다. 앤더슨에 따르면, 사람들은 이런 기술을 예술과 디자인을 보는 눈으로 바꿀 수 있어야 한다. 요리사들에게 사랑받는 르크루제Le Creuset 주방용품은 예술가가 작품을 만들 때 발휘하는 고귀한 장인 정신과 똑같은 원리에 따라 제작된다. 일상에서 무엇이 특정 제품과 경험을 좋게 만드는지 아닌지를 구별하면서 이 능력을 연마해가자. 이러한 노력이 AI를 키우기 위한 첫 단계가 될 것이며, 꾸준히 연습하면 당신의 AI가 완성될 것이다.

품질에 대해 이해했다면, 그다음에는 타 제품을 베끼고 싶은 충동을 참아야 한다. 모방으로는 가치가 지속될 수 있는 그 어떤 제품도 만들어내기 어렵다. 장기적인 미적 결과물을 만들어내려면 진정성과 독창성이 반드시 필요하며, 특히 사업에서 더욱 그렇다. 패스트패션fast-fashion(소비자의 취향이나 유행을 반영하면서 빠르게 제작하고 유통하는 패션-역주) 브랜드들 상당수가 고급 디자이너 브랜드 옷들과 비슷한 패턴, 스타일, 형태를 대량으로 찍어낸다. 하지만 그 복제품들의 가치는 옷을 입을수록 점점 더 하락한다. 새 차를 타다가 되팔면 가격이 뚝 떨어지듯, 복제품에는 아주 적은 가치만 있을 뿐이다. 반대로, 에르메스의 버킨Birkin백은 경매에 나와 본래 소매가보다 훨씬 높은 가격에 낙찰되곤 한다.4

내가 에스티 로더의 전략 팀장 자리에 앉게 된 건 와튼 스쿨을 졸업한 지 몇 년 지나지 않았을 때였다. 컨설팅 회사인 베인 앤드 컴퍼니에서 일하다가 스카우트되었던 터라, 내가 쓰던 '베인식 일처리 도구상자'를 그대로 들고 새로운 직장에 가게 되었다. 베인 앤드 컴퍼니에서는 분석을 통해 사업을 이해하고 '수치 처리'와 재무 모델링을 토대로 사례를 구축하는 법을 배웠다. 에스티 로더의 최고운영책임자COO였던 내 새로운 상사 프레드 랑하메르Fred Langhammer와의 첫 회의는 놀랍고도 유익한 경험이었고, 나는 그 회의에서 정말 많이 배웠다. 랑하메르는 매우 야무진 성격에, 본론만 말하는 독일인이었다. 나는 숙제처럼 해온 시장 분석 자료들을 잔뜩 짊어지고 회의실로 들어갔다.

랑하메르는 내 베인식 보고서를 쾅 내려놓고는 근엄하고도 날카로운 푸른 눈으로 나를 바라보았다(그저 내 쪽을 보았을 수도 있다). 이런, 그는 내 자료에 관심이 없었다. 수치와 객관성에 의존해 성공 사례를 분석한 그 자료는 기발한 아이디어를 내지도, 진취적인 해결책을 제시하지도 않았다. 실행에 옮길 수 있는 것이라곤 아무것도 없었다. 랑하메르는 내가 사업의 주인처럼 행동하길 바랐다. 그가 원했던 건 논리와 객관성으로 기업을 관찰하기만 하는 사람이 아니라, 사업의 가치를 제안하는 문제에 대해 진정으로 이해하고, 인정하고, 고민하는 사람이었다. 그는 냉철한 분석가나 일손을 덜어주는 사람이 아닌 생각을 나눌 동료를 찾고 있었다. 전략 팀이건 아니건 내가 그 회사에 가치를 얹을 수 있는 유일한 방법은 화장품에 관련된 다양한 공정을 찾아다니고 매장에서 시간을 보내면서 고객들의 구매 동기, 열망, 꿈을 이해하는 것이었다. 랑하메르는 그 사실을 잘 알고 있었다.

즉, 나는 직원이 아닌 한 사람으로서의 나 자신과 다시 연결되어야 했다. 더 쉽게 말하자면 사람으로서 갖고 태어난 본래의 감각들과 다시 이어져야 했다. 회사가 가장 필요로 했던 부분은 더욱 상세한 재무 지표가 아니라 뷰티 제품들의 구매와 사용을 진정으로 즐겼던 개인의 통찰이었다. 베인 앤드 컴퍼니는 머릿속의 중요한 개념들을 현실 세계의 경영 사안에 적용할 수 있도록 도구상자를 안겨주었지만, 그 속엔 문제가 하나 있었다. 데이터 분석과 진단, 사실 관계에만 주목하는 이 도구상자는 인간으로서 겪게 되는 현실적인 도전들을 다루기에 너무나 부족했다. 그 도구들은 회사의 성장 과정, 경쟁 기업과 부딪히고 유통에서 어려움을 겪었던 사건 등을 보여주면서 어느 정도는 내가 회사의 이야기를 이해할 수 있도록 일조했지만 정작 인간의 이야기를 이해하는 일에는 조금도 도움이 되지 않았다. 다른 제품을 제치고 이 제품을 사는 사람들의 심리는 무엇인지, 한 회사가 어떤 방법으로 현재와 미래 구매자들의 관심을 끌고 무엇으로 그들을 기쁘게 하는지, 표적 집단 사람들(제품에 대한 의견을 묻기 위해 선발된 소수의 응답자들-역주)은 어떤 의견을 낼지, 베인 앤드 컴퍼니에서는 전혀 배울 수 없었다.

그게 다가 아니다. 베인식 분석은 사례가 튼튼하게 구축되고 데이터가 정확하다면 우리가 필요로 하는 모든 답을 얻을 수 있다고 나를(그리고 상당수의 동료 컨설턴트들과 클라이언트들을) 현혹하면서 보장성에 대한 감각을 착각하도록 만들고 있었다. 이제 나는 한 사업과 그 미래를 말해주는 정답은 그 어떤 도구상자를 불러와도 해결할 수 없을 정도로 복잡하게 얽혀 있다는 점을 안다. 에스티 로더가 그러하듯, 꿈과 열망에 바탕을 둔 회사라는 점을 강조하는 전략들은 색다르면서도 더욱 총체적인 모습으로 전달되어야 한다. 이런 깨달음을 얻고 나니 이전의 나라면 간과했을지도 모를 잠재성이 보이기 시작했다. 마치 수년간 존재했지만 잊거나 무시해왔을 내 안의 AI를 재발견하고 미적 깨우침을 파고들어야 한다고 누군가가 알려주는 듯했다. 내가 이제껏 쌓아온 분석 기반 기술에 미적 감각을 얹게 되니, 오히려 기존 기술이 더욱 탄탄해졌다.

내가 에스티 로더에 들어간 후 성사시켰던 첫 거래가 바로 아베다Aveda 인수였다. 오스트리아에서 태어나 미니애폴리스에서 젊은 스타일리스트로 활동하던 호스트 레켈바커Horst Rechelbacher는 1960년대 중반부터 헤어 관리의 범위를 재정립하기 시작했다. 레켈바커는 1941년생으로, 오스트리아에서 약초학자 모친과 신발 제작자 부친을 보고 자라 17세에 이미 세계적인 스타일리스트로 이름을 날리고 있었다. 20세에는 유럽에서 열린 헤어스타일링 대회에서 상을 탔고 이를 발판 삼아 유럽과 미국을 돌며 활발히 활동했다. 탁월한 적응력을 갖춘 그는 1970년엔 인도로 수행을 떠났다. 그곳에서 그는 인도의 통합 의학 체계인 아유르베다Ayurveda를 이용한다면, (식물 성분이 사용자뿐 아니라 지구에도 좋은 영향을 미친다는 개념을 바탕으로) 색다른 종류의 아름다움을 시사할 수 있겠다는 아이디어를 얻었다.

우리 모두는 각자의 환경과 경험이 만들어낸 산물이다. 이 말은 곧, 과

거의 경험이나 영향에 귀 기울이려고 노력하면 그 경험을 어떤 결과물로 만들어낼 힘을 기를 수 있다는 뜻이다. 레켈바커는 약초학자인 모친과 지냈던 자신의 성장 배경, 헤어스타일링에 대한 관심, 화학물질이 신체에 미치는 영향에 대한 이해, 인도에서의 경험들을 끌어오는 능력이 있었고 작은 부분보다 전체를 볼 줄 알았다. 그는 헤어 관리 제품에 흔히 사용되는 유해 화학물질에 유달리 민감했다. 새로운 뷰티 제품을 만들어낸 레켈바커 특유의 감각적 접근은 그 당시에도 획기적이었지만 수십 년 후에 아베다 인수를 맡은 나 역시도 한 가지 사실을 깨우치게 되었다. 아베다가 사랑받았던 이유는 그 제품의 품질 때문만이 아니었다. 친환경 제품 용기 디자인, 자연 재료를 사용했던 아베다 살롱들, 그리고 라벤더나 로즈메리 민트 같은 자연 소재의 향까지도 그 브랜드의 배려와 박애주의 사명을 표현했기 때문이었다.

지금이야 향이 첨가된 이런 유형의 제품들이 흔해 보일지 몰라도 당시 아베다의 행보는 독특하고 신선했다. 팬틴Pantene이 미국에서 판매 1위 샴푸로 이름을 날리던 시기에 팬틴을 인수한 프록터 앤드 갬블Procter & Gamble, P&G의 경우 굉장한 헤어스타일의 모델들이 등장해 브랜드를 홍보하는 값비싼 광고에 의지하기도 했지만, 결국 P&G가 추구하던 마케팅 전략의 핵심은 보습 성분인 판테놀이 펼치는 샴푸의 과학이었다. 그 시대의 소비자들에게는 샴푸가 감각을 충족해주리라는 기대가 아예 없었다. '건성', '지성', '보통'으로 나뉘는 모발의 특성에 적합한 트리트먼트 효능을 알리는 것이 그 시절의 샴푸 마케팅이었다.

레켈바커는 자신이 겪은 경험들을 한데 모은 총체적 이야기 속에서 모발과 삶과 지구를 모두 지킬 수 있는 혁신적인 방법을 뽑아냈다. 이런 과정은 특별히 타고난 재능을 필요로 하지 않는다. 그 어떤 사람이라도 인생에서 마주친 다양한 요소들을 살펴보고 패턴을 발견하거나 기회를 알아챌 수 있다. 당신이 자신의 인생을 돌아보면서 어떤 패턴을 보게 될지는 내가 말해줄 수 없는 부분이다. 하지만 적어도 이것만은 말해줄 수 있다. 자신을 둘러싸고 있는 요소들에 적응하고 자신이 알고 있거나 경험했던 일들을 끌어오는 순간, 새롭고 강력한 아이디어들이 솟아날 것이다. 레켈바커의 경우가 그러했으며, 그는 1978년에 회사를 세워 아베다를 세상에 알렸다.

아베다의 영향으로 우리는 머리를 감고 린스를 쓸 때마다 '아로마 테라피' 경험을 기대하게 되었지만, 1978년에는 상황이 달랐다. 레켈바커는 머리 감기를 다양한 감각이 공존하는 경험으로 탈바꿈시켰다. 아마도 내가 아베다의 금전적 성과 분석에만 집중했다면 훨씬 더 중요한 통찰을 놓치고 말았을 것이다. 고객들은 효능과 가치를 뛰어넘는 무언가를 선사하는 제품을 원했다. 그들은 제품이 자신과 자연을 다시 이어주길 바랐고, 가장 일상적인 일마저 특별한 경험으로 바꾸어주길 원했다.

설립자인 레켈바커 말고도 브랜드 측면의 사업적 잠재성을 이해하기 위해서 나는 고객들이 왜 아베다에 끌렸는지(예쁘고 향이 좋고 자연적이며 머리 감는 일을 단순한 치장 일과가 아닌 특별한 이벤트로 탈바꿈시켰다), 더 큰 범주의 문화에서는 무슨 일이 일어났는지(친환경적이거나 자연적인 성분에 대한 관심이 증가했고 환경 파괴를 우려하는 목소리가 커졌다) 등 단편적인 정보 조각들을 모두 끌어와 통합해야 했다. 이 과정에서는 아베다가 성공을 향해 나아갈 때, 미학이 맡았던 역할을 알아보고 관찰하는 방법을 터득해야만 했다.

조 말론 런던Jo Malone London을 인수할 때도 미적 가치에 대해 많이 배웠다. 밀레니엄이 밝아오기 직전인 1999년에 미국 향수 산업은 어려움을 겪고 있었다. 내가 일하고 있었던 에스티 로더는 당시 인기 제품인 화이트 리넨White Linen(새하얀 리넨), 플레저스Pleasures(즐거움), 뷰티풀Beautiful(아름다운) 덕을 보고 있었지만 전반적인 향수 산업은 하락세였고, 역사적으로 인기를 끌었던 향수 브랜드들은 시대에 뒤처진 이미지와 함께 판매량이 줄어들고 있었다. 뷰티 제품에 대한 고객들의 관심은 향수를 떠나 색조 화장품과 피부 관리 제품 등의 다른 서브 카테고리 쪽으로, 그리고 나스 코스메틱Nars Cosmetics, 바비 브라운Bobbi Brown, 로라 메르시에Laura Mercier처럼 더 작고 독립적인 브랜드 쪽으로 옮겨가고 있었다.

1994년에 모습을 드러낸 조 말론에게는 두 가지 유통 경로밖에 없었다. 그중 하나는 런던에 낸 조그마한 가게였고 그보다도 더 작은 '가게 속 가게'가 맨해튼의 버그도르프 굿맨Bergdorf Goodman 백화점에 들어섰다. 이 한정된 유통 경로에도 불구하고 뛰어난 안목과 영향력을 지닌 여성 고객들을 판매대로 끌어들이는 조 말론의 능력은 신비했다. 이 조그마한 회사의 미래를 예측하려면 여성들이 조 말론에 열광하는 심리만 알면 되었다. 조 말론의 제품을 구매하고 사용하는 경험은 그 강력한 미적 메시지 덕분에 특별했다. 작은 쪽지, 음식을 연상시키는 향(꽃피는 복숭아nectarine blossom, 후추를 뿌린 바질peppery basil, 새하얀 백리향white thyme)부터 깔끔하고 우아한 모양의 향수병과 믿을 수 없을 정도로 단순한 로고, 그리고 멋들어진 상자들을 감싸는 갈색 그로그랭 리본, 고급스러운 연노랑 쇼핑백까지. 이 모든 요소가 특별한 경험을 선사했다. 조 말론은 선물 포장과 같은 디자인들을 선보였고 고객 대부분이 스스로를 위한 선물을 샀다.

설립자 조 말론은 자신이 지닌 공감각적 재능(그녀는 소리와 색감을 냄새로 해석한다) 덕분에 젊은 나이에 성공할 수 있었다고 말했다. 보통 사회에서 이런 특징은 재능보다는 장애라고 여겨진다. 말론은 늘 향을 가까이하고 여러 향 제품을 사 모으면서 냄새에 특화된 자신의 감각을 사업적 이점으로 바꾸는 방법을 터득했다.⁵ 지금은 향초나 자연향이 나는 향수들이 무척 흔해졌지만, 말론이 향 제품을 만들기 시작했던 그 당시만 해도 화학 합성물로 만든 제품들이 큰 비중을 차지했다. 아베다의 설립자 호스트 레켈바커와 마찬가지로, 조 말론의 경우에서도 우리는 한 가지 감각적 요소(향)를 철저하게 파고든 관심을 사업에 적용하는 방법을 터득한 사람이자, 하나의 감각을 통해 받은 영감을 여러 감각을 자극할 수 있는 제품으로 만들어낸 사람을 발견할 수 있다. 한번 생각해보자. 이 세상에 훌륭한 헤어스타일리스트는 차고 넘치지만 헤어 관리 제품을 직접 출시할 수 있는 사람은 몇 없다. 공감각적 능력을 가진 사람은 많지만 집마다, 사람마다 다른 사적인 향을 개발해내려는 사람은 거의 없다. 결국, 아베다와 조 말론의 제품과 사업은 감각적인 요소들을 어떻게 알아차리고 구현할 수 있을지를 연구했던 미적 학습의 결과물이다.

몇 년이 지나 칼라일 그룹의 임원직을 맡았던 시기, 나는 창의적 선지자 크리스티나 칼리노Cristina Carlino가 세운 필로소피Philosophy라는 이름의 독립적인 뷰티 브랜드에 대한 투자를 밀어붙였다. 필로소피와 칼리노에 대해서는 책 뒷부분에서 자세히 다루겠지만, 이 인수 관련 경험 덕분에 깨닫게 된 한 가지는 지금 언급하고 싶다. 외형, 냄새, 촉감에 기반을 둔 산업일수록 오히려 브랜드의 언어, 말투, '목소리'가 더욱 강렬한 인상을 주기 때문에 그것들을 중요하게 생각해야 한다는 것이다. 칼리노는 자신의 브랜드가 고객들의 정신과 염원을 드높이고, 이루어질 수 없는 외적 아름다움의 기준보다는 내면의 아름다움에 주목하기를 바랐다. 마찬가지로, 필로소피의 대표 상품이 된 그레이스Grace(우아), 퓨리티Purity(순수), 리뉴드 호프Renewed Hope(새로운 희망)에서 드러나듯 칼리노의 제품들은 그저 예쁘기만 하기보다는 여성들을 기분 좋게 하는 목적으로 설계되었다. 제품의 품질에 단어 선택과 소통 방식과 특이한 서체가 결합되어 고객들에게 다가간 것이다.

우리 팀은 실사(의사 결정 이전에 하는 조사-역주)를 마친 후 칼라일의 창립 멤버 세 명이 속해 있었던 투자위원회 앞에서 그 거래의 가치를 발표했다. 분석, 핵심 가설, 성장 가능성은 물론 위험성까지 포함하면서, 최상위 결정자들 앞에서 최종 프레젠테이션을 한다고 상상하면 누구나 예상할 수 있는 모든 것들을 이야기했다. 그 당시는 칼라일이 뷰티 제품이나 그와 비슷한 종류의 무대에 뛰어들었다는 사실이 그리 알려지지 않았을 때였다. 칼라일의 창립 멤버들은 그들이 오랫동안 경험해온 항공우주, 과학기술, 방위, 통신 분야의 문화와 사업 관행에 더 익숙했다. 그럼에도 칼라일은 소비재(더 구체적으로는 뷰티 제품들) 분야로 확장을 노리고 있었고, 내가 그 기업에 뽑히게 된 것도 부분적으로는 그런 상황 때문이었다.

발표를 끝낸 우리는 그곳에서 최종 결정을 기다리고 있었다. 창립 멤버들 중 한 명인 일벌레 데이비드 루벤스타인David Rubenstein이 갑자기 정신이 번쩍 든 얼굴을 하고는 딱 한 가지만 묻겠다고 말했다. 나는 그가 가치 평가 사항이나 법적 문제를 질문할 거라고 생각했지만, 예상과는 달리 루벤스타인은 필로소피 제품 샘플을 하나 집어 든 채 당혹감과 어리둥절함이 뒤섞인 표정으로 이렇게 물었다.

"이 물건이 효과가 있긴 합니까?"

루벤스타인은 그 제품의 주된 매력이 효능이 아닌 미학에서 나온다는 사실을 이해하지 못했던 것이다. 제품은 당연히 '효과가 있었'지만 앞에서 이미 설명했듯, 효능은 충분한 격차를 만들어내지 못한다. 필로소피, 조 말론, 뵈브 클리코, 그 외에도 정말 많은 강력한 브랜드들이 후대에 남겨줄 유산이나 지속적인 가치를 가질 수 있는 것은 그들의 미학이 이끌어내는 기쁨 덕분이다. 루벤스타인은 당혹스러워했지만 다행히 거래를 막지는 못했고, 필로소피는 그 시기에 칼라일이 투자한 브랜드들 중 가장 성공적인 결과를 낳았다.

필로소피 소유 기간에 칼라일은 자금을 지원했고, 이 자금 덕분에 필로소피는 미적 가치를 철저히 지키는 경영 방식을 유지하면서도 발전하고 성장할 수 있었다. 뷰티 업계에서 일했던 나는 창의적 목표와 금전적 목표의 균형을 맞추는 일이 얼마나 까다로운지를 잘 알고 있었다. 내가 중재자 역할을 맡을 때도 많았다. 오랜 시간이 걸릴지언정 사업의 미적·창의적 자산들은 회사의 금전적 성공을 부른다. 미학의 힘이 없다면 사업도 없다. 지출이 있긴 했어도 그 회사의 미적 자본을 유지하고 확장할 수 있도록 돕기로 한 것은 옳은 결정이었다.

창의적이고 미래를 보는 혜안을 지닌 사람들을 데려와 임원직에 앉히고 다른 임원들과 동등한 권한을 주어 최대 능력을 발휘할 수 있는 힘을 실어주자. 모든 결정을 금전적 계산에 의지하면 안 된다. 특히나 데이비드 루벤스타인 같은 경영인에게는 미적으로 똑똑한 사람들로 주변을 채우는 것이 중요하다. 직급이 높다 보니 루벤스타인 스스로는 강력한 미적 감각을 지닐 필요가 없을지도 모른다. 하지만 미적 능력을 대신 발휘해 줄 원조자들은 그의 귀중한 자산이 될 것이며, 나는 이들을 주위에 두는 것이 무려 필수적이라고 강조하고 싶다.

미적 가치는 뷰티나 패션 업계 같은 디자인 중심 사업들에만 국한되지 않는다. 나는 고급 스테이크 전문 식당 체인점인 델 프리스코 레스토랑 그룹Del Frisco's Restaurant Group의 이사직을 맡았다. 델 프리스코는 경영진의 세심함을 바탕으로 식사 경험에서 마주하는 여러 측면들의 질을 높이고 매력을 발산하기 위한 노력이 성공 요인이었다. 직원들이 내오는 음식과 와인은 물론이며 그 외에도 조명과 음악, 배경에 깔리는 소리들, 향기, 심지어는 식기들의 디자인까지도 포함하여 델 프리스코의 "제대로 하자" 정신에서 나오는 이 모든 측면이 고객의 식사 경험을 만들어냈다. 내가 이 사회의 일원이 되었던 그 시기, 내 눈에는 델 프리스코가 '제대로 하지 못했'다고 생각되는 단 한 가지 요소가 보였다. 바로 직원들의 유니폼이었다. 여직원은 검은 티셔츠와 검은 치마를 입어야 했고, 남직원은 체형에 딱 맞는 흰색 셔츠, 검은색의 베스트와 바지를 입었다. 어느 것도 독특하거나 인상적이지 않았다. 사실, 이런 복장은 어느 식당에 가도 흔히 볼 수 있다.

델 프리스코의 경영진은 경험을 구성하는 요소인 유니폼에 전혀 관심 두지 않았다. 하지만 델 프리스코처럼 경쟁이 치열한 사업이라면 모든 형태의 자극이 고객에게 전달되어 그들이 기꺼이 돈을 내고 재방문하고 싶어 하며 긍정적인 경험을 소문내도록 만드는 효과를 확실히 알고 있어야 한다. 음식을 나르는 직원들은 최전선에 나가 고객과 상호작용하는 역할을 하므로, 직원들끼리 브랜드의 미적 감수성을 공유하면서 그것을 고객에게도 전달할 필요가 있다. 기존 유니폼 제작사들은 제작비와 기능과 내구성에만 주목하기 때문에, 맞춤형 유니폼을 만들고 싶었던 나는 뉴욕에서 활동하는 유능한 패션 디자이너이자 스타일리스트인 에다 구드문즈도티르Edda Gudmundsdottir에게 우리 팀을 소개했고 그녀는 프로젝트를 승낙했다.

구드문즈도티르의 주요 과제는 매장의 건축적 스타일과 색감, 메뉴 디자인, 마케팅 상황 등 브랜드를 지탱하는 조건들을 끌어와 델 프레스코의 크고, 뚜렷하고, 따뜻하고, 세련된 특성들을 표현하고 그곳에서의 식사 경험을 떠받치는 유니폼으로 번역해내는 일이었다. 그녀는 기업 이념 안내 책자를 공부했고 마케팅 자료를 샅샅이 훑었다. 여러 지점을 방문해 지역 조건이나 문화에 따라 생기는 차이들을 관찰하고 식사 경험 전반에 대한 고객들의 기대와 반응을 보고 들었다.

"그 후에는 살짝 스케치를 하고 인터넷으로 유니폼 판매사들을 조사했다. 제작비가 중요한 프로젝트였기 때문이다. 이미 유니폼 제작사들이 옷감에 대해서는 많이 알고 있었기 때문에 내구성은 걱정되지 않았고, 기존 실루엣에서 색과 장식을 바꾼 유니폼을 주문 제작할 수 있었다. 우리는 독수리 두 마리로 표현된 델 프리스코의 아름다운 로고를 남직원용 나비넥타이, 여직원용 앞치마와 스카프에 자수로 새겨 넣는 디테일을 추천했다. 전통적인 유니폼 형태를 유지했음에도 직원들은 그 디테일 덕분에 쉽게 눈에 띨 수 있었다."[6]

이러한 변화는 그녀가 고객에 대해 언급한 내용과도 잘 맞아떨어졌다. 구드문즈도티르에 의하면, 고객들은 고급 스테이크 하우스에서 솔직하고 남자답고 상냥하지만 흔하지 않고 신나기도 하는 이미지를 기대하며,

그 기대에 부합하는 독특한 경험을 원한다. 새로운 유니폼에는 이런 성격들이 모두 담겨 있었다. 은은하면서도 맵시 있었고, 너무 과하거나 요란하지도 않았다. 유니폼에는 연자주색 등 의외의 색감이 들어 있기도 했는데, 이 색감 덕분에 고전적으로 새까만 실내 인테리어 속에서 쉽게 눈에 띄었다.

"그렇게 나올 수밖에 없는 이유가 정말 중요하다." 이 프로젝트의 담당자이자, 미학 분야를 크게 발전시킨 구드문즈도티르가 말했다. "확실한 근거는 기존의 무언가를 단순히 베끼는 행동에서 벗어나 창의적으로 생각하도록 만들며, 그 덕분에 우리는 훨씬 더 커다란 플랫폼을 도구로 이용할 수 있게 된다. 남들을 따라 하는 브랜드는 눈에 띄는 발전이 없다. 그래서 나는 그 사업이 무엇을 의미하며 무엇을 하고 싶은지를 이해하는 일이야말로 각자가 더욱 독특해질 수 있도록 압력을 가하는 길이라고 생각한다."[7]

구드문즈도티르는 유니폼에 그치지 않고 머리 정돈법이나 화장, 액세서리, 기타 개인적인 부분들의 기준을 제시하면서 모든 직원들을 위한 스타일 지침을 제작했다. 최종 디자인들이 공개되었을 때, 한 가지 예상치 못했던 이점이 돋보였다. 직원들이 자신의 새로운 모습에 자부심을 느끼고 자기 역할에 더욱 열의를 보인 것이다. 그 열의는 고객들에게도 후광효과Halo Effect(51쪽 참조)를 미쳤다. 비교적 작아 보였던 투자가 엄청난 결과를 불러온 셈이다. 게다가 더욱 실용적인 측면들도 있었다. 그 적은 예산과 짧은 기한 안에서도 구드문즈도티르는 다양한 체형과 사이즈 요건에 맞출 수 있고, 소재가 튼튼하며, 재주문하거나 다시 제작하기 쉽고, 그 외 여러 부분에서 실용성을 고려한 유니폼을 완성했다.

유니폼이 제작된 후, 나는 멤버들에게 식사 경험의 모든 요소들을 일일이 나누어 분석하도록 지시했고, 고객과 식당 사이가 감정적으로 연결되는 상황들을 이해하도록 격려했다. 이 과정을 중요하게 받아들인다면(그리고 가장 귀중한 요소들을 향상시키고 강화하면서, 동시에 부족한 부분들을 뜯어고치거나 상쇄할 수 있도록 정성을 쏟기 시작한다면), 그 팀은 넓은 부문으로 개선을 확대해나갈 준비를 마친 것이다. 결국 델 프리스코의 경험은 전체적으로 더욱 풍성하고 매끄러워졌다.

델 프리스코는 전통적인 스테이크 하우스에서 볼 수 있는 요소들을 반영하길 원했다. 그 이유는 스테이크 애호가들이 고급 스테이크와 관련된 특정 단서들을 좇는 경향이 있었기 때문이었다. 예를 들면 스테이크 하우스 특유의 색감, 무게감 있는 포크와 나이프, 고깃덩어리에서 눈을 뗄 수 없게 만드는 매끄럽고 새하얀 도기 접시, 따뜻하고 아늑한 조명, 활기를 북돋는 음악이 그러했다. 하지만 델 프리스코는 따분하고 유행에 뒤처진 인상을 바라지는 않았다. 현대의 디자인과 문화를 사랑하는 성공적이고 세련된 고객들까지도 모두 사로잡을 수 있기를 원했다. 그래서 디자인을 살짝 비틀어 현대식 코드를 섞어 넣었다. 높은 천장으로 넓은 공간을 구현했고, 고풍스러운 곡선형 철제 난간을 재해석해 현대적인 느낌을 주는 디자인으로 완성했으며, 매장 곳곳에서 의외의 색감들이 튀어나왔다. 이 모든 요소들은 부담스럽지 않을 정도로만 감각을 자극하면서 독특하고 기억에 남을 만한 고객 경험Customer experience을 이끌었다.

고객과 탄탄한 관계가 형성되면 그 영향력은 엄청나다. 그 관계는 쉽게 만들어지는 것이 아니라서 많은 노력을 필요로 하지만, 미학이 있으면 가능하다. 미학을 잘만 이용하면 더욱 풍성한 브랜드 경험이 탄생한다. 창안자들에게는 지극히 개인적이고 깊이 있는 경험을 끌어낼 수 있는 방향으로 아이디어를 수정해야 할 의무가 있다. 현대의 소비자는 더 이상 물질적인 소유물을 늘리는 일에 관심이 없다. 이제 그들은 깊이와 의미를 추구한다. 그러한 이유로, 목적을 제공하고 느낌을 호소하며 상상을 불러 일으키는 브랜드들이 오래 지속된다. 이 브랜드들을 살아남게 한 힘은 상업성 너머로 마구 뻗어나가, 그 제품과 서비스에 감동받은 전 세대 사람들을 통합하고 그들에게 기쁨을 준다. 미적으로 윤택한 사업이라면 그 밑바탕에는 틀림없이 또렷하고 강력한 존재 이유raison d'etre가 있을 것이며, 결국에는 이 존재 이유야말로 브랜드가 고객에게 진정으로 도전하고 반응을 이끌어내며 매력을 발산하도록 만드는 힘이다. 이러한 브랜드들은 고객을 소비만을 추구하는 사람이 아니라, 궁극적으로는 살아 있음을 느끼길 원하는 인간이라고 여기고 그렇게 대한다.

CHAPTER

2

감각 깨우기

그리 오래되지 않은 지난날, 나는 우리 동네에 있는 홀 푸드Whole Foods 매장에서 목욕용 비누를 찾고 있었다. 비누들은 선반에 가지런히 줄지어 있었다. 한 박스 안에 여러 개가 담긴 비누들도 있었고, 패턴 장식이 된 종이나 골판지 박스에 개별로 포장되어 있기도 했다. 그중에서 한 줄로 놓인 비누 무리가 내 시선을 사로잡았다. 레몬, 오트밀, 바닐라 등의 식재료에서 영감을 얻은 색, 라벤더나 장미 같은 화초를 떠올리게 하는 색의 비누들이 가지런히 진열되어 있었다. 포장은 단순했다. 마치 '벨트'처럼, 노끈 한 줄이 각 비누의 중간 부분과 자연 갈색의 골판지를 한데 묶고 있었다. 나는 그 모습이 너무 좋았다. 디자인과 포장에 의도가 담겼다는 사실은 명백했다. 이 비누들을 제작하고 진열하는 과정은 수작업으로 진행되었을 것이다. 제품 그 자체는 물론이고 포장까지도 장인이 만든 주문 제작 상품 같아 보였고, 공장에서 찍어낸 합성물이 아니라 자연적으로 만든 비누 같았다. 비누의 양 끝을 노출시킨 채 군더더기를 뺀 최소의 포장 덕분에 제품의 부드러움을 느낄 수 있었고, 자연의 향을 맡을 수 있었다. 구체적으로 말하자면 진한 크림 같은 거품을 뿜어내리라 상상했고, 레몬향 비누는 내게 토스카나로 떠났던 여행을, 라벤더향은 프로방스 여행을 상기시켰다. 그리고 이 비누를 쓰면 내 몸이 비슷한 향을 낼 것만 같았다.

내가 그곳에 머물렀던 시간은 최소 15초 이상이었을 것이다. 나는 비누의 노출된 끝 쪽을 쓰다듬었고, 비누 덩어리를 코에 갖다 대면서 향을 맡았다. 포장으로 완전히 뒤덮인 다른 비누들에 비해 훨씬 비싼 가격(하나에 몇 달러나 더 비싼 경우도 있었는데, 일상용품이라는 측면에서 보면 가격차가 꽤 컸다)이었지만, 나는 당연한 것처럼 비누 두 개를 장바구니에 찔러 넣었다.

왜 나는 다른 비누들 대신 그 비누를 골랐던 걸까? 제품이 여러 감각(후각, 촉각, 시각)에 호소한 덕분에 나는 그 비누가 본연의 기능을 훨씬 넘어섰다는 느낌을 받았다. 평범하게 포장된 다른 비누들은 종이나 플라스틱 장벽에 갇혀, 이러한 감각들을 효과적으로 호소하지 못하거나 시도조차 하지 않는다. 한 제품이 다양한 감각을 통해 우리와 연결되는 순간, 유혹이 시작된다. 거대 브랜드의 비누든, 이름도 없는 비누든, 장담컨대 나를 깨끗하게 만들어주는 효과는 똑같다. 아마도 내가 고르지 않은 비누가 더 깔끔히 씻어줄지도 모른다. 누가 알겠는가? 하지만 나는 내가 직접 그 비누의 향과 느낌을 평가할 수 있다는 점에 기쁨을 느꼈고, 그 순간 비누의 기능은 부차적인 고려 대상으로 밀려났다. (그렇더라도, 내가 그 브랜드에 충성하는 고객이 되길 바란다면 실제로 사용했을 때에는 제품이 내 기대를 충족할 수 있어야 한다. 목욕 중에는 좋은 향에 파묻힐 수 있어야 하고, 거품은 크림 같고 호화로워야 하며, 피부가 부드러워지는 느낌을 받아야 한다.)

더욱 커다란 무대에서도 비슷한 매력을 찾아볼 수 있는데, 레고Lego, 보스Bose, 애플의 인터랙티브 스토어interactive store (고객에게 체험을 제공하고 소통에 초점을 두는 새로운 형식의 매장이며, 대부분 미디어 솔루션의 힘을 빌린다-역주)들이 좋은 예시가 된다. 레고 매장에서는 증강현실[1]을 통해 실시간으로 레고 블록, 장난감 조립세트를 갖고 놀거나 배울 수 있다. 연령에 상관없이 고객 모두가 참여할 수 있으며, 증강현실은 고객의 시각·청각·촉각에 어필한다. 보스 매장에서는 활짝 열려 있는 입구가 고객을 반기면서 그들을 거대한 공용 공간 속으로 이끈다. 우리는 매장 곳곳에 배치된 가판대에서 액세서리들을 체험해보거나 헤드폰이 매달린 자리에서 혼자 음악을 듣기도 하며 기기들과 가까워질 수 있다. 직원들은 물건 구매 유무에 상관없이 누구나 보스 제품을 사용해보도록 고객을 돕는다. 보스가 제공하는 듣기 경험이 다른 제작사의 제품보다 훨씬 우수한가에 대해서는 오디오 마니아들 사이에 의견이 분분할지 몰라도, 보스가 신선한 미적 경험을 선사한다는 사실 한 가지만은 확실하다. 애플도 비슷한 방식으로 매장을 운영한다. 고객들은 제품을 만져 그 부드럽고 매끄러운 표면을 느끼고, 소리를 듣고 음질을 평가할 수 있으며, 제품을 사용하는 즐거움을 직접 체험해보고 나서야 구매를 결정한다.[2]

나는 레고 블록, 보스 스피커, 애플 제품들의 기능이 반드시 다른 기업이 만든 블록, 스피커, 태블릿, 스마트폰보다 우수할 것이라 생각하지는 않는다. 하지만 내가 경험한 그 단순한 비누 덩어리처럼, 이들이 감각을 자극하는 이야기들을 풀어내는 방식 덕분에 우리는 이 제품들을 훨씬 더 매력적이고 기분 좋은 것으로 느낀다.

그렇다면 무엇이 고객에게서 기쁨이라는 감정을 이끌어내는가? 비누와 휴식, 캐시미어와 편안함, 클래식과 평온함, 아이스크림과 활기 사이를 연결 짓는 일만큼이나 기본적인 과정에서도 기쁨이 일어난다. 디자이너 잉그리드 페텔 리Ingrid Fetell Lee가 말한 바에 따르면, 환희, 행복, 기쁨(무엇이라 부르든, 순간적으로 경험하는 강렬하고 기분 좋은 감정은 모두 포함된다)은 대칭, 밝은 색감, 마음을 안정시키는 소리만으로도 쉽게 일으킬 수 있는 감정들이며, 실제로 혈압을 낮추고 면역 체계를 강화하며 생산성을 높이는 효과를 낸다.3 '오감'이라는 가장 기본적인 미학 언어가 가장 성공적인 구매 경험을 탄생시킨다. 우리는 미각, 후각, 촉각, 시각, 청각이 어떻게 따로 기능하며 상호작용하는지, 소비자들의 신체 안에서 오감을 활성화(또는 재활성화)하려면 마케터들이 어떤 노력을 해야 하는지를 모두 이해해야 한다. 이러한 이해 과정은 오감이라는 언어를 효과적으로 사용하기 위해, 그리고 더 나아가서는 한 회사가 경쟁력 있는 이점을 개발하고 유지하기 위해 꼭 필요한 열쇠다.

이 책 초반에 언급했듯이, 소비자 중 약 85퍼센트는 제품이나 서비스가 느낌(미적 기쁨)을 줄 때 구매를 결정하고, 겨우 15퍼센트만이 이성과 논리에 의존해 제품의 특징과 기능을 보고 구매를 결정한다. 아이러니하게도 마케터들은 제품의 특징과 기능을 홍보하는 일에만 거의 100퍼센트 집중한다. 물론 제품이나 서비스가 제 역할을 한다는 전제 조건이 있어야겠지만, 장담컨대, 여러 감각을 자극하고 무언가를 연상시키거나 감정적 연결을 이끌어내는 방법을 터득한 회사만이 얻는 장기적 가치가 존재한다.

감각의 예술과 과학

다양한 생물학적·신경 활동에 따라 감각이 느껴진다. 뇌는 이를 인지하고 판단한 후 그 감각에 관련된 기억에 접근하고, 결국 인물, 장소, 사건 등을 떠올리게 만든다. 미적 감각은 그냥 주어지는 것이 아니다. 특히 소비자를 사로잡는 경험과 순간을 만들어낼 때는 감각적 경험을 어떻게 해석하는지가 미적 감각을 좌우한다.

시각은 지배적인 감각이며 특히나 탈공업화 시대에는 그 비중이 더 커졌다. 시각은 빛, 색, 모양, 움직임 외에도 눈으로 볼 수 있는 우리 주위의 모든 것들을 인지하는 수단이다. 내재하거나 문화를 통해 들어온 기억과 경험들은 어떤 색과 형태에 연결된다. 우리가 본 것에 대한 해석은 당연히 뇌에서 일어나겠지만, 그 내용은 눈으로 본 특정 색이나 모양 때문에 조작될 수 있다. 서양의 경우 빨간색은 '정지신호, 피, 성행위'를 뜻한다. 노란색은 '발랄함과 햇빛'을, 흰색은 '순수함과 깨끗함'을, 녹색은 '신선함과 자연 그대로의 것'을 상징한다.

미각은 미감이라고도 불리며, 물질에서 맛을 찾아내는 능력이다. 인간을 포함한 모든 척추동물의 경우, 미각은 뇌가 맛을 인지하는 과정에서 꽤 빈번하게 간접적인 후각과 짝을 이룬다. 미각은 중추신경계의 기능이며, 미각 수용기는 혀 표면, 입천장의 부드러운 부분, 인두와 후두개의 상피조직에 두루 퍼져 있다. 오래전부터 우리는 인간이 단맛, 짠맛, 신맛, 쓴맛의 네 가지 미각 자극을 갖고 있다고 배워왔다. 하지만 최근에는 감칠맛(풍미라고 묘사되기도 한다)이라고 부르는 다섯 번째 감각이 추가되었다. 단맛은 재미, 탐닉과 연관되어 있다(아이스크림, 초콜릿). 짠맛은 온기와 편안함을(집에서 만든 파스타, 구운 치킨, 채소 수프), 감칠맛은 힘과 활기를 떠올리게 한다.

후각은 우리 코 안의 수용기와 신경이 주위의 화학물질을 감지하면서 일어나는 화학적 과정이며, 냄새는 익숙함, 쾌적함, 역겨움이 될 수 있다. 후각은 대뇌변연계 구조의 일부인 후각신경구와 연결되어 있으며, 후각 신경구는 인간의 뇌에 아주 오래전부터 자리 잡았던 기관이다. 냄새와 관련된 감각은 뇌의 근원적 기능인 생존 기제에 뿌리를 둔다. 다른 감각들이 모두 시상에서 모이는 반면, 후각은 시상과 연결되지 않는다. 냄새는 감정, 학습, 기억을 담당하는 편도체와 시상하부로 직접 전달되지만 다른 감각들의 경우 직접적인 연결은 없다.[4] 새로 깎은 잔디의 냄새는 초여름의 기억을 불러일으킨다. 감귤류, 특히 레몬은 청결을 암시하며, 소나무는 겨울의 축제 분위기를 상기시킨다. 이 세 가지 냄새 모두 결국에는 우리를 행복하게 만든다는 연구 결과가 있다.[5] 커피 같은 어떤 냄새들은 문제 분석 능력을 높여주기도 한다.[6]

촉각은 체성감각계에 속한다. 수용기와 처리 기관들이 엮여 다양하고도 넓게 퍼져 있는 네트워크다. 기분 좋은 감각들이나 온도, 고통을 인지하도록 돕는 감각이며 결국에는 대뇌피질의 두정엽 안에서 처리된다. 촉각의 수용기들은 피부와 상피조직, 골격근, 뼈, 관절, 내장에 고루 퍼져 있으며 심지어 심혈관계에도 있다. 캐시미어는 호화롭고 아늑한 감각을 상기시킨다. 촘촘하게 엮인 옥양목 이불의 부스럭대는 질감은 우아하고 정돈된 느낌을 주며, 농장의 대충 깎아 만든 떡갈나무 탁자는 힘과 지속력을 느끼게 한다.

청각이 뇌로 전달되는 과정의 첫 단계는 소리가 외이도 안으로 빨려 들어가 고막을 울리는 것이다. 고막의 진동은 이소골을 지나 달팽이관으로 이동해 그 안에서 용액을 흔들게 되고, 그 과정에서 유모세포가 구부러진다. 달팽이관 한쪽 끝의 유모세포는 저음 정보를, 다른 끝은 고음 정보를 생산해 내보내고 청신경이 이 신호들을 받게 된다. 청신경은 이들을 뇌로 보내는데, 이때 뇌는 이 신호를 시끄러운 소리, 부드러운 소리, 편안해지는 소리, 거슬리는 소리 등으로 해석한다. 인간은 특정 소리들에 반응하도록 적응해왔다. 드릴 소리는 성가시고 짜증스러운 느낌을 주고, 우리는 그 쿵쿵거리는 소리를 피해 창문을 닫거나 길을 건넌다. 아기 우는 소리가 들릴 땐 괴롭다고 느껴 그 근원지를 찾게 되고, 이런 경우 이상적인 결과는 그 우는 아이를 달래게 되는 것이다. 개 짖는 소리는 조심하라는 경고로 인식되며, 웃음소리를 들으면 긴장을 풀고 그 재밌는 사건에 동참해야 할 것처럼 느낀다.

후광 효과

—

미적 기쁨은 특정 제품, 브랜드, 서비스, 경험 등을 마주쳐 감각이 깨어날 때, 특히 오감 중 최소한 세 가지 이상이 충족될 때 개인이 느끼는 깊은 만족이나 즐거움이다. 흥미롭게도 이런 형태의 기쁨은 제품이나 서비스를 소비할 때도 발생하지만 제품이나 서비스를 소비하던 당시의 경험을 회상하고 기대하는 과정에서도 생긴다. 후자의 경우, 소비자는 제품의 감각적 요소들과 관계가 이루어질 때 일어나는 감각을 기억에 새기고 그에 따라 경험을 회상하거나 기대하게 된다. 소비자가 기쁨을 인지하는 경우를 조사한 연구에 따르면 50퍼센트는 과거의 감각적 경험들이 남긴 기억과 기대에 연관되며, 나머지 50퍼센트는 오감이 무리를 지어 소비자를 유혹하는 과정에서 생겨나는 즉각적 경험과 관련 있다.

나는 이것을 후광 효과라고 부른다. 내게 있어 후광 효과는 회사들이 어떻게 조직을 중심으로 금전적 성공을 퍼뜨릴 수 있는지를 말하는 단어가 아니라, 경험들이 어떻게 준비 단계, 실제 경험, 경험의 기억으로 구성되는 연속체가 될 수 있는지를 설명하기 위한 용어다. 출산은 후광 효과의 좋은 예시다. 태어날 아이에 대한 두근거리는 기대, 신생아를 쓰다듬을 때의 부드러움과 아이의 냄새가 얼마나 경이로운지를 기억하는 일은 출산에 수반되는 극심한 고통에 또렷이 대비된다. 고통의 기억은 멀어지거나 잊혀지고 곧 둘째에 대한 기대가 생긴다…. 그리고 처음의 두근거림과 기대감이 다시 등장한다.

정말 좋았던 외식을 떠올려보자. 먹는 기쁨도 있지만, 이후에 가지는 기억도 외식 경험의 일부이다. 즉, 미래에 그 식당에 방문하기로 다짐하거나 기대하는 것도 그 식당에 대한 경험의 일부가 되는 것이다. 롤러코스터 탑승 경험도 마찬가지다. 롤러코스터에서는 스릴도 느끼지만 축제나 공원 안에서 가족, 친구들과 함께 보내는 시간과 트랙 위에서 위아래로 오르내리며 느낀 감각의 기억들이 그 경험에 의미를 부여한다. 2018년 여름에 프랑스를 여행했던 기억은 존 F. 케네디 국제공항의 기다란 줄, 비좁은 비행기 좌석들, 여기저기로 트렁크를 날라야 하는 피곤함, 비싼 여행 경비 등의 이유로 충분히 망가질 수 있었다. 하지만 지금 내가 기억하는 것은 끝없이 펼쳐진 프로방스의 라일락 꽃밭, 굉장한 식사, 친구들과 파리에서 하던 쇼핑, 처음으로 파리를 여행한 내 10대 딸과의 연대감뿐이다. 이는 친구들에게 자랑하는 이야기들이자 내가 계속해서 음미하는 기억이다.

디즈니월드로 떠난 가족 여행은 후광 효과의 또 다른 예다. 보통 놀이 공원에서는 즐거운 경험이 대부분이겠지만 견딜 수 없을 만큼 덥고 후텁지근한 올랜도 날씨와 특히 피크 타임에 인기 놀이기구 앞에 생기는 고통스럽게 긴 줄, 너무나 비싼 식사 등등, 결점이 없는 것은 아니다. 하지만 디즈니월드 여행을 묘사해보라고 하면 우리 대부분은 아이들의 미소, 미키마우스를 껴안았을 때의 두근거림, 왕국을 산책하는 공주를 발견했을 때의 황홀감, 화려하고 행복한 오락거리들의 세례를 순식간에 떠올려버린다.

다음 디즈니월드 휴가를 준비하면서는 지난번에 탔던 놀이기구를 다시 경험하고 새로운 캐릭터들을 만날 수 있다는 기대로 점점 더 신나게 된다. 우리는 올랜도의 고통스러운 더위나 애스트로 오비터Astro Orbiter의 스핀을 느끼기 위해 차례를 기다리던 지겨운 순간이 아니라, 그때 경험했던 즐거움만을 기억한다. 디즈니월드가 제공하는 마법 같고 몰입감 높은 경험 덕분에 사람들은 자신의 감각과 감정을 모두 활용하면서 디즈니월드와 관계를 맺는다. 그리고 그곳에서 판매하는 기념품들은 디즈니의 마법을 보존하고 그 기한을 연장시킨다. 나쁜 기억들은 금세 구석으로 밀려나게 된다.**7** 보고, 듣고, 맛보고, 냄새를 맡는 지극히 사적인 경험을 선사하는 다른 소비자 경험 또한 우리에게 비슷한 몰입의 기회를 제공할 수 있다. 사적인 측면에 닿을 때, 그곳에 수익이 있다.

디즈니월드는(그리고 그 기업도) 거대한 규모를 자랑하지만, 이 사례가 가르쳐주는 교훈은 크기와는 아무 관련이 없다. 디즈니월드는 그들이 '손님'이라고 부르는 고객들이 직접 한 겹씩 베일을 벗겨가면서 점점 더 브랜드를 알아가도록, 미리 신중히 계획해둔 작고 사적인 순간들을 차례차례 내보이는 방향을 선택했다. 이제 다시 내 비누 이야기로 돌아가보자. 비누 제작사는 직접적이고 실감 나는 경험을 선사할 수 있는 방향을 세웠고, 맞춤형 포장이라는 방법을 썼다. 그 비누들은 잡동사니로 둘러싸인 진열대를 헤치고 뻗어나가 소비자에게 닿았고, 선택되었다. 아마 필사적이었을 것이다. 감각을 불러일으킨다는 측면에서 보면 이 비누 회사는 디즈니월드와 크게 다르지 않다. 내 경험을 예로 들자면 식료품을 고르는 일상적인 순간에 비누를 발견한 직후, 지난 여행에서 멋진 향과 예쁜 색감을 마주치고 즐기면서 편안함을 느낄 수밖에 없었던 기억들이 되살아났다. 비누 쇼핑 기회가 다시 찾아왔을 때 나는 그 작은 순간을 기억하며 또 한 번 멋진 경험을 쌓을 수 있기를, 혹은 그 비누를 다시 살 수 있기를 기대할 것이다. 이 모든 과정을 경험한다고 생각하면 비누 두 개에 10달러라는 가격이 그리 비싸지는 않다.

불행하게도, 수많은 기업들은 후광 효과에 대해 몇 번이고 잘못 생각한다. 소비자의 경험consumer experience을 처음부터 끝까지 충분히 고려하지 않았기 때문이다. 예를 들어, 나를 따스하게 반기는 옷가게나 양품점이 있다고 가정해보자. 그 환대 덕분에 들어가는 길이 매력적이고 즐겁게 느껴지며, 직원은 아첨 한마디 없이 필요한 도움만 준다. 하지만 어떤 때에는 돈을 지불하는 과정이 짜증스럽게 느껴지고, 매장을 떠날 때는 최고급 백화점들마저도 기계적이고 무관심한 인상을 준다. 어느 부분 때문에 불쾌해질 때도 있고, 그 정도에는 못 미치더라도 최소 특별할 것이 없었다는 기억도 있다. 이와 관련해 소매업자들은 조금만 노력하면 소비자의 쇼핑 경험을 훨씬 즐겁고 신나며 기억에 남는 일로 만들어줄 수 있는 사람들인데 이를 간과하는 경우가 많다.

전통적인 소매점들은 죽어가고 있는 것이 아니라, 방향을 잃은 것이다. 그들은 틀에 박힌 데다가 잊히기도 쉽다. 그렇다면 소매업체가 고객들에게 기존보다 나은 인상을 줄 수 있는 방법은 무엇이며, 더 나아가 정말 긍정적인 인상을 남기려면 어떻게 해야 하는가? 가장 먼저, 고객을 맞이할 때와 똑같이 헤어질 때도 따뜻하게 인사하자. 단골 고객들에게는 직접 손으로 쓴 편지를 보내 관심과 고마움을 표현할 수 있다. 이런 노력들이 작아 보일 수도 있겠지만, 사적으로 보내는 쪽지의 효과를 과소평가하지 말길 바란다. 텍사스 대학교의 한 연구 결과[8]에 따르면, 감사 쪽지를 받은 사람들은 연구자들이 예상했던 것보다도 높은 수치의 '황홀감'과 '행복감'을 느꼈다. 평균을 따져보니 실험 참여자들이 답신을 쓰기로 결정하기까지는 5분도 채 걸리지 않았다. 제품을 구매하는 사람들에게 작은 선물을 주는 것도 좋다. 이상적인 선물은 향수 샘플, 포푸리(말린 꽃이나 나뭇잎으로 만든 방향제-역주), 군것질거리 등 그 가게에서 팔지는 않지만 상호 보완이 되며 창의성이 돋보이는 물품들이다. 방문 고객의 이름을 부르면서 말을 걸거나 감사 표현을 하는 것도 추천한다. 고객의 이름은 신용 카드 앞면에서 쉽게 찾을 수 있고, 재방문한 고객의 이름을 외우는 것도 어렵지 않다. 이런 시도들은 굉장히 간단하고 추가 비용도 거의 없다.

고객의 가방을 들어주겠다고 제안하는 것도 필요하다. 예를 들면 차 트렁크까지 옮겨주는 것이다. 나는 주로 거절하는 편이지만 이러한 제안을 받으면 긍정적인 인상이 오래 지속된다. 쇼핑백의 경우에는 예쁜 디자인과 내구성을 함께 지녀야 한다. 조금만 투자해도 그 쇼핑백은 고객이 소중히 보관하며 재사용하는 '기념품'이 된다. 나는 티파니앤코Tiffany & co.나 에르메스에서 받은 쇼핑백(상자들도 마찬가지다)들은 보관하지만 메이시

Macy 백화점에서 받은 쇼핑백이나 싸구려 상자들은 도착하자마자 버린다. 1950년대에 에스티 로더는 소비자를 깊이 배려한 개인 맞춤형 판매 전략을 선도했고, 그중 많은 방법이 아직까지도 효과를 발휘한다. 에스티 로더 매장에서 특정 수분 제품을 문의하면, 직원들이 마사지를 하듯 직접 손에 발라줄 것이다. 이 행동으로 인해 대부분의 사람들이 즐겁고 편안하게 느끼는 지극히 친근하고 따뜻한 순간이 탄생한다. 어떻게 안 살 수 있겠는가?

바이트 뷰티Bite Beauty는 매장을 모두 '립스틱 랩lipstick lab(립스틱 실험실-역주)'이라고 칭한다. 뉴욕, LA, 샌프란시스코, 토론토에 여러 지점이 있는데, 전형적으로 깨끗하고 매끈한 실험실 같은 모습이면서도 패셔너블하고 편안하다. 바이트 뷰티의 기술자들은 길쭉한 형태의 환한 작업대에서 고객에게 어울리는 색을 조합해 하나뿐인 색을 만들어내면서 그들의 능동적인 참여를 돕는다. 조그마한 립스틱 하나를 사는 과정이 지극히 개인 맞춤형이며 특별하다. 이런 전략은 제대로 교육받지 못해 심드렁하게 응대하는 직원에게 무시당하거나, 거대한 매장 안에서 버려졌다고 느끼는 너무나 흔한 쇼핑 '경험들'과 뚜렷한 대조를 이룬다. 고객의 구매력을 떠나 사람 한 명 한 명에게 관심을 갖는 직원들의 세심한 서비스가 전달되면, 그 답례는 재방문이 될 수밖에 없다. 소셜 임팩트 디자인의 대가 피터 머홀츠Peter Merholz는 이런 말을 했다.

"[리테일에서] 과학 기술은 사람을 대신하거나 효율성을 높일 때가 아니라 오히려 쉽게 교류할 수 있도록 돕거나 절대 기계로 대체될 수 없는 부분에 도움을 줄 때 성공한다. 사람들 사이의 대화 같은 상호작용이 그 해답이다."**9**

감각에 호소한다면 그가 말하는 연결을 이루어낼 수 있다. 바이트 뷰티는 매장의 디자인, 조명, 분위기, 담당 직원들을 활용하여 화장품이라는 일상적인 소비재를 구매하는 행위를 창조적이고 상호작용하는 경험으로 끌어올린다.

젤라토 가게인 그롬Grom 역시 전매특허나 다름없는 판매 전략을 시도했다. 이탈리아 토리노에서 2003년에 설립된 (2015년에 유니레버Unilever가 인수했다**10**) 그롬은 레몬, 생강, 캐러멜, 히말라야 핑크 솔트, 마다가스카르 바닐라, 베네수엘라 초콜릿 칩이 들어간 라즈베리 셔벗 등 여러 가지 특이한 맛을 선보이기도 하지만 '당신이 원하는 만큼' 가능하다는 무료 시음이 아이스크림의 품격을 높인다. 직원들은 그 평범하지 않은 맛을 만드는 혼합 과정을 교육받고, 고객의 기습 질문에 철저히 대비하며 실제로도 열심히 대답한다. 당연하게도 그롬 매장에서는 문 밖으로 길게 늘어진 대기 줄이 일상이다.

나는 조 말론 향수 매장에서 쇼핑하는 시간을 유난히 좋아한다. 조 말론의 감각적 어필 때문이다. 그 모든 요소 하나하나가 나를 특별한 사람으로, 마치 그들이 '나만을 위한다'라고 느끼게 해준다. 직원들은 철저히 교육받았고 조 말론의 여러 향들을 자세하고도 친절하게 설명해준다. 또한 향을 비교해보는 경험을 좋아하고 즐긴다면 그 많은 향수들을 언제까지고 뿌려볼 수 있도록 고객을 배려한다. 구매 순간이야말로 조 말론 방문 여정의 가장 신나는 대목이다. 구매한 물건이 선물로 포장되는 순간, 그 계산대에서 조 말론 브랜드는 더욱 살아난다. 직원들은 정성스럽게 제품을 박스로 감싸고 그 위에 그로그램 리본을 묶어 호화로운 쇼핑백 안에 넣는다. 고객은 화려한 선물을 넘겨받는다. 집에 도착한 고객은 '선물'의 포장을 뜯고 뿌듯한 마음으로 옷장이나 탁상에 배치하며, 그렇게 경험을 지속한다.

나는 소매업체들이 구매라는 마지막 순서에 관심을 기울이지 않을 때 놀라곤 한다. 오프라인 상점이 아마존Amazon, 웨이페어Wayfair, 제트Jet 같은 온라인 경쟁자들에게 맞설 수 있는 유일한 방어책은 실제 매장 안으로 들어가야만 하는 이유를 주는 것이다. 고객의 감정에 어필한 효과는 판매 그 자체를 넘어선다. 그렇다면 판매량은 어떠한가? 한 사람당 더 많은 물건을 사게 되는가? (모두가 꼭 그렇지만은 않지만) 나는 나를 도와주어 호감이 생긴 직원, 독특한 포장이나 수분 화장품을 발라주던 방법이 떠오르면 그 매장을 재방문하고 제품을 재구매했다. 이러한 원리가 바로 '미적 리테일 경험의 후광 효과'다.

졸리 레이드:
추의 아름다움
—

아름다움이나 기쁨에 대한 일반적인 기준에 따르지 않고도 감각을 자극하여 미적 기쁨을 얻을 수 있다. 추ugliness나 공포를 포함해 불쾌감을 주는 많은 경험에서도 미적 기쁨이 발생한다. '아름답지는 않지만 매력 있다'를 의미하는 프랑스 단어 졸리 레이드jolie laide가 그 개념을 가장 잘 보여준다. 우리는 나를 밀어내는 무언가에 끌린다. (당연히 항상 그런 것은 아니겠지만) 이러한 개념 덕분에 사람들이 헤비메탈 밴드 앤스랙스Anthrax, 공포 영화 〈엑소시스트The Exorcist〉, 드림월드 놀이공원의 타워 오브 테러 Tower of Terror 롤러코스터에 끌리는 이유가 설명된다. 심지어 패션조차 추에서 즐거움을 찾는 인간의 감각을 이용하여 고객을 감동시키고 사로잡기도 했다.

디자이너 필리프 플레인Philipp Plein은 조잡함이라는 미학을 거대 사업에 끌어들였다.[11] 그는 원피스나 스포츠웨어에 해골을 잔뜩 매달고, 검은 새틴을 화려한 색감의 거대한 꽃들로 장식하는가 하면 금속 징을 이용하거나 옷에 모조 다이아몬드, 테디 베어를 붙이기도 하고, 끝단을 특이한 모양으로 마감하거나 지폐 형태를 차용한 디자인과 극적인 실루엣의 옷들을 선보이는 등 지나치게 기이한 패션으로 유명하다. 플레인은 패션에서 어디까지가 개성이라고 여겨지는지에 대해 한계를 실험한다. 그 결과, 플레인은 탄탄한 팬층은 물론 그에 못지않은 안티팬들까지 얻었다. 그러나 그를 부정하는 사람들은 팬들을 더욱 충성하게 만드는 원인이 되었다. 그를 싫어하는 사람들이 있다는 점 때문에 더욱 끌리고[12] 호기심이 왕성해진 것이다. 이 독일인 디자이너의 왕국이 점점 더 확장을 거듭하는 것으로 보아, 어쨌든 지금 이 시기만큼은 추한 사업이 사람들에게 긍정적으로 받아들여지고 있다.[13]

내가 '어글리 패션ugly fashion'이라고 부르는 미학을 이용해 성공을 이룬 구찌의 사례에도 배울 점이 많이 있다. 2015년에 구찌를 지휘했던 알레산드로 미켈레Alessandro Michele는 자유로운 안티뷰티antibeauty 미학을 무늬print·패턴·그래픽에 접목한 사람으로 유명하다. 깜짝 놀랄 정도로 의외의 패턴과 색감들을 사용해 뚜렷한 '긱 시크geek chic(조용한 모범생이나 기술 마니아들이 입는 괴짜 같은 복장을 높이 평가하는 패션-역주)'를 보여준 그의 독특한 시도를 바보 같고 시시하다고 폄하하는 원칙주의자들도 있을 것이다. 하지만 미켈레의 디자인은 유럽 명품을 접하는 신선한 방향을 제시했고 그 덕에 많은 이들이 관습에 얽매이지 않는 색다른 방법으로 자신을 표현할 기회를 얻었다. 미켈레는 어느샌가 따분하고 규칙에 얽매이게 되어버린 명품 패션을 끌어와 다시 재미있고 창의적인 무언가로 탈바꿈시켰다. 그가 자신의 디자인 전체에 두루 표현하는 정신은 '많을수록 더 좋다more is more'다. 쉽게 말하면, 더 많은 색감과 더 많은 무늬, 더 많은 질감이다.

미켈레의 디자인은 기이할수록 더 좋다. 기이한 디자인이야말로 사람들과 감각적으로 연결되는 기회를 열어주기 때문이다. 그중 1960~1980년대 복고풍 디자인을 보고 우리는 지금보다 더 단순한 세상이었을 지난 시간들을 떠올린다. 사람들은 마치 낭만이 가득했던 것처럼 느껴지는 과거의 모습에 행복과 안정을 느끼며, 그 시대에는 세상에 존재하지도 않았을 어린 고객들마저도 비슷한 감정을 느낀다(구찌의 젊은 고객층에게는 흔한 일이다). 이러한 정신은 인기와 성공을 동시에 불러온 스니커즈 운동화들이나 화려한 색감의 니트웨어에도, 신발·핸드백·지갑·백팩·스웨터·데님 셔츠·후드 티·가죽 점퍼·스카프·액세서리 등 구찌의 다양한 품목에서 등장하는 강아지가 프린트된 상품들에도 여실히 나타난다. 언스킬드 워커 Unskilled Worker라고 불리기도 하는 헬렌 다우니Helen Downie가 미켈레가 키우는 보스턴테리어인 보스코와 오르소를 그래픽 이미지로 베개에 새겨 넣어 선물한 적이 있는데, 미켈레는 이 예술가에게 받은 영감으로 구찌의 강아지 일러스트들을 창조했다. 미켈레를 아주 잘 보여주는 일화다. 그는 한 예술가에게 영감을 받아, '놀라움과 재미'라는 감각이 담긴 소비자 상품으로 번역해냈다. 그렇다고 이 디자인이 패션계의 관습적인 미를 담았는가? 전혀 아니다. 이 강아지 상품에도 역시나 사람의 마음을 흔드는 무언가가 있고, 그래서 도전하고 싶게 만든다.

'어글리 패션'은 그 추를 매력이나 독창성 등의 질적인 면을 어필하기 위한 목적으로 이용했을 때에만 오래 지속될 수 있다. 천박하거나 냉혹한, 진정으로 못난 특성들을 바탕으로 형성된 추는 절대 이점이 될 수 없으며, 고의가 아니었다고 해도 마찬가지다. 디즈니의 구피를 연상시키는 퍼그와 으르렁거리고 피에 굶주린 것 같은 불도그를 상상해보자. 퍼그가 침을 질질 흘릴 것 같긴 하지만 대부분의 사람들은 전자의 이미지를 사랑스럽다고 여기며, 후자 이미지는 소름 끼친다고 느낀다. 구찌의 실패작인 블랙페이스 스웨터도 좋은 예다. 2019년 2월, 입술 부분을 빨갛게 수놓은 890달러(한화 약 107만 원)짜리 검은 스웨터들을 출시한 구찌는 제품을 모두 리콜했다. 그 스웨터를 비판하던 사람들은 구찌가 유색 인종들을 많이 고용했더라면 생산에 들어가기 훨씬 전부터, 예를 들면 디자인이나 마케팅 단계에서 이미 그 스웨터가 부적절하다는 사실을 알아차릴 수 있었을 거라고 지적했다.[14]

패셔니스타들은 기억력이 짧은 편이기에 나는 이 사건이 크게 주목받을 거라고 생각하진 않지만, 이 이야기에는 교훈이 담겨 있다. 새롭게 떠오르던 영향력 있는 패션 구매층 중에서도 도시에 사는 아프리카계 미국인들은 세련되고 유행에 한발 앞선 스트리트 패션에 누구보다 빨리 적응했다. 구찌가 현시대에도 유의미하다고 여겨지며 성공할 수 있었던 요인에는 그 특정 고객층에 어필하는 브랜드였던 점이 컸다. 이러한 배경이 있으면서도 몰지각한 제품을 출시했다는 사실에 사람들은 격렬히 반발했다. 그러나 구찌는 비슷하게 인종 문제에 무감각한 실수를 저지른 돌체앤가바나Dolce & Gabbana[15]나 프라다[16] 등의 경쟁 기업들에 비해 보다 능숙하고 적절하게 대응했다. 상품을 다시 거두어들이고, 사과문을 발표했으며, 디자인 팀의 유색 인종 비율을 높이겠다고 약속했다. 아프리카계 미국인이자 할렘을 기반으로 활동하는 디자이너 대퍼 댄Dapper Dan과 아프리카계 인플루언서들에게까지 도움을 요청해 이런 종류의 실수를 피하려면 어떻게 해야 하는지를 이해하려고 노력했다. 브랜드의 시대적 적합성은 쉽게 깨질 수 있는 예민한 지위다. 그리고 관객이나 문화적 기준들의 변천을 즉각 받아들이는 감수성이 바로 적합성을 지킬 수 있는 열쇠다.

눈에 보이지 않는 디자인과
감각적 즐거움
—

업계 최고의 기업들은 쉽게 감지하기는 어려워도 강한 영향력을 내뿜는 감각적 경험들을 선사하곤 한다. 나는 이것을 눈에 보이지 않는 디자인Invisible Design이라고 부른다. 이러한 요소들은 뚜렷이 보이지 않아도 결코 가치가 낮다거나 사소하지는 않다. 립스틱에 들어가는 원료는 어느 브랜드나 비슷하다. 그렇다면, 도대체 왜 수많은 여성들이 월마트에서 9.99달러(한화 약 1만 2천 원)에 파는 레브론Revlon의 체리색 수퍼 러스트러스Super Lustrous 립스틱 대신, 니먼 마커스 백화점에서 그보다 네 배는 비싼 42달러(한화 약 5만원)나 내면서 샤넬Chanel의 루쥬 알뤼르 벨벳Rouge Allure Velvet 립스틱을 사는가? 샤넬 립스틱이 발림성이 좋고 색이 오래 지속된다고 말할지도 모르지만, 진실은 그 여성들이 고급 립스틱을 사용하는 미적 경험을 선호한다는 것에 있다. 알아볼 필요도 없이, 빨간색이 모두 그러하듯

원료의 품질은 비슷하다.

아마도 샤넬 립스틱 실린더의 무게감이나 반짝이는 금속 테두리, 'C' 두 개가 겹친 모양으로 뚜껑에 우아하게 새겨진 로고가 사용자의 즐거움을 끌어올렸을 것이다. 게다가 드러그스토어의 조악한 조명 아래에서, 가위가 없으면 열 수 없는 투명한 플라스틱 포장에 갇힌 채로 선반 끝에 매달려 있는 립스틱을 찾아, 계산대에서 바코드를 찍으려고 오랫동안 줄을 서야 하는 레브론 립스틱에 비하면 샤넬 립스틱을 사는 경험은 고상하고, 호화로우며, 즐겁다. 나는 레브론이(그리고 그 제품을 판매하는 드러그스토어들까지도) 샤넬을 연구하면 제작비나 판매가를 높이지 않고도 미적 자본을 개발하고 판매량을 늘리는 방법을 많이 배울 수 있을 거라고 생각한다.

레브론의 경우, 한 개에 몇 페니만 투자해도 립스틱의 2차 포장(화장품 용기는 1차, 겉면의 상자는 2차 포장이다-역주)을 작고 딱 맞는 박스로 변형하여 선물할 가치가 있다고 느껴지는 고급 제품으로 만들 수 있다. 참고로 말하자면 뷰티 제품 판매 분야에서는 소비자가 스스로에게 선물하는 장면을 염두에 두어야 한다. 마찬가지로, 립스틱 본체에도 제품의 이름이나 브랜드 로고를 새길 수 있다. 샤넬은 이 디자인 요소를 이용해 립스틱을 바를 때마다 평범한 여느 브랜드가 아니라 샤넬 립스틱이라는 점을 확실히 느낄 수 있도록 만든다. 지금의 레브론 광고는 "왁스 대신 젤을 이용한 기술"이라며 기능에 초점을 맞추고 있고 "바르기만 하면 사랑에 빠진다"라는 고루하고 진부한 표현을 쓴다. 레브론은 여성들을 유혹하는 시각적 신호와 독창적인 사진 스타일로 강렬한 인상을 남기는 샤넬의 광고 언어를 참고해 부족한 부분을 채워갈 수 있다.

머천다이징merchandising(시장조사와 같은 방법에 의거하여 수요 내용에 적합한 상품 또는 서비스를 적정 가격으로 유통시키기 위한 일련의 계획 과정-편집자) 부분을 이야기하자면, 레브론은 립스틱이나 마스카라 등 화장품 종류에 따라 구분하는 것 대신 '컬러스테이ColorStay'나 '포토레디PhotoReady'와 같이 컬렉션으로 나누거나 '스모키 눈화장', '섹시한 로커'처럼 화장 후 얻게 되는 모습을 강조하는 분류로 물건을 진열해야 한다. 이러한 변화는 소비자의 눈길이 단순히 한 가지 문제를 해결하는 개별 제품을 벗어나 한정판 시리즈나 전체적인 스타일로 향하도록 이끈다. 하지만 그 무엇보다도, 이러한 변화는 소비자가 꿈을 꿀 수 있도록 돕는다. 뷰티 시장에서 소비자들이 구매하는 것은 일련의 제품을 통해 접하게 되는 하나의 경험이며, 자기만을 위한 제품이자 그 브랜드에서만 살 수 있다고 느끼는 특별한 경험이다.

매니큐어 브랜드 에씨Essie가 이런 부분을 잘한다. 에씨 매니큐어도 레브론 립스틱과 마찬가지로 샤넬보다 몇 배는 저렴한 가격으로 판매되는 제품이다. 샤넬의 르 베르니Le Vernis 매니큐어는 니먼 마커스 백화점에서 28달러(한화 약 3만 5천 원)에 팔리고 대형 할인점 타깃Target에서 파는 에씨 매니큐어는 9.99달러(한화 약 1만 2천 원)에서 시작한다. 하지만 독특한 디자인의 매니큐어 병이야말로 에씨의 혁신이었다. 제품의 실제 색을 볼 수 있도록 겉면을 최대한 비웠으며 심지어 브랜드 이름인 에씨마저도, 병의 내용물을 가리거나 제대로 볼 수 없도록 만드는 라벨 인쇄 대신 유리에 각인 형태로 쓰여 있다. 가장 중요한 점은 에씨가 기능에서부터 감정까지 아우르는 상징적인 색 이름들(예를 들면 연분홍색 대신 '발레화Ballet Slippers'를, 밝은 빨간색 대신 '크기의 중요성Size Matters'을 내세웠다)을 쓰면서 가치와 매력을 창조했다는 것이다.

좋은 맛을 만드는 소리와 형태

—

미감은 다른 네 가지 감각에 비하면 자주 언급되지 않는다. 하지만 식음료를 다루는 사람이라면 누구도 빠짐없이 맛을 둘러싼 감각들을 제대로 아는 것이 굉장히 중요하다. 최상의 식재료로 전문가가 조리했다 하더라도 다른 요소들 때문에 이 최고의 요리·간식·칵테일이 재앙으로 돌변할 수 있다. 단순한 것부터 시작해보자. 예를 들면 잔에 담긴 와인이다. 잔의 유리가 얇을수록 와인의 맛은 좋아진다. 고상한 척하는 말이 아니라 과학으로 증명된 사실이다. 화학에서는 특정 모양이나 유리의 두께에 따라 와인이 증발되는 형태가 달라지며 와인 맛을 좋게도, 나쁘게도 만들 수 있다고 말한다.**17**

많은 사람들이 샴페인은 좁고 긴 플루트 잔에서 가장 맛있고, 옛날식(하지만 아직도 매력 있는) 쿠프 잔(안이 넓어 아이스크림을 담을 때 많이 쓰인다-역주)에서는 기포가 빨리 사라진다고 믿는다. 하지만 현실을 직시하자면 좋은 샴페인은 질 좋고 얇은 화이트 와인 잔에 따라야 가장 맛있게 마실 수 있다. 고급 샴페인을 플루트 잔이나 쿠프 잔에 따라 주는 식당들은 미식이 줄 수 있는 가치를 떨어뜨리고 있는 것이다. 크룩Krug, 모에 앤드 샹동Moet & Chandon, 뵈브 클리코 등 세계에서 내로라하는 샴페인 브랜드를 여럿 인수한 모에 헤네시에서 개인 고객 사업 부문 총괄을 맡은 세스 복스Seth Box는 이런 말을 했다. "플루트 잔은 술의 탄산을 유지시켜주며, 우리가 샴페인을 사랑하는 이유 중 하나가 바로 그 탄산이다." 그러나 와인을 제대로 즐기기 위해서는 향의 역할이 중요한데, 플루트 잔에서는 향을 맡기가 어렵다. 복스의 말에 따르면, "그 좁은 잔에는 코를 갖다 대기가 어렵"기 때문이다.

뉴욕 하이드파크에 위치한 CIA 요리학교에서 교수직을 맡고 있으며 와인 연구가이기도 한 스티븐 콜판Steven Kolpan은 요리에 곁들여 마실 특별한 와인 몇 병을 들고 친구들과 식당에 갔었던 이야기를 들려주었다. 식당 주인은 그가 들고 간 와인을 마셔도 된다고 허락했고 전문가적인 매너로 따라 주었다고 한다.

"직원이 와인 잔을 들고 왔는데, 실망스러운 잔이었다. 볼록한 부분의 유리가 너무 두꺼워서 화이트 와인은 마실 때마다 신맛이 났고 레드 와인은 너무 썼다. 어느 와인을 마셔도 그 짧은 순간의 '끝맛'이 고통스럽게 느껴졌다. 끝맛은 좋은 와인을 판가름할 수 있는 결정적인 요인으로서, 그 와인들은 평소였다면 입안에 사랑스러운 맛이 남아야 했다. 우울했다. 그 고급 와인들이 쓰레기 같은 잔에 들어가니 쓰레기 같은 맛이 났다. 음식은 정성스레 준비되었고 직원들도 열심히 일했지만, 형편없게 변한 와인 때문에 그날의 식사는 망해버렸다."**18**

집에 돌아간 콜판은 이러한 와인 잔 이론을 실험하기 위해 다양한 잔을 준비해 와인을 따랐다. 이 실험에는 역삼각형 모양의 '젤리 유리잔'에서 시작하여 표준 규격의 테이스팅 잔(아래쪽이 볼록해 술맛을 풍부하게 만들어주는 유리잔-역주), 동그란 부분이 와인을 따르기 적절해 보이는 데다가 유리가 곧 사라져버릴 것처럼 얇은 리델Riedel의 와인 잔까지도 포함되었다. 친구들은 품질이 좋고 두께가 얇은 잔일수록 와인이 홀로 '떠 있는' 것 같아 보였으며(맛을 느낄 때 혀와 눈 모두를 이용한다는 점이 드러나는 대목이다), 그중 두께가 제일 얇은 잔에서 와인 맛이 가장 좋았다고 말했다. "우리는 잔 유리의 두께가 얇으면 다양한 맛과 향이 한 번에 느껴지고 그 조합에서 균형이 생긴다는 사실을 깨달았다. 미묘한 차이가 아니라, 믿기 힘들 정도로 확실히 달랐다. 좋은 와인이라도 젤리 유리잔에서는 싸구려 포도주 같은 맛이 났고, 최고의 와인 잔에서는 아름다운 맛이 났다." 콜판은 잔에 따라 와인의 맛이 정말 극적으로 달라서, 그 와인이 모두 같은 와인이라는 사실을 안 믿는 사람들도 많았다고 덧붙였다.**19**

식당에서 식기류를 구매할 때는 금액과 내구성을 고려해야 하는데, 알맞은 와인 잔을 쓰면 그 둘을 잃지 않으면서도 와인의 품질과 고객 경험을 쟁취할 수 있다. 델 프리스코는 경험을 업그레이드하기 위해 2017년 10월에 와인 잔을 바꿨다. 델 프리스코를 방문하는 고객층은 와인 중에서도 특히 레드 와인에 익숙한 사람들이었기 때문에, 손님들의 기대치를 맞출 수 있는 와인 잔으로 교체하여 마시는 경험을 향상시키는 과정이 꼭 필요했다.

"델 프리스코는 강렬한 풀-바디 레드 와인에 주력하여 와인 리스트를 짠다. 와인이 꼭 있어야 하는 사업이라면, 게다가 사람들의 마시는 경험을 향상시키고 식당을 붐비게 만들고 싶다면 고객에게 효과를 발휘하는 무언가가 필요하다." 델 프리스코 체인의 주류 관리 총괄을 맡았던 제시카 노리스Jessica Norris가 말했다. "만능 와인 잔인 슈피겔라우의 스와레Spiegelau's Soiree에는 어느 와인을 따라도 맛이 괜찮다. 양질의 크리스털인데 튼튼하기도 하다. 고품격 잔이다." 슈피겔라우 스와레는 델 프리스코가 테이블의 기본 세팅으로 쓰는 와인 잔이며 잔으로 파는 와인을 주문했을 때도 이 잔이 사용된다. "누군가가 와인 한 병을 주문하면 우리는 잔을 한 등급 높여 슈피겔라우의 베벌리 힐스Spiegelau's Beverly Hills 잔을 꺼낸다. 500달러(한화 약 60만 원) 이상 가는 와인을 병으로 주문한 고객에게는 리델의 소믈리에Riedel's Sommelier 시리즈 와인 잔을 내주었다."**20** 이러한 방법으로 와인과 와인 잔의 품격을 맞출 수 있다. 실제로 바뀐 와인 잔은 와인 판매량을 늘리는 중요한 역할을 한다.

우리 대부분이 심심하고 맛없다고 느끼는 기내식에서도 감각들 사이에 일어나는 반응을 또렷이 관찰할 수 있다. 인간의 뇌는 모든 감각 양상에서 들어온 정보를 조합하는 기관이기 때문에 소리도 맛에 영향을 줄 수 있다. 기압이 달라진 기내에 있을 때는 파스타부터 와인까지 해당하는 모든 음식의 맛(혹은 맛을 인지하는 능력)이 곤두박질친다는 연구 결과가 있다. 옥스퍼드 대학교의 실험 심리학 교수인 찰스 스펜스Charles Spence는 여러 가지 생물학적 요인 때문에 이러한 현상이 일어난다고 말하며 기내의 기압이 낮고, 습도도 낮으며, 소음에 둘러싸여 있다는 점을 지적했다. 아메리칸 항공의 기내식과 판매 물품 관리 총괄자 러스 브라운Russ Brown의 말에 따르면, 상공 3만 피트(약 9킬로미터)에서 첫 번째로 둔해지는 감각들이 바로 미각과 후각이다. 향미 지각은 후각과 미각의 결합이며, 짠맛과 단맛을 판별하는 능력은 기압이 달라진 기내 안에 있을 때 30퍼센트 떨어진다. 미뢰가 비행기 환경에 영향 받는 것도 하나의 이유가 되지만 그게 다는 아니다. 우리는 흔히 '맛본다'고 생각하지만, 사실 그 감각의 80퍼센트는 냄새를 맡는 과정이다. 냄새를 맡으려면 콧물이 증발해야 하는데, 기내가 건조하기 때문에 후각 수용기의 기능이 떨어지면서 결과적으로 우리는 지상이었다면 풍미 있었을 음식의 맛을 반밖에 못 느끼게 된다.**21**

미각과 다른 감각 사이의 상호작용에 관한 연구 중 가장 흥미로운 결과들 상당수에서 음높이와 특정 맛의 연관성이 나타나며, 음높이가 향미

지각에도 영향을 준다는 사실을 알려준다. 구체적으로 말하자면 단맛과 신맛은 높은음과, 쓴맛과 감칠맛은 낮은음과 관련 있다. 피아노나 현악기들은 달고 기분 좋은 맛과 짝을 이루며, 금관악기와 목관악기와 강도 높은 소리는 쓴맛과 신맛과 연결된다. 같은 연구팀이 진행한 후속 연구에서는 쓴맛이나 단맛에 맞추어 제작한 '사운드 트랙'을 이용하면 음식의 단맛을 인지하는 능력에 영향을 줄 가능성을 찾아냈다. 배경의 소리가 향미 지각을 향상시키거나 감소시키는 두 가지 방향으로 자료가 나뉘었다. 여기에는 주위 환경이나 배경 소음의 음높이와 마찬가지로, 구매 음식의 유형이나 선호하는 맛도 연구 결과에 영향을 미쳤던 것으로 보인다.[22]

소리의 효과와 우리의 선호도
—

소리가 우리에게 영향을 주는 방법은 크게 네 가지로 나뉜다. 첫 번째로는 생리적 반응이다. 사이렌이 울리는 소리나 싸우는 소리, 개가 으르렁거리는 소리를 들으면 '투쟁 도피 반응fight-or-flight'이 일어난다. 파도 소리나 새가 지저귀는 소리를 들으면 마음이 진정되고 심박동 수가 줄어든다(하지만 새가 지저귐을 멈춘다면, 그때는 위기 상황이다). 두 번째는 심리적 반응이다. 예를 들어, 음악은 감정 상태에 영향을 준다. 우리는 슬픈 음악을 듣고 우울해지며, 빠른 박자의 음악에는 행복을 느낀다. 자연의 소리들도 감정에 큰 영향을 미친다. 앞에서 생리적 위안을 주던 새가 지저귀는 소리는 기쁨의 감각을 불러오기도 한다. 세 번째는 인지 능력이다. 칸막이가 없는 개방형 사무실에서 많은 사람들의 대화 소리를 들으며 일하는 사람은 조용한 사무실에서 혼자 일하는 사람보다 생산성이

66퍼센트 떨어진다. 기술 붐 시대에 유행했던 개방형 사무실을 아직도 쓰고 있는 회사들에게는 이 낡은 업무 형태가 사업의 약점이 된다.

네 번째로, 소리는 인간의 행동에 영향을 준다. 빠른 음악을 들으면서 운전한다면 어느샌가 액셀을 밟고 있는 자신을 발견하게 될 것이다. 파헬벨의 〈캐논Canon〉을 틀어놓으면 시속 55마일(약 88킬로미터) 구간을 시속 45마일(약 72킬로미터)로 운전하고 있을 확률이 높다. 게다가 소리는 무엇을 먹을지 결정할 때에도 영향을 미친다. 시끄러운 음악을 들으면 더 달거나 칼로리가 높은 간식과 불량 식품을 선택할 가능성이 크고, 부드럽고 기분 좋은 음악을 들을 때는 건강에 더 좋은 음식을 고른다는 연구 결과가 있다. 탬파에 있는 사우스 플로리다 대학교에서 경영·마케팅 교수 직을 맡고 있는 디파얀 비스와스Dipayan Biswas는 이렇게 말했다.

"음악의 볼륨이 크면 우리는 더욱 신이 난다. 실제로 신체가 물리적으로도 활발해지면서 거리낌이 없어지고 좀 더 관대한 선택을 하게 된다. 볼륨이 작은 음악은 우리를 진정시키거나 신중해지도록 만든다. 그리고 몸에 장기적으로 좋은 음식을 찾게 되는 경향을 보인다."[23]

당연한 소리겠지만 우리는 대부분 건설 공사 인부가 보도블록을 뚫는 등의 불쾌한 소리를 기피하고 기분 좋은 소리에 이끌린다. 안타깝게도, 기분 나쁜 소리들은 리테일 공간(다른 상업적 공간들도 포함한다)에 악영향을 미친다. 매장에서 불쾌한 소리가 들린다면 방문 고객의 30퍼센트가 가게를 떠난다.[24]

슈퍼마켓들은 고객의 속도를 늦추어 더 오래 머물면서 많은 제품을 사도록 '엘리베이터 음악(쇼핑몰에서 자주 쓰이는 고상하고 나른한 분위기의 음악-역주)'을 틀어놓곤 한다. 빠른 박자는 고객과 직원 모두에게 활력을 주기 때문에, 사람이 몰리는 식당에서는 테이블 회전 속도를 높이기 위해 빠른 음악을 활용하는 경우를 자주 볼 수 있다. 하지만 그 빠른 박자가 짜증스럽기도 해서, 대체로 가게 안에 들어가기 꺼려지게 만들기도 한다. 전통 프랑스 요리를 파는 식당이 한 곳 있다고 가정해보자. 아마 프랑스를 대표하는 샹송 가수 에디트 피아프Edith Piaf의 음악이 흘러나오면서 적절한 속도와 분위기를 조성할 것이다. 하지만 상대의 목소리가 잘 들리지 않을 정도로 볼륨이 너무 크다면, 그 사람은 아마 길을 조금 더 내려가서 프랭크 시나트라Frank Sinatra의 부드러운 노래를 트는 이탈리안 음식점을 선택할 것이다. 옷 가게에서 폭발음처럼 시끄러운 음악이 흘러나온다면 옷을 구경하고 입어보는 즐거움을 방해할 뿐 아니라 직원과 고객 모두가 고통을 느낀다.

활성화와 재활성화: 감각 마케팅

—

감각은 순식간에 지나가 버릴지도 모르지만, 감각과 연관된 감정들은 오래도록 지속된다. 그러니 마케터들은 경험의 이전·당시·이후의 모든 단계에서 고객에게 영향을 주는 감각적 효과들을 숙지해야 한다. 사람들의 감각을 어떻게 사로잡는가에 대해서는 모든 것이 중요하다. 감각으로서 관계를 맺는 순간은 그야말로 강렬해야 한다. 모두가 기분 좋다고 느끼는 감각이어야 할 필요는 없지만 불쾌해서는 안 된다. 속이 울렁거리는 롤러코스터나 구찌의 '어글리 패션' 브랜드, 귀에 거슬리는 헤비메탈 음악은 모두 열혈 팬들이 있다. 이 셋과 관련된 종사자들은 그것들을 좋아하는 핵심 지지층의 성향을 훤히 꿰고 있으며, 강렬한 감각을 무기로 어떻게 어필해야 하는지를 이해하고 있다. 하지만 핵심 지지층이 아닌 다른 이들은 그 강렬한 감각을 불쾌하다고 느낄 것이다.

내가 불쾌하다고 느끼는 전형적인 예시는 블루밍데일Bloomingdale 백화점의 향수 판매 직원이 고객이 정말 원하는지 원하지 않는지를 고려하지도 않은 채 그들에게 향수를 뿌렸던 행위다. 그 향수에서 좋은 향이 날지도 모르지만, 아닐 수도 있다. 게다가 향수 취향과는 별개로, 강제로 맞닥뜨리게 된 경험은 불쾌하다. 소매업체들은 뒤늦게나마 그러한 방식이 감각뿐 아니라 고객들에게도 괴롭힘이 된다는 점을 이해하게 되었고, 오늘날의 백화점들이 선보이는 향수 판매 전략은 극적으로 바뀌었다.[25] 지금의 수많은 소매업체들은 새로운 방침으로 직원들을 교육하고 있는데, 고객에게 어떤 종류의 향을 좋아하는지 물어보고 그 답을 귀 기울여 듣는 태도와 함께 고객이 스스로 자신의 취향에 맞는 향 제품들을 시향할 수 있게끔 돕도록 직원들을 격려한다.

롤스로이스Rolls-Royce는 생산 공정에 변화를 주는 과정에서 가죽을 씌웠던 차내의 몇 가지 부분을 나무 대신 플라스틱으로 바꾸면서 냄새가 수익에 지장을 준다는 사실을 알아냈다. 고객들은 플라스틱이 내뿜는 냄새를 싫어했다. 그들이 롤스로이스 자동차에 기대하는 호화로운 '새 차 냄새'가 아니었기 때문이다. 자연스레 판매량이 감소했다. 그러나 롤스로이스는 현명했고, 고객들에게 새로운 모델을 거절한 이유를 물었다. 여러 고객이 이전 모델들에서는 '향그러운 나무 냄새'가 났었는데 새로 나온 차에서는 생산 공정에 쓰이는 플라스틱 같은 냄새가 났다고 답했다. 또한 신차의 판매량을 하락시킨 몇 가지 요소가 더 있었는데, 그중에는 경량재를 써서 창문과 계기판의 강도가 약해졌다는 문제도 있었다. 냄새는 부분적 원인이긴 했지만 아주 중요한 문제였다. 사람들이 특정 제품에 기대하는 요소들을 분석하면, 그들과 감각적으로 상호작용하는 제품을 만들기 위해서 해야 할 일들이 훤히 보인다. 롤스로이스는 향 전문가를 고용해 1965년산 롤스로이스 실버 클라우드Rolls-Royce Silver Cloud를 모델로 삼아 그 차의 나무 냄새를 모방하는 향을 개발하여 문제를 해결했다. 그 향은 생산 공정이 끝난 뒤 차내에 뿌려졌다.[26]

스타벅스 또한 냄새가 수익에 지장을 준다는 사실을 알아냈다. 롤스로이스와 마찬가지로, 스타벅스는 아침 샌드위치 메뉴의 조리 방식 때문에 고객이 기대하거나 반기지 않는 냄새를 풍기게 되면서 교훈을 얻었다. 2008년 재방문 고객 대상 판매량 감소는 순전히 샌드위치 냄새 때문이었다. 샌드위치 냄새가 고객들이 기대하고 또 즐기기 원하는 커피향을 가리면서 결국에는 전체적인 매장 경험을 손상시켰다.[27] 스타벅스는 샌드위치들을 거두어들였고, 새로운 방식을 적용하여 불쾌한 냄새를 제거한 후 제품을 다시 내보였다.

향은 문화적인 요소이기도 해서, 고객에게 향을 어필하고자 하는 업체들은 물건을 사는 주체가 누구인지와 그 고객들이 기대하는 향이 무엇인지를 명심해야 한다. 향 전문가이자 향에 관련된 과학·심리학·디자인을 다루는 기업 퓨처 오브 스멜Future of Smell의 대표 올리비아 재즐러Olivia Jezler가 말하기로는 미국인들이 '깨끗하다'고 느끼는 냄새는 타이드Tide 세제 냄새다.[28] 그녀의 표현을 빌리자면, 중국이나 인도에서는 깨끗한 냄새를 다르게 인식한다. 중국에서는 주로 약초에서 비롯된 동양 약재가 청결에 대한 개념에 영향을 미친다. 인도에서의 아유르베다 약재도 마찬가지다. 미국인들은 꽃 향기를 청결과 연관 짓는 경향이 있지만 중국과 인도에서는 흙이나 풀과 같은 향에서 청결을 떠올린다.

미학을 통해 얻을 수 있는 모든 종류의 해결책에서 감각이 핵심적인 역할을 하기 때문에, 나는 이 책이 끝날 때까지 감각을 꾸준히 이야기할 것이다. 사업이 성공하거나 망하는 원인을 이해하는 과정에서 감각은 중요한 부분을 차지한다. 사업을 성공시키려면 가치를 높이는 사안에서 회사를 단단히 받쳐줄 수 있는 독특하고 '독점할 수 있는' 아이디어들을 정확하고 신중하게 찾아내야 하며, 이후에는 그 아이디어를 감각적으로 전달할 수 있는 방법을 고민해야 한다. 나이키의 경우에는 '내면의 영웅'이 그러한 아이디어였고, 빠르게 획을 긋는 곡선 모양의 로고나 "일단 해봐 Just do it"라는 슬로건뿐 아니라 신는 사람이 당장이라도 스타 운동선수가 되어 뛰어 나갈 것 같은 느낌을 주는 독특한 형태의 와플 모양 운동화 굽으로 그 의미를 전달했다. 리스테린Listerine은 약재 같은 강렬한 맛, 입안에서 톡 쏘는 감각, 용액의 투명한 푸른색을 통해 누군가가 부끄러워하는 지독한 입 냄새가 이 제품을 쓰는 순간 상쾌한 민트향으로 바뀔 수 있다는 믿음을 준다. 예로부터 민트 오일이 입 냄새를 없애준다는 속설이 전해 내려오기 때문에 리스테린은 여러 특성을 이용하여 '민트'를 가리키면서 '깨끗하다'고 말한다.[29] 그리고 실제로도 리스테린 가글 용액은 효과가 높은 네 가지 주요 민트 오일(유칼립톨, 멘톨, 메틸 살리실레이트, 티몰)을 함유하고 있다.[30]

사람들의 감각을 사로잡고 브랜드를 끌어올리려면 가장 먼저 그 회사의 브랜드 코드들이 무엇인지, 어떻게 하면 그 코드들을 감각을 통해 개선할 수 있고 소비자의 관심을 끌게 되는지를 이해해야 한다. 브랜드 코드들은 특정 브랜드의 확실하고 뚜렷한, 알아보기 쉬운 상징이어야 한다. 샤넬의 누비 모양 가죽이나 〈뉴욕 타임스〉의 헤드라인 서체처럼, 코드는 한 브랜드의 표식으로서 제품(이 경우에서는 샤넬 지갑이나 〈뉴욕 타임스〉 신문)에 귀속되지 않는 독립체다. 하지만 브랜드의 역사, 가치, 사회적 목적처럼 눈에 보이지 않는 요소들을 포함하는 브랜드 DNA와 브랜드 코드를 혼동해서는 안 된다. 강력한 코드들은 긴 시간을 거쳐 형성되고 그 후에는 거의 변하지 않는다. 다음 장에서는 브랜드 코드를 파헤쳐보자. 각자의 사업을 또렷이 나타내는 브랜드 코드를 어떻게 알아낼 수 있을지, 그리고 신생 기업이나 역사가 짧은 브랜드들의 경우, 오래 지속될 수 있는 브랜드 코드가 무엇일지를 이야기할 것이다.

3

코드 해석하기

브랜드의 감각 신호들과
감정의 발화점을 알자

'대왈츠Grand Valse'1 라는 이름의 노키아 벨소리는 휴대전화 벨소리만 들어도 브랜드를 떠올리도록 만든 첫 시도였다. 1990년대 초, 한 핀란드 회사가 벨소리로 소개한 이 곡은 사실 1902년에 스페인 작곡가 프란시스코 타레가Francisco Tarrega가 기타 솔로용으로 작곡한 음악이다. 지금도 이 벨소리는 세계 각지에서 초당 2만 번 이상 울리고 있다.2 노키아의 사운드 디자인 총괄자 타피오 하카넨Tapio Hakanen이 2014년 한 인터뷰에서 답변한 내용에 따르면, 지금은 그다지 독특하다고 느껴지지 않을지도 모르지만 이 벨소리가 처음 공개되었던 당시에는 어쿠스틱 기타의 부드러운 선율을 휴대전화 벨소리로 사용하는 일 자체가 지극히 이례적이었다고 한다.

"이 벨소리에는 노키아의 '사람과 사람을 잇다connecting people' 정신에 담긴 인류애 측면이 투영되었다. 그 시절에는 굉장히 새로운 시도였다."

어떤 의미에서 보면 노키아 벨소리의 유행은 결국 미래에 모바일 기기가 세계 각지의 사람들을 이어주고 인류의 진보를 이끄는 기술을 선도하게 되리라고 알려주는 예고장이었던 셈이다.[3]

위대한 사업들은 수천 가지 요소를 토대로 형성되지만 위대한 브랜드는 강력한 코드 몇 가지만으로도 세울 수 있다. '대왈츠'는 노키아의 핵심적인 여러 브랜드 코드 중 하나가 되었다(아마도 가장 중요했을 것이다). 그렇다면 브랜드 코드가 대체 무엇이길래 이렇게나 중요한 걸까? 브랜드 코드는 한 브랜드의 철학적·미적 관점들을 압축하여 확실하고 뚜렷하게 나타낸 상징이자 표식이다. 상징적인 로고는 다양한 코드들 중 하나가 될 수는 있으나, 브랜드 코드를 브랜드 로고와 혼동하면 안 된다. 브랜드의 역사, 가치, 사회적 목적(또는 '사명') 등의 요소들로 형성되곤 하는 브랜드 DNA도 역시 감각보다는 환경에 따른 개념이기 때문에 브랜드 코드와는 같다고 볼 수 없다. 가장 중요한 점은 브랜드 코드가 판매 제품과는 별개의 것일지라도 의식적으로 또는 무의식적으로 제품이 유발하는 생각·기억·감정과 소비자를 이어주는 역할을 하며, 이러한 방법으로 제품 소비를 부추긴다는 사실이다.

코드는 보고, 느끼고, 들을 수 있으며 심지어 공간마저도 브랜드의 코드가 된다. 사실은 제품의 안팎, 주위를 둘러싼 거의 모든 곳에서 코드를 찾을 수 있다. 예시를 들자면, 강력한 슬로건은 제품과 관련된 소비자들의 열망을 자극하여 그 제품과 감정적으로 연결되도록 만든다. 폴저Folger 커피 브랜드의 "잠을 깨우는 가장 행복한 순간The best part of waking up"은 아침을 맞이하는 기분 좋은 느낌과 새로운 시작을, 코카콜라의 "세상에 노래하는 법을 가르치고 싶다I'd like to teach the world to sing"는 일체감과 공동체 의식을, 고양이 전문 식품 브랜드 미유 믹스Meow Mix의 "야옹meow, 야옹, 야옹, 야옹"은 사랑하는 반려동물의 귀여움과 매력을 떠올리게 한다. 노키아의 '대왈츠' 벨소리, 한 식품 브랜드의 마스코트인 졸리 그린 자이언트Jolly Green Giant가 "호-호-호" 하고 내는 소리, 영화제작사 MGM의 광고에서 사자가 포효하는 소리처럼, 소리에서 찾을 수 있는 코드도 슬로건과 마찬가지로 강한 연상 작용을 일으킨다.

하버드 대학교가 공식적으로 크림슨 레드를 상징색으로 지정하고 캐드버리Cadbury 제과 회사가 로열 퍼플을, 뵈브 클리코가 에그 요크 옐로를 쓰는 것처럼 특정 색감을 '독점'하고 적용하는 여러 경우에서도 강력한 시각 코드가 나타난다. 에스티 로더 브랜드의 설립자인 에스티 로더 여사Mrs. Estée Lauder는 스킨케어 화장품 병의 색으로 페일 그리니시 블루 휴pale greenish blue hue를 선택했다. 화장품 병을 일반적인 욕실 장식들에 비해 튀는 색감으로 제작하여 고객이 그 제품을 욕실 선반에 올려놓고 뿌듯해하기를 바랐기 때문이다. 그 병의 색감은 먼 거리에서도 확실히 이목을 끌면서 유럽 귀족들의 중국풍 수집품을 연상시켰고, 이러한 방법으로 우아함을 고려하는 로더 여사 특유의 관점이 표현되었다. 현재 에스티 로더 브랜드는 코퍼리 브라운에서 러스트러스 화이트까지 아우르는 다양한 색을 사용하도록 범위를 넓혔지만 에스티 로더의 대표작에 해당하는 크림·로션 상당수에는 아직도 기존의 푸른색이 이용되고 있다.

맥도날드의 광대 로날드, 에너자이저Energizer 건전지 회사의 토끼, 필스버리Pillsbury 제과 회사의 도우보이, 스타키스트StarKist 참치캔 브랜드의 찰리 더 튜나처럼, 코드들은 마스코트에서도 등장한다. 질감에서도 코드를 찾을 수 있는데, 샤넬의 트위드 재킷, 리바이스의 물 빠진 청바지, 벤 앤 드 제리스Ben & Jerry's의 울퉁불퉁한 아이스크림이 이에 해당된다. 폭스바겐 비틀Volkswagen Beetle 1세대의 눈에 띄게 동그란 형태, 프링글스가 감자칩의 포장 용기로 쓰는 길쭉한 원통, 이세이 미야케Issey Miyake가 지그재그 주름을 이용해 여성 의류에 건축적 형태를 넣는 혁신을 이룬 것처럼, 제품의 형태도 코드가 될 수 있다.

애플 스토어의 벽면에 큼지막하게 박힌 채로 하얗게 빛나는 사과 모양처럼, 공간이나 건물 디자인도 코드를 드러낸다. 그뿐만 아니라 사람들은 훤히 트인 공간, 천장에서 바닥까지 전체가 유리로 제작된 정면, 격납고만 한 정문을 보고 그 공간이 애플 스토어라는 사실을 너무나 쉽게 알아챈다. 이러한 요소들은 주위의 평범한 매장 사이에서 애플을 차별화하고, 안과 밖의 경계를 흐려 행인들의 눈길을 제품 진열대로 유인하고(이때 진열대의 제품들은 애플이 선보이는 화려한 무대에서 주인공 역할을 한다), 결국 매장 안으로 들어가 제품을 만져보도록 만든다. 흥미롭게도, 다른 소매업체들이 애플의 디자인 전략을 따라 할 경우에는 부자연스럽고 독창성도 없다는 이미지가 생기면서 대부분 실패한다.

요식업자 하워드 디어링 존슨Howard Deering Johnson이 세운 하워드 존슨 식당 체인Howard Johnson's restaurants은 1950년대 당시, 혁신적인 건축 디자인을 통해 코드를 강력하게 표현했다. 단골 고객들이 '호조HoJo's'라는 별칭으로 부르기도 하는 이 식당 체인은 그 시대를 가장 상징적으로 보여주는 건축적 코드를 제공했다. 밝은 오렌지색 삼각 지붕과 하늘 높이 솟아오른 파란색 첨탑은 지친 운전자들을 향해 손짓하곤 했고, 매장을 방문하는 운전자들은 대체로 따뜻한 빵 위에 소시지를 구워 올린 핫도그, 구운 조개요리, 스물여덟 종류의 아이스크림을 먹을 수 있으며, 이 음식들과 진한 블랙커피 한 잔이면 다시 도로 위를 달릴 충분한 에너지를 얻을 수 있었다. 나중에 호조는 식당 바로 옆에 호텔을 마련했다. 그곳은 "미국을 보라see America(국내 여행 붐을 유도하는 슬로건이었다-역주)"며 아이들을 가득 태운 승합차를 모는 가족들, 하루쯤은 레저용 자동차에서 자는 불편함으로부터 도피하고 싶은 은퇴자들 등 피로에 지친 길 위의 사람들 모두가 잠시 멈추어 휴식을 취할 수 있는 공간이었다. 그 오렌지색 지붕은 운전자들이나 단기 여행자들이 의지할 수 있는 한결같은 코드가 되었다.

1925년에 하워드 존슨 식당 체인을 세운 존슨은 모든 지점의 매장 분위기와 음식 메뉴가 일관성을 보일 수 있기를 원했고, 이를 확실히 구현하기 위해 건축가들과 건설업자들의 도움을 받아가며 미국의 끝없이 펼쳐지는 고속도로들을 따라 여러 지점을 냈다.[4] 고객들은 메인주에 있는 매장이든, 아이오와주에 있는 매장이든, 어느 지점을 가더라도 무엇을 사게 될지를 쉽게 예상할 수 있었다. 그들이 지금 먹은 음식은 100마일(약 170킬로미터) 전에 경험했거나 250마일(약 402킬로미터) 더 가서 경험할 음식과 똑같았다. 필립 랭던Philip Langdon은《오렌지색 지붕, 금빛 아치 구조들: 미국 식당 체인들의 건축Orange Roofs, Golden Arches: The Architecture of American Chain Restaurants》에서 다음과 같이 말했다.

"프랜차이즈 식당에서 디자인이란 요소는 품질 관리 작업이나 마찬가지다. 식당 체인에서는 보통 좁은 범위 안에서만 변화가 일어나고, 적정 수준에 도달하지 못하는 디자인적 요소가 있다면 인지도가 떨어진다. 하지만 반대로, 너무 많은 디자인적 요소가 평균을 훌쩍 뛰어넘는다면 고객은 식당의 다른 측면들에 큰 기대를 품기 마련이고, 그 기대를 맞추지 못하는 순간 문제가 생긴다. 일관성이 핵심이다."5

미국 소비자들이 일관성과 예측 가능성을 열망하는 시절이었던 데다가 시원하게 뻗어나가는 고속도로를 통과하며 "국가를 보라"를 느끼고픈 염원들이 있었으므로 호조의 코드들은 회사를 단단히 지탱했다. 존슨은 어떤 사람이 장시간 운전을 하거나 새로운 장소를 여행하게 되면 그 피로함으로 집을 생각하게 되고(집안일은 배제하고), 그때 떠오르는 편안함과 따스함 같은 것들로 인해 자신의 지친 몸을 보듬어줄 공간을 원한다는 점을 인지했다. 그러한 이유로 호조 매장들의 초기 모습에는 뉴잉글랜드 교회들과 시청을 모델로 디자인한 뾰족뾰족하고 세모난 지붕과 둥근 지붕의 조합이 나타났다. 시청은 환영받는 기분과 안전함과 전통적인 손님 접대 공간을 상징했으므로 존슨은 '뉴잉글랜드 시청' 그 자체를 코드로 빌려 왔다. 랭던이 서술한 바에 따르면 존슨은 기와와 금속 판자가 주재료였던 지붕을 오렌지색 페인트로 덮었고, 그 덕분에 저 멀리에서 달려오는 운전자의 시선을 사로잡을 수 있었다.6 하지만 세월이 지나 미국인들의 염원이 변하기 시작했고, 호조는 변화에 적응하지 못한 채 매력을 잃었다. 다트머스 대학교의 터크 경영대학원에서 경영학 교수로 재직 중인 앤드루 킹Andrew King과 그 당시 브리티시 컬럼비아 대학교의 학생이었던 발지르 바타르턱터흐Baljir Baatartogtokh가 공동 집필한 책에서는 다음과 같이 서술하고 있다.

"이론에 치중한 경제학은 밀려날 수밖에 없다."

"하워드 존슨이나 데어리 퀸Dairy Queen처럼 오래된 체인들 중에서도 수많은 체인이 살아남아 수명을 연장하고 있긴 하지만, 맥도날드나 버거킹 등의 새로운 회사들이 더 나은 프랜차이즈 모델로 인정받게 되면서 결국 새로운 기업들이 승자의 자리를 차지했다."[7]

소비자들은 대체로 제품이나 서비스에서 받는 느낌 때문에 구매를 결정한다. 소비자의 염원에 변화가 생기고 한 회사의 제품이나 서비스가 그 새로운 경향을 따라잡을 수 없다면 그 사업은 무너진다. 호조가 적절한 예시다. 브랜드 코드는 제품 디자인 하나만으로 느낌을 불러내는 경우와는 완전히 다르다. 브랜드 코드들은 개별 제품을 뛰어넘어 그 의의와 감정적 울림을 선사한다. 코드는 강렬한 감정을 매개로 사람과 제품이 오랫동안 연결되어 있도록 돕기 때문에 브랜드의 가장 귀중한 자산이 된다. 본질적으로, 어떤 제품의 장점 또는 경제학자들이 '수요'라고 부르는 개념을 거슬러 올라가면 그 뿌리에 코드가 있다.

코드는 어떻게 진화하는가

코드들은 유기적으로 서서히, 뜻하지 않게 탄생하고 진화한다. 코드는 대부분 그 기업의 설립자로부터 탄생하는데, 주로 그의 핵심 신조와 개인적 선호도에서 나온다. 브랜드 코드는 더 넓은 카테고리에서 진행되는 창의적 과정의 부산물이기 때문에 아예 처음부터 코드로서 존재하지는 않는다. 코드가 제대로 디자인되어 브랜드 개발 과정에 꾸준히 등장했다면 그때부터 코드는 한 브랜드를 가장 쉽게 알아볼 수 있는 요소가 되며, 그 브랜드의 이야기·경험·제품들에 관해서 무엇이 가장 중요하고 기억할 만한지를 끊임없이 보여준다. 본질적으로, 코드는 사람들의 열망에 다가가 그들이 꿈꾸는 신화적 이미지를 창조한다.

때가 되면 코드가 제시하는 신화는 브랜드와 한 몸이 된다. 그때부터 코드는 제품 그 자체에서 느낄 수 있는 것보다 훨씬 더 강렬한 감정을 불러오면서 브랜드가 하고 싶은 이야기를 압축해서 보여준다. 예를 들면 프랑스 명품 브랜드 에르메스의 가장 두드러지는 코드 중 하나는 '듀크Duc' 마차 로고다. 1800년대에 티에리 에르메스Thierry Hermes가 파리에 세운 그 기업은 당시만 해도 유럽 귀족들을 위한 마구 제작 공방이었고, 부유층 대상의 최고급 철제 마구와 굴레들을 제작했다. 정확히 짚어보자면 실제로는 말이 그 브랜드의 고객이었다. 이 코드는 2세기가 지난 지금까지도 전통적인 유럽 장인 정신과 함께 세련미와 절제미를 고수하겠다는 신조를 나타낸다.

코드는 보통 물려받은 문화적 유산이 많고 이제까지 쌓아온 아카이브가 풍부할수록 더욱 강력해지고 지속성도 높아진다. 충분히 성장한 브랜드를 조사할 때는 다음의 기준을 고려하는 것이 좋다. 설립자가 사업 과제와 관련해 뿌리 깊게 믿었던 신념은 무엇인가? 이 신조들은 기업이 성장한 사회적 맥락(시간, 장소, 그 외의 다른 변수들이 모두 해당된다)과 어떤 관계가 있는가? 시간·문화·상황의 변화에 어떤 방식으로 대처했기에 이 코드들이 현시대에도 적합할 수 있는가?

하지만 신생 기업이나 스타트업 회사들에게도 문화적 유산이 있다. 신생 기업의 경우에는 주로 맥락에서 유산을 찾을 수 있다. 아마존을 예로 들면, 로고의 'Amazon'에서 A와 Z를 이어주는 주황색 화살, 일러스트로 그린 쇼핑 카트 아이콘, 쉽게 읽히는 프루티거Frutiger 서체가 아마존의 코드들이다. 이 모든 요소는 이해하기 쉽고 편리하며 가치 있는 경험을 제공하기 위해 끊임없이 몰두하겠다는 아마존의 신념을 전달한다.

애플의 경우도 비슷하다. 애플은 루이비통이나 리바이스처럼 19세기 까지 거슬러 올라가지는 않지만 애플의 상징인 설립자 스티브 잡스는 기술이 문화와 사회를 재구성하기 시작한 시절을 겪으며 성장했다. 그는 1900년대 중반이라는 시간과 샌프란시스코만이라는 장소를 거치며 자랐는데, 특히 샌프란시스코만은 그 지역에 모더니즘 건축이 깊게 자리 잡고 있어서 '캘리포니아 모던'이라고 불리기도 했다. 잡스가 자란 집은 조지프 아이클러Joseph Eichler의 유명한 주거 디자인을 모방한 건물로, 천장에 채광창이 있고 깔끔한 선이 도드라지며 큼지막한 유리창들이 실내와 실외의 경계를 흐리는 모습이었다. 반 세기 후, 마치 당연한 것처럼 애플의 미학은 아이클러의 미학을 좇았고, 그 간결성과 편의성을 본받았다. 잡스의 전기를 집필한 월터 아이작슨Walter Isaacson은 〈스미소니언Smithsonian〉 잡지와의 인터뷰에서 아이클러의 건축에 담긴 정신이야말로 잡스가 첫 매킨토시에서부터 시도했었고 아이팟으로 완성된 애플의 독창적인 비전이라고 언급했다.[8]

1980년대 초반에 맨해튼의 패션 디자이너로 성장한 도나 캐런Donna Karan의 경우에는 캐런이 활동했던 시간과 장소의 사회적 흐름이 그녀의 문화적 유산과 그에 상응하는 미학을 형성했다. 금융 시장이 호황이었고, 여성들에게 승진의 문이 열리기 시작하던 때였다. 그 시기의 여성들은 세련되면서도 여성스러운 옷을 찾고 있었다. 구체적으로 말하면 그들은 힘과 권력을 포용하면서도 섹시하고 편안하며 활동하기 편한 전문적인 복장을 원했다. 여성 경영진들은 여성스러움에만 치중한 옷을 점점 덜 입게 되었고, 캐런의 디자인은 그러한 옷에 대한 반발이었다. 회색 플란넬 양복의 여성용 버전으로 제작한 캐런표 정장은 검은색이나 남색의 조그마한 나비넥타이를 하고 운동화를 신음으로써 비로소 완성되는 옷이었다. 운동화 덕분에 여성들은 버스를 향해 내달릴 수 있었다(검정 하이힐은 서류 가방 속에 곱게 숨겨두었다). 1980년 뉴욕주에서는 운수 파업이 일어났고, 다른 모든 이들처럼 여성들도 걸어서 출근하게 되었다. 캐런이 제시한 디자인은 운수 파업 때문에 시작되었지만, 파업이 끝난 후에도 일자리가 있는 여성들의 주된 패션이 되었다.[9] 캐런은 어느 회의실을 들어가도 진지하게 임하는 인상을 보여줄 수 있는 전문적인 패션을, 그러면서도 여성성을 숨기는 것이 아니라 오히려 찬사하는 옷차림을 창조하는 일에 관심을 보였다.

CM송, 마스코트, 로고 등 과연 어떤 조건이 브랜드의 코드를 상징적으로 만드는가? 코드를 단번에 알아볼 수 있도록, 그리고 그 브랜드의 제품이나 서비스와 직결되도록 하려면 어떤 비법을 써야 하는가?

강한 코드는 크게 네 가지 기준을 따라 약한 코드와 구분된다. 오랜 세월에 걸쳐 검증되고, 정확하고 구체적이며, 독점할 수 있고, 시대에 적합해야 강한 코드다.

오랜 세월에 걸쳐 효과가 검증된 코드

강력한 코드는 진화한다. 그리고 앞에서 말했다시피 강한 코드들은 보통 처음부터 코드로서 탄생하지는 않는다. 진정으로 강력한 코드들은 시간이 지나면서 더욱 단단해지며 변화가 거의 없고, 변한다고 해도 미미한 정도다. 코드에 변화가 생기면 그 변화는 눈에 띄지 않게 천천히 진행된다. 샤넬의 대표적인 제품 트위드 재킷이 처음부터 브랜드 코드였던 것은 아니다. 하지만 틀림없는 브랜드 코드로 성장했으며 샤넬의 강력한 상징이 되었다. 1924년에 코코 샤넬은 그 당시의 연인 웨스트민스터 공작이 입었던 운동복을 보고 영감을 얻어 트위드 원단(다른 색의 실이 간간이 섞여 독특한 질감이 느껴지는 모직물-역주)을 제작했다. 샤넬이 정장과 코트 형태를 포함하여 그 시절의 다양한 스포츠웨어(그 당시 귀족들이 사냥할 때 입었던 옷을 살펴보면 조금 두꺼운 정장 같은 모습이다-역주)들을 제작하던 스코틀랜드 공장에서 첫 트위드 원단이 탄생했다. 하지만 그 트위드 원단은 1954년에 지금 우리가 샤넬 재킷이라고 알고 있는 그 제품에 쓰이고 나서야 진가를 발휘하기 시작했다.[10]

나는 실을 꼬아 가장자리를 마감하고, 정식 단춧구멍이 있고, 안감 밑단에 작은 금속 사슬을 꿰매어 허리 부분이 헐거워지지 않도록 해주는 이 클래식 재킷이 세상에서 가장 상징적인 패션이라고 생각한다. 시간이 흐르면서 시류를 따라 더 상큼한 색감으로 바뀌거나 부수적인 형태가 달라지긴 했지만 이 재킷의 기본 형태는 1954년에 공개된 오리지널 버전을 단번에 알아볼 수 있을 정도로 똑같다. 이 재킷은 현대적인 디자인을 세련된 것으로 느끼고 단순미를 추구했던 그 시절의 미학을 또렷이 보여주며, 그러한 인상은 지금까지도 여전하다. 화려하고 복잡한 형태에 집착하던 1980년대에도 샤넬의 트위드 재킷은 패셔니스타들의 옷장 한가운데를 차지했다. 지금 당장 샤넬의 인터넷 쇼핑몰 사이트를 살펴보더라도 클래식 트위드 재킷을 쉽게 찾을 수 있으며, 중고 시장에서도 꾸준히 높은 가격에 거래된다.[11] 처음 탄생했을 때부터 지금까지, 그 오랜 시간을 거쳐왔는데도 이 재킷의 기본 디자인과 구조는 정말 조금밖에 변하지 않았다. 이 재킷은 강력한 메시지를 전달한다. 이 재킷은 고상한 자리에 적합하고, 이것을 입는 사람은 모두 부유하고 높은 품질을 이해한다는 메시지다. 재킷 하나가 전달하기에는 꽤나 대단한 메시지다. 샤넬의 트위드 재킷은 단순히 스타일에 그치는 것이 아니라 강력한 코드가 되었고, 이 코드의 힘이야말로 다른 수많은 브랜드와 의류 제작사들이 꾸준히 이 재킷을 모방하는 핵심적인 이유다.[12]

코드가 오랜 세월을 걸쳐 검증되는 경우가 패션처럼 멋들어진 분야에만 있는 것은 아니다. 역사 깊은 식품 회사들도 코드의 힘을 이용했다. 내가 앞에서 언급했던 졸리 그린 자이언트도 좋은 예시가 된다. 졸리 그린 자이언트의 구호나 CM송에서 등장하는 "호-호-호"는 오래도록 얼린 콩과 냉동 채소들을 연상시키는 소리였다. 거인의 모습은 미묘하게 현대적으로 변해왔지만 "호-호-호"는 그 소리가 처음 등장했던 1925년 이후로 조금도 변하지 않았다. 거인은 키가 더 커지고, 멋있어지고, 더욱 파릇한 초록색이 되었지만 여전히 회사의 마스코트로서 한눈에 알아볼 수 있는 모습이며,[13] 큼직하고 발랄한 색의 채소들을 나타내는 코드 부문에서는 누구도 넘볼 수 없는 지위를 갖고 있다. 설사 다른 브랜드를 사게 되더라도, 졸리 그린 자이언트가 내뿜던 빛은 냉동식품 코너를 쇼핑하는 많은 사람들의 머릿속에 영원히 각인되어 있다.

좁은 범위의 고객층을 상대하는 브랜드일지라도 제한된 시장이라는 경계를 넘어, 사람들이 한눈에 알아볼 수 있으며 오랜 세월을 걸쳐 검증된 코드들을 독점할 수 있다. 예를 들면 오토바이를 몰아본 적도 없고 그럴 생각도 없는 사람들마저 할리데이비슨Harley-Davidson을 알아보고 감탄한다. 그 기업이 출시하는 오토바이의 우락부락한 형태와 마찬가지로 로고도 할리데이비슨의 코드다. 하지만 할리데이비슨의 가장 강력한 코드는 그 브랜드가 미국 대중문화에서 차지하는 위치에 있다. 길거리에서 아무나 불러 세워 할리데이비슨이라는 이미지가 무엇을 의미하는지를 물으면 모두가 비슷한 대답을 할 것이다. 사람들은 할리데이비슨에게 반항, 자유, 불복종, 무법자 같은 인상을 받지만 그러면서도 애국심과 남성성, 젊음(하지만 이용 고객의 평균 나이는 48세다)을 느낀다.[14] 할리데이비슨을 타는 사람들 모두가 갖고 있는 감정은 자유를 갈망하는 마음이며, 그 코드들이 함축하는 것은 자유에 대한 약속과 그 설렘이다.

정확하고 구체적인 코드

강력한 코드는 일반적인 표현에서는 절대 찾을 수 없고 지극히 정확하고 구체적인 표현에서만 나타난다. 예를 들면 UPS 운송 회사는 일반적인 갈색이 아니라 상표로 등록한 '풀먼 브라운Pullman Brown'을 쓴다. 3M에서 제작하는 포스트잇은 보통의 노란색이 아니라 '캐너리 옐로canary yellow'다. 에르메스는 '번트 오렌지burnt orange'라는 뚜렷한 색을, 루이비통은 그 특유의 갈색 '올드 버건디old burgundy'와 '더트dirt'를 소유한다. 티파니앤코의 색은 평범한 파란색이 아니다. 남색도, 하늘색도, 청록색도 아닌 그 색은 팬톤 컬러 매칭 시스템의 색상표에 1837이라는 숫자로 적혀 있는 '로빈스 에그 블루robin's egg blue'다. 티파니앤코는 설립된 지 10년도 채 되지 않았던 1845년에 제작한 《블루 북Blue Book》 카탈로그의 표지를 시작으로 로빈스 에그 블루의 독특한 색감을 쓰기 시작했다. 그리고 그 색은 2세기에 걸쳐 브랜딩에 꾸준히 이용되었다.

로고로써의 코드들도 거의 똑같다고 볼 수 있다. 스타벅스는 기존의 꼬리가 하나 달린 평범한 인어(디즈니의 애리얼Ariel을 떠올리면 된다)를 쓰지 않는다. 초록색으로 삽화처럼 그려진 스타벅스의 인어는 고대 노르웨이 목판화에 등장하는 꼬리 두 개의 사이렌siren이다. 참고로, 스타벅스라는 이름도 허먼 멜빌Herman Melville의 유명한 소설《모비딕Moby-Dick》에 등장하는 인물의 이름에서 따왔다. '스타벅Starbuck'은 에이헵 선장의 배 피쿼드Pequod호의 일등 항해사였고, 퀘이커 교도로서 선량한 인물로 알려져 있다. 다시 로고 이야기를 하자면, 스타벅스 글로벌 크리에이티브 스튜디오의 크리에이티브 디렉터 the creative director인 스티브 머리Steve Murray는 이 인어에 대해 "우리 브랜드의 가장 커다란 상징입니다"라고 말했다. 이 인어가 스타벅스 그리고 커피와 어떤 연관성이 있는가? 우선, 스타벅스가 처음 설립된 곳은 시애틀의 퓨젓사운드 해안가로, 물과 긴밀한 관계가 있었던 장소였다. 둘째, 커피콩은 에티오피아, 케냐, 콜롬비아와 같이 멀리 떨어진 열대 지역의 국가에서 생산되어 거대한 컨테이너선을 타고 장시간의 운항을 거쳐 미국으로 들어온다. 신화에 의하면 인어들도 역시 열대 지역에서 탄생하여 망망대해에서 아름다움과 매력을 무기로 선원들을 유혹한다.[15] 셋째, 그리스 신화에서 사이렌들이 선원들을 유혹하는 것처럼 스타벅스는 커피 애호가들을 유혹한다. 사이렌을 묘사하는 그 구체적인 표현이야말로 우리가 스타벅스를 생각할 때 떠올리는 이미지다.

독점할 수 있는 코드

강력하고 의미 있는 코드는 너무나 특별하기 때문에 수많은 기업이나 기관들이 법적으로 특허를 내면서 코드를 보호하고, 그러한 코드들을 그저 사익을 위해 도용하는 자들을 잡아내려고 엄청난 노력을 쏟는다. 강력한 코드가 갖는 세 번째 특징은 바로, 독점 가능성이다.

지적 재산권 보호법과는 별개로, 코드가 강력하다면 다른 이들이 쉽게 복제할 수 없다. 설사 복제되었다고 하더라도 그 코드는 본래의 '주인' 브랜드들과 밀접한 관계를 유지한다. 월트 디즈니의 경우, 노이슈반슈타인 성에 영감을 받아 탄생한 디즈니 성이나 그래픽으로 표현된 쥐의 귀가 그러하다. 그리스 국기에서 영감을 받아 탄생한 앤서라Anthora 일회용 커피 컵 표면의 파란색·흰색의 조합과 그리스 글자처럼 보이는 활자체를 떠올려 보자. 르쿠르제 더치 오븐(서양식 압력솥-역주)의 뚜껑에 달린 꼭지도 비슷한 경우다. 앞서 이야기한 쥐, 성, 일회용 커피 컵, 도료를 입힌 주물 냄비, 그리고 한 올 한 올 엮인 가죽 천이 보테가 베네타Bottega Veneta를 떠올리게 한다거나 몰드 기법으로 제작된 플라스틱 의자들을 보고 찰스 앤드 레이 임스Charles and Ray Eames를 단번에 알아볼 수 있는 등 수많은 사례들에서 알 수 있듯, 코드들은 그들을 세상에 존재하게 해준 첫 주인들과 밀접하게 연결되어 있고 영원히 함께한다.

코드들은 해당 브랜드와 떼어놓을 수 없는 관계가 된다. 전후 맥락 상관없이 그 어떤 상황에서 코드를 발견하더라도, 심지어는 다른 브랜드가 훔쳐 쓰고 있는 상황을 마주하더라도 사람들은 해당 코드를 최초로 선보였던 브랜드를 떠올린다. 코드는 본래의 주인과 단단히 연결되어 있고, 브랜드도 코드를 있는 힘껏 보호한다. 디즈니의 쥐의 귀는 미키마우스에 그치지 않고 재미와 엉뚱함, 어린 시절의 꿈, 천진난만함, 매력 등의 여러 감각을 전달한다. 2014년, 쥐의 귀 모양 헬멧을 머리에 쓰고 세계를 돌아다니며 공연을 하던 유명한 디제이가 디즈니에게 고소당했다. 디즈니는 데드마우스deadmau5라는 이름으로 활동하는 조엘 짐머먼Joel Zimmerman이 미키마우스의 귀를 닮은 로고를 쓰면서 디즈니가 전달하고자 하는 이야기와는 반대되는 방향을 표현한다고 항의했다. 그 소송은 2015년에 취하되었고,**16** 그 디제이는 아직까지도 쥐의 귀 모양에 무게를 둔 브랜딩을 펼치고 있다.

뉴욕 메트로폴리탄교통국MTA 또한 지적 재산권을 보호하기 위해 싸웠으며, 침해 사례 대부분에 강력하게 대응했다. 2011년에는 하버드 대학교 경찰국에서 교통안전국의 슬로건인 "무언가를 목격하면, 그 무언가를 신고해라If you see something, say something"를 허락도 없이 사용한 사건에 대해 경고 조치를 내렸다.**17**

마찬가지로 하버드 대학교도 코드들을 보호하며, 특히 하버드라는 브랜드명을 사용하는 경우에 더욱 민감하게 대응한다. '하버드'라는 이름을 들으면 우리는 높은 수준의 교육, 세계 최상급의 장학제도, 1936년으로 거슬러 올라가는 풍부한 미국 역사, 그곳을 거쳐간 위대한 리더들이 남긴 문화적 유산을 떠올리기 마련이다. 하버드가 그 이름 외에도 수많은 상징적 코드들 대부분을 얼마나 열심히 보호하는지를 알려주는 여러 예시가 있지만, 그중 하나는 하버드 바이오사이언스Harvard Bioscience라는 이름의 민영 생명공학 기업을 고소했던 사건이다. 하버드 바이오사이언스는 웹사이트에 하버드의 이름과 상징색인 하버드 크림슨을 분별없이 남용했고 2001년에 하버드 대학교로부터 고소당했다.**18** 지금은 그 기업의 웹사이트에서 다음의 고지 사항을 확인할 수 있다.

"하버드라는 이름은 하버드 대학교의 전매특허 상표입니다. 하버드 애퍼래터스Harvard Apparatus와 하버드 바이오사이언스는 하버드 대학교와 하버드 바이오사이언스 주식회사 사이에 이루어진 특허 협약 법률에 따르기로 결정했습니다."**19**

시의적절한 코드

강력한 코드들은 해당 브랜드의 다른 측면들과 밀접하다. 코드들은 단독으로 개발된 것이 아니며, 그러한 양상이 코드를 더욱 진실하고 믿을 만한 것으로 만든다. 예를 들어, 파란색과 초록색이 섞인 듯한 티파니앤코의 푸른색은 시원하고 차분한 감각을 불러일으킨다. 그 색은 세월이 흘러도 변함없으며 시대에 뒤떨어진 적이 없다. 그 색은 보석 중에서도 특히 다이아몬드와 귀금속은 물론, 크리스털이나 도자로 정교하게 디자인된 가정용품들까지 포함하여 티파니앤코의 모든 핵심 판매 제품들과 자연스럽게 연결되는 고요, 평화, 번영, 여성미를 연상시킨다.

티파니앤코는 기업을 단단히 받쳐주는 깊은 유산을 갖고 있지만 그럼에도 현대적이라는 느낌을 주며 시의적절하다. 브랜드 코드를 미술관에 걸린 예술작품처럼 취급하면 안 된다. 코드는 유용해야 하며 지금도 적용 가능해야 한다. 마케터들은 브랜드의 문화적 유산에서 어떤 특성이 실제로 현시대에 깊이 관여하는지, 그리고 어떤 측면이 역사 속 흥밋거리로만 남았는지를 이해해야 한다. 예를 들어, 앞에서도 다루었지만 루이비통 브랜드는 해외여행이 처음으로 유행하기 시작한 증기선 시대 초반에 성장했다. 1800년대 중반에 트렁크 제작자로 활동하던 프랑스인 비통은 바닥이 평평해 쌓을 수 있고, 캔버스 천 소재로 무게가 가볍고, 완전히 밀폐되어 짐이 물에 젖지 않는 여행용 가방을 선보였다.

그 가방의 캔버스 천 재질은 실용적이었던 데다가 무게가 가벼워서 주로 증기선을 타고 움직이는 그 당시의 '현대' 여행에 안성맞춤이었다. 루이비통은 언제나 명품이었고, 오래도록 부호들의 사랑을 받았다. 루이비통 가방은 오늘날에도 상류층 여행자들에게 유의미하다. 하지만 현대 사회에서 해외여행은 더욱 가치 있고 신나며 많은 사람들이 쉽게 경험할 수 있는 것이 되었고, 지금의 루이비통은 미래 지향적 브랜드로서 여행을 자주 다니는 일부 부유층뿐 아니라 더 많은 사람들을 사로잡을 수 있게 되었다. 이 성공은 결국, 루이비통이 이제껏 선보였던 광고들, 매장들을 관통하는 디자인, 심지어는 '[그 브랜드]가 1854년부터 현재까지 이어온 모험 정신을 되짚는다'라는 취지로 기획한 화려한 팝업 전시 "비행하라, 항해하라, 여행하라"까지 루이비통 브랜드 전체를 여행에 연결시키는 강력하고 현대적이며 한결같은 메시지를 전달하고 있었기 때문에 가능한 일이었다.

식품 회사 베티 크로커Betty Crocker는 1927년부터 포장 상자나 광고에서 흑갈색 머리의 백인 여성을 대표 이미지로 사용해왔는데, 1996년에는 전략을 수정하여 그 캐릭터를 더 이상 쓰지 않기로 결정했다.[20] 그 회사가 쓰던 두 가지 강력한 코드 중 하나를 버린 사건이었다. 그 이미지는 더 이상 시대에 적합해 보이지 않았고, 지금은 의미가 달라져 버린 '주부'의 정의에 걸맞지 않았다. 기업을 불리하게 만들 수 있는 코드였기 때문에, 이는 현명한 결정이었다. 점점 더 다양성을 추구하는 미국 사회에서 흑갈색 머리의 점잖은 부인이 빨간 겉옷을 입고 있는 모습은 정말 부적합했다. 하지만 베티 크로커가 1954년부터 써온 빨간색 숟가락[21]은 가정, 베이킹, 달콤함을 나타내는 단순하고도 또렷한 표식이었다. 많은 부분을 뜯어고치지 않아도, 몇 군데 가벼운 수정만으로도 현대성을 유지할 수 있다. 게다가 숟가락 모양은 가장 단순하고 보편적인 이미지이고, 모든 문화권의 사람들이 숟가락을 쓴다.

좋은 코드는 어떨 때
나쁜 코드가 되는가
—

베티 크로커 브랜드가 가정적인 중년 백인 여성이라는 진부한 코드에 계속 매달렸다면 상황은 악화될 수 있었다. 21세기에 그 코드는 나쁜 코드다. 모든 코드를 통틀어 가장 심각한 재앙이 오프라인 매장에서 일어나곤 한다. 특히 백화점이 가장 문제다. 메이시 백화점부터 딜라드Dillard 백화점까지, 수많은 백화점들이 매번 똑같이 관습적이고 독창성 없는 접근법을 수십 년 동안 고수해왔다. 당연히 낡아 보이고, 비슷해 보이고, 지루하다. 그 본질을 살펴보면, 시의적절한 코드가 부족하기 때문에 소비자들과 감정적으로 연결될 수 있는 어떠한 가능성도 저버리고 있는 상황이다. 이런 상황은 전통적인 소매업체들이 숨을 헐떡이고 있는 한 가지 이유이기도 하며, 클레어Claire's **22**, 봉통BonTon**23**, 스포츠 어소리티Sports Authority**24**, 토이저러스Toys 'R' Us**25** 등의 기업들이 파산을 신청한 이유다.

오프라인 소매 형태가 시대에 부적합하다는 말이 아니다. 오히려 적합하다. 루이비통이나 구찌 같은 오래된 브랜드들은 적합성을 유지하기 위한 그들만의 방법을 찾아냈다. 내가 뉴욕에서 좋아하는 가게들 중 하나인 ABC 카펫 앤드 홈ABC Carpet & Home은 가정용품, 장식용품 들을 극적인 배경 속에 놓아 마치 연극을 보는 것 같은 광경을 연출한다. 특히 본점에 가면 양품점 거리를 닮은 매력적인 인테리어가 쇼핑 과정을 특별한 이벤트처럼 느끼게 해준다.

파리에 있는 소매업체 르봉 마르셰Le Bon Marche(이곳 역시 내가 좋아하는 매장들 중 하나다)는 상징적인 에스컬레이터 디자인과 눈을 사로잡는 라

그랑데 에피세리 드 파리La Grande Epicerie de Paris 식품관을 오랫동안 지켜왔다. 그러면서도 밝은 조명과 독특한 건축 스타일을 이용하여 오래된 코드와 젊고 창의적인 쇼핑 '순간들'을 융합할 수 있는 새로운 방식을 끊임없이 고민했다. 르봉 마르셰는 프랑스인 사업가이자 소매업자인 아리스티드 부시코Aristide Boucicaut와 그의 아내 마르그리트Marguerite가 파리에서 1852년에 문을 연 세계 최초의 백화점이라고 한다. 부부는 '모든 감각에 짜릿함을 선사하는 새로운 종류의 가게'를 열고자 했다. 건축 설계자 루이 샤를 부알로Louis-Charles Boileau와 건축 기술자 귀스타브 에펠Gustave Eiffel(에펠탑의 그 에펠, 맞다)은 파리의 가게들을 한곳에 모은 백화점을 완성했다.**26** 부시코는 지금의 기준에서 생각해도 혁신적인 인물이었다. 그는 고객에게 말을 걸고 가게를 성공으로 이끌어줄 수많은 '감각적' 경험들을 개발했다. 독서 공간을 마련해 아내가 쇼핑하는 동안 남편들이 쉴 수 있도록 했고 아이들을 위해 이벤트 상품과 오락거리를 제공하는가 하면 우편으로 카탈로그를 보냈다(세계 최초였다). 시즌제 세일도 있었는데, 크리스마스 시즌에는 침구류를 할인하는 화이트 세일이 열려 교통에 문제를 일으키기도 했다.**27** 르봉 마르셰는 마법 같은 제품 진열 방식, 품목에 따라 독립적으로 기획된 행사장들, 눈을 즐겁게 하는 인테리어와 장식으로 현지인들과 관광객들을 끊임없이 놀라게 했다.

헨리 벤델Henri Bendel 백화점에는 엄청난 문화적 유산이 있었다. 헨리 벤델은 미국에 샤넬 제품을 들여온 첫 소매업자였다.**28** 1957년부터 1986년까지 그곳을 운영한 전설적인 인물 제럴딘 스터츠Geraldine Stutz에게는 새롭고 대담한 디자이너들을 발견하고 그 브랜드의 제품들을 누구보다도 일찍 들여오는 재능이 있었다. 페리 엘리스Perry Ellis, 장 뮈어Jean Muir, 소니아리키엘Sonia Rykiel, 메리 맥패든Mary McFadden, 카를로스 팔치Carlos Falchi 그리고 50년이 지난 지금도 패션 흐름을 좌우하는 랄프 로렌Ralph Lauren까지 그녀의 눈에 포착되었다. 1958년이라는 정말 이른 시기에, 스터츠는 5번가 Fifth Avenue(맨해튼의 유명한 패션 거리-역주)에 있는 헨리 벤델 백화점의 메인 층을 새로 디자인해 매력적인 양품점들이 즐비한 '거리'처럼 느껴지도록 바꾸었다. 오늘날의 '숍 인 숍store-within-a-store' 개념을 선도한 셈이다.29 격동의 1960년대 동안에는 앤디 워홀Andy Warhol이 이 백화점에서 전속 일러스트레이터로 일하기도 했다. 불행히도 후기 경영에서는 이전의 윤택하고 창의적인 역사를 어떻게 이용해야 21세기 소비자들이 신선하고 즐겁게 느낄 수 있는지에 대한 방안을 찾아내지 못했다.

헨리 벤델의 가장 강력한 코드들 중 하나는 맨해튼 5번가에 있는 본점이었다. 1912년에 르네 랄리크Rene Lalique에게 의뢰하여 유리 276장으로 보석처럼 아름다운 건물을 지었지만, 매력적이고 즐거우며 유익했던 그 건물은 현재 리테일의 빛이 사라진 유적이 되었다. 1985년, 헨리 벤델은 리미티드The Limited(빅토리아 시크릿Victoria's Secret과 배스 앤드 바디웍스Bath & Body Works를 소유한 기업)에 매각되었고, 그 이후 여러 도시에 헨리 벤델 분점들이 생겨났지만 독특했던 5번가 본점과 비슷하게 느껴지는 곳은 없었다. 오히려 전형적인 리미티드 매장처럼 느껴졌다. 인수 당시, 리미티드의 회장 레슬리 웩스너Leslie Wexner는 이런 말을 했다.

"헨리 벤델에게는 세상의 모든 주요 도시로 뻗어나갈 잠재성이 있다."

하지만 리미티드가 소유한 모든 매장들과 별다를 것 없는 성장 전략을 적용한 헨리 벤델 스물여덟 개 지점은 쇼핑몰 형태였고 특징이 없었다. 메이시 백화점이나 삭스 피프스 에비뉴Saks Fifth Avenue 같은 거대 소매업체

들과 다르다고 느낄 점이 거의 없는 평범한 제품들을 팔았다. 2009년에
는 의류 판매를 전부 중단했고 2014년에는 벤델 상표가 붙은 패션 액세
서리들만 팔기 시작했다.

헨리 벤델의 초기 콘셉트가 갖고 있던 매력은 편재성이나 일관성이 아
니라 그 개성과 기획 능력에서 나왔다. 전략이 바뀌기 전까지만 해도 벤
델의 브랜드 유치 담당자들은 세계를 샅샅이 뒤지고 새롭고 짜릿한 아이
디어나 디자인들을 발굴하여 전도유망한 디자이너들과 아이디어를 선보
였을 것이다. 후기의 자체 개발 상품 진행 과정에서는 세계적인 디자이
너들의 개성이나 창의성은 실종되었다. 훌륭한 디자인을 찾아 세계 곳곳
을 뒤지던 탐색 작업은 중단되었다. 머천다이징의 기능은 강등되어 상품
들을 점포에 늘어놓고 가격을 매기는 기본적인 역할만 남았다. 마법은 끝
났고, 특이성은 더 이상 존재하지 않았다. 한때 정말 이례적인 매장 경험
을 보여주던 벤델에 전형적인 리테일 관리 방식을 적용했으니, 그 접근법
이 벤델을 망하게 만들었다. 분명, 액세서리는 벤델에게 수익을 안겨주는
분야였다. 하지만 그 외 패션이나 뷰티 제품 등의 품목들은 매장 경험을
신선하고 풍성하게 만들어주었고 궁극적으로 고객들을 끌어들여 매장을
살아 숨 쉬게 했다.

앨버슨스Albertsons 마트에는 코드도 없고 활기도 없다. 조악한 조명, 어
디에나 있을 법한 제품들이 빼곡하게 줄 지어 있는 모습, 뻔한 엘리베이
터 음악, 투박한 쇼핑 카트, 직원들이 두르고 있는 칙칙한 앞치마는 고객
들과 가까워질 수 있는 어떤 희망도 사라지게 한다. 반면, 트레이더 조
Trader Joe's는 엄청날 정도로 강력한 코드들을 보여준다. 하와이식 꽃무늬
셔츠를 입은 직원들, 트레이더 조에서만 볼 수 있는 화려한 색감에 재미

있는 제품들, 무료 샘플들, 탐색하고 발견하고 싶도록 만드는 친근한 공간들이 모두 트레이더 조의 코드다. 둘러보기 쉬운 데다가 신경 써서 분류한 느낌을 주는 작은 공간들마저 미학이 숨어 있는 트레이더 조를 덩치만 큰 마트들이 이기기란 그리 쉽지 않다.

오프라인 소매를 성공시킬 수 있는 방법이 있다. 사람들은 언제나 직접 만져보거나 냄새를 맡아보길 원하고 매장은 그러한 장소를 제공한다. 쇼핑의 기본적인 역할뿐 아니라 새로운 무언가를 발견하고 독특하다고 느끼는 사회적 경험을 선사할 수 있다면 그 매장은 승리한다. 당장 온라인 쇼핑몰에서 사진은 볼 수 있어도 제품을 만져볼 순 없다. 하지만 소매 매장에는 실제 제품이 있으며 그곳에 상주하는 전문가들(판매 직원들)은 독특하고 놀랍고 유용한 어떤 방법으로 고객의 감각에 영향을 미칠 수 있다. 리테일은 그러한 방법을 진지하게 고민해야 한다.

코드 발굴하기

코드들은 표현과 행위에 등장하여 오랜 세월에 걸쳐 검증되며, 일관되고 고유한 특성을 갖고 고객의 감정에 영향을 준다. 자신의 회사가 갖고 있는 코드를 알아내고 싶다면, 100년의 역사가 있는 기업이든 5년 전에 설립된 신생 기업이든 상관없이 내가 '브랜드 검사'라고 부르는 과정을 꼭 거쳐야 한다. 우선, 회사의 아카이브 속으로 뛰어들어보자. 역사가 깊을수록 당연히 해야 할 일이 많다. 업계에서 확실한 자리를 지키고 있는 기업들의 경우에는 그 모든 기록을 살펴보는 과정만으로도 많은 아이디어를 얻게 되며 그러한 이유로 패션 업계 종사자들은 기업의 역사를 자주 돌아본다. 단순히 그 시절의 제작·판매 방법을 돌아보라는 말이 아니다. 왜 그러한 방법을 썼는지, 그 표현이 세월에 따라 어떻게 변해왔는지를 공부해야 한다. 그중에서도 특히 역사가 변하면서 기업이 어떤 진화를 거쳤는지를 중요하게 살펴보아야 한다. 설립자는 누구였는가? 그 설립자가 시대적 상황에 어떤 영향을 받았는가? 기업에 영향을 미친 요인은 무엇인가? 환경의 변화와 그 영향들 속에서 브랜드는 어떻게 변화해왔는가? 그 기업에게 결정적인 순간은 언제였는가? 이런 질문들을 던지고 나면 패턴이 보일 것이다. 그 브랜드의 어떤 표현들이 의미가 있었고, 어떤 표현들이 부적절했는지를 알 수 있게 될 것이며, 리더들의 행동과 기업의 문화, 그 기업이 속한 시장이 다양한 변화에 어떻게 반응했는지를 깨닫게 될 것이다.

아카이브에는 제품들의 디자인 샘플이나 이미지가 있을 확률이 높다 (연도순으로 제시되어 디자인이 어떻게 변해왔는지 볼 수 있는 자료가 좋다). 하지만 제품 외에도 로고, 브랜드 콘셉트, 광고, 매장 구성 계획 등 다른 시각 요소들에 대한 자료들도 함께 참고해야 한다. 그다음 단계로는 내가 '패터닝patterning'이라고 부르는 작업을 진행해보자. 그 사업의 다양한 제품, 요소, 역사적 순간들에서 교집합이 되거나 그것들을 하나로 묶을 수 있는 측면은 무엇인가? 이 시각 요소들은 각각 어떠한 방법으로 강력한 코드의 네 가지 기준(오랜 세월에 걸쳐 검증된 효과, 정확성과 구체성, 독점 가능성, 시의적절성)을 충족하는가? 그 개별 코드들은 서로에게 어떠한 영향을 미치는가? 어떤 코드들은 서로 긍정적인 영향을 주면서 핵심 가치와 아이디어를 강화하겠지만 어떤 코드들은 다른 코드에 부정적인 영향을 미칠 수도 있다.

내가 브랜드를 창조하는 사람들에게 조언하고자 하는 바는 결국 무슨 수를 써서라도 강력한 코드들을 지키라는 것이다. 그러나 기업들은 언제나 이 조언을 잘못 받아들인다. 한때, 뵈브 클리코 샴페인 브랜드의 임원들은 라벨에 쓰는 에그 요크 옐로가 오래되었고 이제는 너무 흔해졌다고 느껴서 색을 바꾸어야 하는지를 의논했었다. 그리고 당연하게도 바꾸지 않기로 결정했다. 적어도 그들은 고민해보는 시간을 가진 것이다. 창의적인 기업들은 최신 유행에 발맞추기를 좋아하고, 현대적이라고 느껴지길 원한다. 창의적인 팀이 수십 년 전의 코드에, 혹은 뵈브 클리코처럼 몇 세기 전에 결정된 코드에 발이 묶여 있다고 느끼는 경우는 허다하다. 새로운 디자이너와 그 디자인 팀에게는 창의성을 뽐내고 시장을 놀라게 하고 싶은 유혹이 생긴다. 하지만 대부분의 경우가 잘못된 생각이다. 뵈브 클리코의 경우에는 새로운 색을 찾는 것이 아니라 오래된 색을 적용하는 새롭고 신선한 방식이야말로 그 팀이 마주해야 할 진정한 도전이었다.

적절하게 개발되고 충분한 힘을 얻었다면 대부분의 코드들은 신성하다. 그 신성함은 크기나 모양이 조금 변한 것으로는 깨지지 않는다. 맥도날드 로고의 황금빛 아치들은 브랜드 정체성의 중심에 남았고, 고속도로를 따라 달리는 차에서도 아주 잘 보인다. 〈뉴욕 타임스〉는 온라인 신문 서비스를 시작하면서 "인쇄할 가치가 있는 모든 뉴스All the news that's fit to print"라는 슬로건을 뺐다. 나는 이 결정이 큰 실수였다고 생각한다. 이 슬로건은 틀림없이 언론계에서 가장 유명한 일곱 개의 영어 단어였을 것이다. 1897년에 처음 등장한 이 슬로건은 〈뉴욕 타임스〉의 여러 코드들만큼, 특히 단번에 알아볼 수 있는 서체만큼이나 강력한 코드였다.

합리성을 따져보면 그 문구를 빼기로 했던 결정이 이해가 안 되는 것은 아니다. 어쨌든 그 전자 신문이 '인쇄'라는 단어의 관습적 의미처럼 종이에 찍힌 것은 아니기 때문이다. 아마 〈뉴욕 타임스〉는 그 새로운 신문의 주 고객층인 젊은 독자들이 디지털과 동떨어진(달리 말하면 구시대적인) 표현을 좋아하지 않을 거라고 생각했을지도 모른다. 하지만 나는 그 의견에 동의하지 않는다. 긴 시간을 버티면서 일관성과 함께 튼튼하게 건설된 문화적 유산과 차별화된 코드의 힘이라면 모든 연령층과 공명하기 마련이다. 나는 〈뉴욕 타임스〉의 직원들이 슬로건의 의미를 너무 문자 그대로 해석했다고 생각한다. '인쇄할 가치가 있는'이라는 용어 안에는 오래되었지만 현시대에도 매우 적합한 가치들이 담겨 있는데, 귀중한 가치가 존중받지 못한 것이다. 그 문장은 신문 보도에 관련된 진실성과 판단력을 또렷이 상기시켜준다. 그러한 힘은 구시대의 기술(인쇄)이라는 문자 그대로의 뜻을 초월한다. 2010년에 갭Gap의 로고가 바뀌자 소비자들은 격렬히 비판했다. 갭은 소셜 미디어 캠페인을 통해 새로운 아이디어를 공모했지만 결국 쓸 만한 디자인은 아무것도 없었다. 갭은 다시 출발점으로 돌아가 본래의 우아하고 가느다란 글자를 쓰기 시작했지만, 후회하기엔 너무 늦어버렸다.

브랜드 코드의 강력함을
시험해보기

—

브랜드 검사를 마쳤고, 뚜렷한 패턴과 상징과 코드라고 생각되는 요소들을 모두 확인했다면 이제 그 코드가 얼마나 강력한지 시험해볼 단계다. 어떤 방법으로 시험할 것인가? 브랜드의 이름과 로고뿐 아니라 특정 제품들에 대한 모든 정보를 숨긴 채로 해당 기업과 아무 관련이 없고 편파적이지 않은 사람들에게 그 브랜드의 광고나 마케팅 캠페인을 보여주는 것이 한 가지 방법이 될 수 있다. 피실험자들이 색 조합, 소재 선택, 서체, 소리, 장소 등의 요소들만 보고 그 기업을 콕 집어낼 수 있는지를 알아보자. 이런 과정은 결국, 또렷하고 일관적이며 독점할 수 있는 코드들을 토대로 건설된 파워 브랜드를 가려내기 위한 리트머스 시험지인 셈이다.

알아보기 쉽고 강력한 코드들을 지닌 채로 이미 시장에서 확고한 위치에 올라선 회사라고 할지라도, 시장의 흐름은 쉽게 변하고 고객들은 끊임없이 새롭게 판단한다는 점을 기억해야 한다. 단골들은 쉽게 떠날 수 있다. 그리고 세월이 흘러도 살아남고 성장하는 기업이 되기 위해서는(그리고 현시대에 적합한 기업이 되려면) 반드시 새로운 고객들이 유입되어야 한다. 기존 고객의 만족도가 떨어지지 않도록 하려는 노력과 그들과는 다른 기대를 갖고 있을 새로운 고객들을 끌어들이려는 노력 사이에서 균형을 잡느라 모든 사업들이 어려움을 겪는다. 다음 장에서는 이런 균형에 대한 이야기와 함께 기업들이 흔히 마주치는 난제들을 알아보면서, 그 위기를 돌파할 수 있는 미적 해결책을 다룰 것이다.

지속하기 위한 설계

난관들을
극복하기 위한 미적 전략

—

어떤 두 기업도 똑같은 문제에 직면하지는 않지만 기업의 성장과 생존을 막는 방해 요소들은 대부분 충분히 예측할 수 있는 패턴 안에서 발생한다. 그뿐만 아니라 대다수는 내가 '미적 해결책'이라고 부르는 도구를 이용해야 가장 효과적으로 극복할 수 있다. 1955년 〈포춘Fortune〉[1] 500대 기업 리스트에 올랐던 기업들 중 2022년 리스트에도 이름이 남아 있는 기업은 49곳밖에 없다.[2] 성공을 유지할 수 있는 회사가 왜 그렇게 적은가? 내 의견을 간단히 말하자면, 그 어마어마한 수의 회사들이 살아남지 못하는 이유는 그들이 이길 수 없는 게임을 하고 있기 때문이다. 월마트식 게임에서는 타깃Target이 월마트를 이길 수 없다. 구글식 게임에서 야후가 구글을 이길 수 없었던 것도 같은 이치다.

전형적인 사업 난관들이라 할지라도 그 대부분은 냉정한 시선과 정교한 체계로 시장을 분석하는 경영학교의 사례 연구들이나 경영 분야 베스트셀러에서는 해결책을 찾기가 힘들다. 고객들을 깊이 이해하고 공감했을 때, 더 구체적으로 말하면 무엇을 사는지, 어디에서 쇼핑하는지가 아니라 그들이 어떻게 느끼고 무엇에서 기쁨을 얻는지를 이해해야만 해결책을 찾을 수 있다. 고객을 소비자가 아닌 한 명의 인간으로 바라보고 그들을 더 즐겁게 할 수 있는 방법을 고민해야 한다. 하버드 경영대학원의 교수이자 기업의 혁신과 성장에 관해서는 세계 최고의 전문가들 중 한 명인 클레이튼 크리스텐슨Clayton Christensen의 표현을 빌리자면, 무언가를 구매하는 일은 사실상 우리가 그 제품을 '고용'하여 우리가 하려는 일(데이트에 나가려고 섹시하게 보일 수 있는 무언가를 찾는다거나 아이들의 점심 도시락에 올릴 맛있고 건강한 식품을 찾는 일 등)을 돕도록 시키는 것이다.

그 일을 제대로 했다면 우리는 그 제품을 다시 '고용'할 것이다(살 것이다). 그리고 일을 제대로 못했다면 해고할 것이다.[3] 우리가 구매를 하는 이유는 그 물건을 원하거나 우리가 하려는 사소할 수도, 거대할 수도 있는 시도를 도와줄 물건이 필요하기 때문이다. 다시 말해, 기계가 아닌 사람이 물건을 산다. 사람은 감정적인 동물이라서 그 물건을 구매하면 어떤 느낌을 받을지를 크게 고려하여 결정을 내린다. 더 좋은 감정을 느낄수록 사람들은 그 제품이나 브랜드에 더욱 가까이 다가가고 충성한다.

크리스텐슨은 이런 사실을 많은 기업들이 놓치고 있다고(그래서 실패한다고) 말했다. 그에 따르면 기업들은 구매자의 지위, 연령, 직업, 성별 등의 속성과 구매 결정의 잘못된 상관관계를 토대로 제품을 만들고 마케팅을 펼치기 때문에 실패한다.

이 글을 읽는 당신이 무슨 사업에 속해 있든, 평소에 내가 모든 사업가들에게 조언하는 것처럼 같은 조언을 하고 싶다. 자기 자신(가치를 두는 부분, 성격, 스타일, 별난 점 들까지 모두)을 최대한 끌어내 사업 공식 속으로 불러들여라. 나는 왜 물건을 사는가? 그 구매가 어떤 느낌을 주길 원하는가? 내가 특정 제품과 브랜드에게서 그러한 느낌을 받고 싶은 이유는 무엇이며, 지금 그들이 쓰고 있는 방법은 어떠한가? 내 선택을 받지 못한 제품에 부족했던 점은 무엇인가? 내 사업에서는 나의 개인적인 의견이 중요하다. 어쨌든 나도 한 명의 소비자다. 내 모든 부분을 사업 발전 과정 속으로 끌어들이면 나 자신의 특성은 기업의 가장 커다란 차별점이 되고, 고객들은 그러한 인간으로서의 면모에 가장 강력한 반응을 보여줄 것이다. 개인적인 신념과 독특한 취향들을 포함하여, 나 자신이야말로 내 회사의 목소리와 가치들을 형성하고 강화한다.

기업의 의사 결정에 자기 자신을 끌어들이면 고객과 더욱 공감할 수 있게 된다. 공감은 미학의 핵심 측면이자 사업을 끊임없이 발전시키는 중요한 요소다. 출시된 지 얼마 지나지 않아 사라져버린 구글 안경Google Glass도 공감 능력 부족이 명백히 드러나는 예시다. 구글 안경이 실패하고 소비자들에게 '해고'당한 이유는 기술 연구와 개발, 마케팅 또는 소통에 충분히 투자하지 않았기 때문이 아니다. 구글 안경이 실패한 이유는 안경을 쓴 사람이 어떻게 느끼는지를 고려하지 않은 기본 디자인 때문이었다. 어느 누구도 그 안경을 쓰고 있는 자신의 모습을 남에게 보이고 싶지 않았고, 비슷한 이유로 남들이 쓰고 있는 모습도 보고 싶지 않았다. 구글 안경은 맡은 '일'을 해내지 못했다.

비평가적 관점으로 다양한 기업들을 두루 살펴본 후에 느낀 점은 기업의 리더들이 협력자나 고객을 대하는 과정에서 너무 자신을 버린다는 것이다. 그렇게 그들의 사업은 존재 이유raison d'etre를 잃었다. 살아남고 싶다면, 기업들은 사업의 출발점으로 돌아가야 한다. 사업 계획 단계에 인간의 숨결을 불어넣어야 한다. 식품이나 에너지 같은 생필품 부문은 제외하고, 사람들 대부분이 필수적이지 않은 물품들을 산다는 점을 기억해야 한다. 사실, 우리는 '물건'을 최대한 없애고 단순한 삶을 살고자 하는 시대에 살고 있다. 이러한 경향은 빨리 끝나지 않을 것이다.**4** 현대인들이 정말 필요로 하는 것은 커뮤니티다. 그들은 새로운 것을 배우고 발견할 수 있는 기회를 원하고, 자신이 누구이며 어떻게 느끼는지를 표현할 수 있는 방법을 찾아다닌다. 자신들의 세상을 꾸리려 하고, 자신을 더욱 아름답거나 신이 나도록 만들어줄 도구들을 원하며 격려 받고 싶어 한다. 어떤 면에서 보면 이런 것들이야말로 인간의 필수적인 욕구이며, 열망을 받쳐주는 요소들이다.

이는 사업 원칙이나 분석적 사고를 무시해도 된다는 말이 아니다. 단지 그것만으로는 장기적인 성공을 이룰 수 없다고 이야기하는 것이다. 게다가 미적 가치 형성을 게을리하면 절대로 금전적 이익을 얻을 수 없다. 아름다움을 창조하고 감각들을 끌어내며 인간 정신을 드높이고 관계를 만들어나가는 능력이야말로 결국에는 사람과 사업이 모두 승리할 수 있는 길이다. 나는 모든 기업 하나 하나가 각자의 사업에 인간의 숨결을 불어넣을 방법을 찾을 수 있다고 믿는다. 그러므로 우리는 과연 무엇이 나 자신과 회사 모두에게 의미 있을지를 고민해보아야 한다. 그 무언가를 알아내기 위해, 나는 〈포춘〉에 실린 기업부터 스타트업까지 수많은 회사가 숱하게 겪는 다섯 가지 사업 난관들을 살펴보면서 그 난관들을 헤쳐나갈 미적 전략을 이야기할 것이다. 특히 '또 다른 AI'를 다룰 것이다. 구체적으로 말하자면 각자의 고객을 이해하고 반응을 예상하며 그들을 기쁘게 할 수 있는 새롭고 기발한 방법들을 고안하기 위해 미적 공감 능력을 이용할 수 있음을, 그리고 이용해야 한다는 점을 입증하려고 한다.

범용화의 함정

평소에 제품 판매를 어려운 일이라고 느낀다면, 원자재를 파는 상황을 상상해보자. 다른 회사들보다 제품의 가격이 낮다는 한 가지 이점을 갖고 있다고 가정해보자. 그렇다면 분명 이러한 이점은 시간이 흐를수록 지킬 수 없게 된다. 하지만 어떤 회사들은 제품에 완전히 새롭고 신나는 인간 경험을 디자인함으로써 기본적이고, 차별적이지 않으며, 상호 호환성이 있는 제품을 판매해야 하는 어려운 과제를 독특하고, 차별적이고, 지속 가능한 가치 제안으로 바꾸는 데 성공했다. 나는 낮은 가치의 제품에서 높은 가치의 경험으로 초점을 옮기는 이 전략을 '스타벅스식 해결책'이라고 부른다.

커피를 팔든, 콩이나 시멘트를 팔든, 원자재를 파는 기업들의 경우 미적 전략을 통해 사업 방향 전체를 수정하면 독특하고 신나는 경험들을 창조할 기회를 잡을 수 있다. 그에 따라 상품을 둘러싼 풍부한 이야기가 형성되어 그 기업만의 장점이 생기며 입소문이 나고 단골 고객이 늘어난다.

스타벅스는 효율성보다는 안락함을 느낄 수 있는 인테리어 디자인에 직원들을 '바리스타'로 격상시켜 유럽식 노하우와 장인 정신을 불러일으키며 기존의 커피숍들과 차별화했다. 스타벅스가 오늘날까지도 다른 카페들과 차별화되었다거나 현시대에 적합한가를 따지는 것은 다른 문제다. 나는 사실 스타벅스가 그 이후로 진화에 실패했다고 생각한다. 하지만 스타벅스가 처음에 이뤘던 혁신과 오랫동안 성공을 지속할 수 있었던 요인에서는 분명 배울 점이 많다. 1990년대를 거쳐 2000년대 초반까지만 해도, 스타벅스는 진정한 차별화에 성공한 선구적인 기업이라고 여겨졌다(참고로 말하자면, 1960~1970년대에는 맥도날드가 그러했다).

처음 설립되고 1987년에 시애틀 바깥으로 첫 확장을 거치는 동안[5] 스타벅스는 그때까지 어떤 커피 체인들도 시도하지 않았던 무언가를 이루어냈다. 스타벅스는 사람들이 열망하는 '제3의 공간'을 창조했다. 즉, 음식을 먹고, 커피를 마시고, 친구를 만나거나 혼자 사색하고, 지역 사회에서 사회화가 이루어지는, 직장도 집도 아닌 공간[6]이었다. 스타벅스가 수년간 성공 가도를 달리는 동안, 패스트푸드 버거 체인의 매력이 감소했으며 차별성이 없어졌다고 느끼고 있던 맥도날드가 커피하우스 미학이 품고 있는 금전적 잠재성을 알아보고는 커피 전선에 뛰어들었다. 맥도날드는 지점 상당수를 맥카페McCafe로 전환하여 매장을 따뜻한 색감으로 바꾸고 나무로 된 물건들을 채워 넣으면서 소비자가 오래 머물 수 있도록 무료 와이파이와 편안한 좌석을 제공하기 시작했다. 그 전술이 효과를 발휘했는가에 대해서는 논란의 여지가 있지만, 어쨌든 맥도날드는 스타벅스식 게임에 뛰어들었다. 범용화의 함정에 걸려 고전하고 있는 다른 기업들과 마찬가지로, 현재의 시점에서 이 두 기업에게 던질 수 있는 질문은 다음과 같다.

"흔한 상품과 고객이 지겹다고 느끼는 오프라인 매장 경험을 기발하고 기쁨을 주는 방향으로 탈바꿈하려면, 기업은 무엇을 해야 하는가?"

2위들의 습관

─

업계 2위라는 말은 훨씬 더 깊은 자원과 강한 역량을 지닌 어마어마한 강적을 정면으로 맞서고 있다는 뜻이다. 즉, 해당 기업이 속해 있거나 뛰어들기 시작한 분야에는 이미 운영, 관례, 판매 방식, 마케팅 방법 부문이 모두 안정되고 인지도까지 높은 1위 회사가 자리를 확고히 지키고 있다는 의미다. 그 난관을 뚫을 수 있는 방법은 미적 가치를 끌어들이는 것이다. 해당 브랜드를 산업 리더의 위치에서 한 단계 더 격상하고 차별화하여 완전히 새로운 유형의 고객들을 유혹할 수 있을 정도의 미적 가치를 이용해야 한다. 예를 들어, 사우스웨스트 항공Southwest Airlines은 '심장이 없다면, 그것은 기계일 뿐'이라는 독특한 콘셉트에 캐니언 블루와 선플라워 옐로를 조합한 친숙한 색감을 사용했다. "그저 깔끔할 뿐Just plain smart(plane과 plain의 발음을 이용한 언어유희로 보인다-역주)"이나 "가방을 들어라, 떠날 시간이다!Grab your bag, it's on!"처럼 사적인 어조의 슬로건으로 아메리칸 항공American Airlines, 델타 항공Delta Air Lines7 등의 거대 기업들과 대적한다.

당연하게도 리테일에서의 전형적인 예시는 타깃과 월마트의 싸움이다. 타깃은 월마트와 정면으로 맞서 싸울 수 있는 위치가 전혀 아니었다. 특히 월마트의 '날마다 최저가'에 대적할 수 없었지만 타깃은 합리적인 가격에 세련된 물품을 얻는다는 칩 시크cheap-chic 전략, 디자이너 브랜드와의 협업, 눈에 띄는 광고, 지역 사회 환원 등의 방법으로 효과를 얻어 시장에서 확고한 입지를 다졌다.

화장품 브랜드 크리니크Clinique의 사례는 시장 주도 기업과 정면으로 맞서기를 회피하고 독자적인 방법으로 강력한 입지를 구축한 좋은 예시다. 1968년에 에스티 로더 컴퍼니즈Estée Lauder Companies가 런칭한 크리니크는 처음부터 자매 브랜드인 에스티 로더와 대비되도록 디자인되었다. 당시 에스티 로더는 미국 내 백화점 입점 브랜드 중 가장 안정적이며 인기 있었고, 에스티 로더와 크리니크는 모회사가 같았지만 같은 매장에서 같은 여성 고객들에게 비슷한 제품을 팔면서 격렬히 경쟁했다. 하지만 그 둘은 미학에 관해서만큼은 그보다 더 다를 수 없었다. 에스티 로더는 화려한 배경과 함께 고전미를 뽐내는 여성들을 등장시키면서 고풍스러운 우아함에 초점을 맞추었다. 반면, 기술적 이점을 강조했던 크리니크는 절대로 광고에 인물을 쓰지 않았다. 제품 그 자체가 스타였다. 크리니크의 제품들은 정성스레 놓여, 전설적인 사진가 어빙 펜Irving Penn의 카메라에 담겨 매끈한 모습으로 눈을 사로잡는 광고에 등장하곤 했다.

크리니크의 이러한 콘셉트는 〈보그Vogue〉의 뷰티 에디터였던 캐롤 필립스Carol Phillips 덕분에 탄생했다. 필립스는 보다 과학적인 '3단계'로 피부를 관리해야 한다고 생각했다. 에스티 로더의 뷰티 어드바이저들은 우아하고 품격 있는 인상을 주었지만 크리니크의 어드바이저들은 새하얀 실험실 가운을 입고 고객 상담을 할 때도 제품의 치료 효과를 연상시키는 인상을 주었다. 또한 상담 카운터 위에는 주판처럼 생긴 장치가 설치되었고, 고객들은 그 장치로 지성, 건성, 민감성, 복합성으로 나뉘는 피부 타입을 진단 받을 수 있었다. 마지막으로, 에스티 로더가 강한 향을 토대로 성장했다면, 크리니크는 알레르기 테스트를 거친 향이 없는 제품이라고 강조하는 마케팅을 펼쳤다.

에스티 로더 여사의 아들인 레너드 로더Leonard Lauder는 이런 말을 했다.

"나는 어머니가 '이러면 안 돼요, 캐롤. 안 돼, 안 돼, 안 돼. 이 제품이 100퍼센트 무향이었으면 좋겠어요. 그렇게 광고에 싣고 싶으니까.'[8]라고 하시면서 탁상을 내려치시던 모습을 기억하고 있다. 어머니는 이미 기존 에스티 로더 제품 라인에 향이 많다는 사실을, 그리고 그 정반대가 되려면 무향 제품이 출시되어야 한다는 사실을 알고 계셨다. 캐롤 에디터처럼, 어머니는 여성들이 무엇을 원하는지를 아셨다."

크리니크는 점점 성장하여 결국 에스티 로더를(그리고 뷰티 시장의 다른 브랜드 모두를) 뛰어넘었고, 고급 화장품 분야에서 최상위 자리를 확보했다. 하지만 얼마 후에는 혜성처럼 나타난 맥 코스메틱MAC Cosmetics 브랜드에게 추월당했다.

그러면 만만찮은 2위 기업과 관습적인 패자 기업, 이 둘의 차이점은 무엇인가? 기업은 룰 메이커(규칙 제정자), 룰 테이커(규칙 수용자), 룰 브레이커(규칙 파괴자)라는 세 가지 유형으로 나뉜다. 다음 표에서 홈 데포Home Depot, 제너럴 모터스General Motors, 레고와 같은 룰 메이커들은 시설 규모, 생산량, 시장 점유율, 자원들을 이용해 1위를 차지한다. 로우스Lowe's, 크라이슬러Chrysler, 딜라드, 피셔프라이스Fisher-Price 등의 룰 테이커들은 그저 룰 메이커들이 다져놓은 길을 따르기만 한다. 룰 메이커들과 같은 전략을 채택하고 같은 고객들을 노리지만 룰 테이커들에게는 룰 메이커를 이길 만한 힘이나 시장 지배력이 없다. 그래서 룰 테이커들은 살아남기도 힘들고 만약 살아남는다고 해도 영원히 2위에서 벗어날 수 없다. 금전적 수익과는 상관없이, 룰 테이커들은 절대 혁신적이라거나 특별하고 뚜렷한 경험을 제공하는 기업이라고 여겨지지 않는다. 그리고 실적 부문에서도 룰 메이커와 룰 테이커의 격차는 시간이 지나면서 점점 더 벌어지는 경향을 보인다. 메이시를 따라잡지 못했던 메이May 백화점, 스테이플스 Staples에게 패배한 오피스 디포Office Depot, 베스트 바이Best Buy를 넘어서지 못했던 서킷 시티Circuit City가 모두 룰 테이커의 예시들이다.

업종	룰 메이커	룰 테이커	룰 브레이커
서점	반스 앤드 노블 Barnes & Noble	보더스 Borders	아마존
주거 개선	홈 데포	로우스	섬택 Thumbtack
자동차	제너럴 모터스	크라이슬러	테슬라 Tesla
방송	iHEART	시리우스XM	스포티파이
TV 홈쇼핑	QVC	HSN	유튜브 YouTube
면도용품	질레트 Gillette	쉬크 Schick	해리스 Harry's

룰 메이커 기업에 비교하면 훨씬 역사가 짧고 규모가 작은데도 룰 브레이커 기업들은 차별화, 혁신, 실험, 빠른 속도를 무기로 기업을 이끌어 나가기 시작하면서 점차 가속도를 낸다. 그 본질을 이야기하자면, 다이슨 Dyson이 처음에는 진공청소기 산업의 법칙을 바꾸고 나중에는 헤어 드라이어 부문에서 그러했던 것처럼 룰 브레이커들은 그 산업 전체의 판도를 뒤집는다. 혁신에 성공했다면 룰 브레이커들은 시간이 갈수록 룰 메이커의 자리에 오르는 경향이 있다. 1990년대에 맥 코스메틱은 제품을 보여주는 방법, 소비자들과의 소통, 위치 선정 측면에서 그 당시의 선도 기업이었던 에스티 로더, 크리니크, 랑콤Lancome의 진로에 영향을 미치기 시작했다. 맥은 꾸준히 성장하여 현재 미국에서 고급 화장품 브랜드가 되었지

만, 이제는 입장이 바뀌어 더욱 이목을 끄는 새로운 콘셉트의 브랜드들에게 진로를 방해받고 있다. 예를 들면 펜티 뷰티Fenty Beauty by Rihanna는 '리아나'라는 연예인 파워 덕분에, 후다 뷰티Huda Beauty는 설립자 후다 카탄Huda Kattan이 소셜 미디어에서 내뿜는 굉장한 영향력 덕분에 성장하고 있으며, 캣본디Kat Von D는 브랜드를 설립한 유명 타투 아티스트의 열성 팬들과 독창적인 미학 덕분에 힘을 얻고 있다.

어쩌면 몇 년 후에는 개성 넘치는 스트리트 패션 브랜드 수프림Supreme이 스포츠 의류 업계의 시장 주도 기업이 되고, 파슨스 디자인 스쿨 학생들이나 지망생들이 지금은 그저 먼 꿈으로만 생각하고 있는 새로운 시장 주도 기업을 설립해 수프림을 막아내고 있을지도 모르는 일이다.

역사의 무게

문화적 유산은 기업의 귀중한 자산이지만 몇몇 회사들은 과거에 너무 파묻혀 있어서 현시대에 적합할 수 있는 모든 가능성을 잃기도 한다. 그런 회사들이 위기를 극복하려면 기업이 가진 가장 강력한 역사적 코드들이 영향력을 잃지 않으면서도 브랜드의 명성과 장점을 회복시킬 미학을 흡수해야 한다. 유통 기업 시어스Sears와 맥주 제조 기업 스트로 브루어리 컴퍼니Stroh Brewery Company는 유산 활용에 실패한 사례들이다. 반면, 구찌, 할리데이비슨, 헤네시는 수차례 재기에 성공했다.

시어스가 상황을 호전시키려고 세운 계획에 미학에 대한 이야기는 아무것도 없었다. 오직 빈약한 리테일 상황과 구조 조정 및 부동산 관리 문제에만 주목했고, 경영진은 중대한 오판을 했다. 2018년 10월 초, 시어스는 파산을 준비했다. 글로벌데이터 리테일GlobalData Retail의 전무이사인 네일 손더스Neil Saunders는 이 사건에 대해 다음과 같이 서술했다.

"시어스의 사례에서 드러난 문제점은 형편없는 리테일이다. 솔직히 말하면 그 브랜드는 품목 선택부터 서비스, 상품 구성 방식, 기본적인 가게 운영 기준까지 리테일의 모든 측면에서 실패했다."[9]

시어스는 지출 비용을 줄이고 현금 흐름을 높이면서 잠재적인 이윤을 이끌어내려는 목적으로 여러 매장을 닫고 건물을 경매에 내놓는 방법을 선택했다. 그 과정에서도 시어스의 경영진은 인적 요소를 간과했다.[10] 시어스의 문제점들이 단순히 무리한 확장 때문에 벌어진 일이었다면 그 전략이 타당했을지도 모른다. 하지만 시어스가 위기를 맞게 된 원인은 매장이 너무 많아서가 아니다. 2016년 4분기에 61억 달러(한화 7조 4천억 원)였던 매출이 2017년 4분기에 44억 달러(한화 5조 3천억 원)까지 떨어졌다. 시어스는 지점 수가 적었다면 그 손실의 반은 없었을 것이며, 나머지 손실의 반은 동일 매장 매출이 18퍼센트 떨어진 결과라고 발표했다.[11] 시어스는 주식을 연달아 팔아넘겼고 그 회사의 다양한 브랜드들을 인수해줄 기업들을 찾아다녔다. 이러한 방식은 마치 링거를 꽂은 것처럼 간신히 버틸 수는 있었지만 사업을 부활시킬 수 있는 전략이 되진 못했다.

시어스가 실패한 진짜 이유는 소비자에게 부적합해졌기 때문이었다. 그 근거를 따져보면, 2016년 조사에서는 여성 의류 소비자들이 시어스보다 굿윌Goodwill 매장에서 쇼핑하기를 선호한다는 결과가 있었다.[12] 아마존을 선택한 사람들도 많았는데, 고객들은 편리하고 접근하기 쉽고 투명한 쇼핑을 원했고, 아마존은 그들의 니즈를 충족시켜줄 수 있었다. 한때, 우편으로 받아보는 시어스 카탈로그를 모든 가정이 손꼽아 기다리던 시절도 있었다. 아마존은 그 두꺼운 카탈로그의 21세기 버전으로 시어스와는 달리 하루 24시간, 1년 365일 내내 언제나 확인할 수 있다. 오늘날의 아마존처럼 그 시절의 시어스 카탈로그는 끝이 보이지 않는 수많은 제품들을 소개했다. 품목을 말하자면 1야드(약 0.91m) 단위로 끊어 파는 천 쪼가리들부터 조립식 주택 형태까지 다양했고, 로렌 바콜Lauren Bacall, 수잔 헤이워드Susan Hayward, 진 오트리Gene Autry 같은 연예인부터 야구의 전설 테드 윌리엄스Ted Williams까지 시어스의 의류 마케팅에 이용되었다.**13** 시어스가 제공하는 상품들은 전성기에 비해 범위가 크게 줄었지만, 아마존은 팔수 있는 물품의 한계를 끊임없이 넓혀나갔다. 아마존은 독특한 창고 시스템을 구성하고 사람의 노동력에 로봇 기술을 얹는 방법으로 굉장히 다양한 물품들을 보관하고 배송할 수 있었다.**14** 또한 물품 제조 회사들과 동업 관계로 지냈기 때문에 해당 제조사의 상품들을 창고에 넣을 필요도 없었다.**15** 결국 금전적 구조 조정으로 미적 지능을 대체하려던 시어스의 노력은 실패했다.

스트로 브루어리 컴퍼니의 경우에는 경영진이 무능한 것도 문제였지만 불확실한 브랜드들을 마구잡이로 인수하던 전략도 한몫했다. 그리고 당연히, 이전 시대의 맥주 소비자들에게 스트로 맥주가 적합할 수 있도록 해주던 문화적 유산을 소홀히 여기던 태도도 큰 문제였다. 1850년에 독일인 이민자 베른하르트 스트로Bernhard Stroh가 디트로이트에 세운 스트로 브루어리 컴퍼니는 1980년이 되자 미국에서 세 번째로 큰 맥주 제조사가 되었다.**16** 같은 해에 설립자의 증손자인 피터 스트로Peter Stroh가 CEO 자리를 물려받았는데, 그는 F. & M. 셰퍼F. & M. Schaefer 맥주 회사와 조셉 슐리츠Joseph Schlitz 맥주 회사 인수를 시작으로 흥청망청 기업 쇼핑을 해댔다.

그 브랜드들은 스트로의 문화나 역사에 아무런 관련이 없었다. 스트로 브루어리 컴퍼니에게는 그 수많은 브랜드들을 따로따로 관리할 수 있는 기발한 마케팅 방식이 있는 것도 아니었고, 그렇다고 인력이 많았던 것도 아니었다. 그 외에도 몇 건의 인수가 더 있었지만 역시나 재앙이 되기만 했다.

스트로는 광고 전문가를 초빙했다. 하지만 그가 도착하자마자 한 일은 누구나 알아보았던 스트로의 상표를 바꾸고 가격을 올리면서 오랫동안 지속한 '12달러에 15병' 제도를 끝내는 것이었다. 그 결과, 매출은 1년 동안 40퍼센트나 감소했다.**17** 얼마 후엔 고지서에 적힌 대출 이자 상환조차 장담할 수 없었다. 스트로의 몰락이 불가피했던 이유를 단순히 기업 합병 당시에 가족이 경영하고 있었기 때문이라고는 말할 수 없다. 잉링Yuengling과 셸스 브루어리Schell's Brewery 등은 가족이 운영하는 지역 기반 맥주 회사들이지만 그 시대에도 끄떡없었고 지금도 번창하고 있다. 1980~1990년대에 스트로의 가장 강력한 경쟁사였던 쿠어스 브루어링 컴퍼니Coors Brewing Company는 〈포브스Forbes〉가 선정한 '미국에서 제일 부유한 가족들' 리스트 100위권 안에 꾸준히 머물렀다.**18** 설립 이후로 149년이 지난 1999년, 결국 스트로 브루어리 컴퍼니는 콜트 45 몰트 리커Colt 45 malt liquor, 론 스타Lone Star, 셰퍼, 쉴츠, 슈미트Schmidt's, 올드 밀워키Old Milwaukee, 올드 스타일Old Style, 스트로Stroh's, 세인트 아이즈St. Ides를 포함하여 수많은 브랜드를 LA에 기반을 둔 팹스트 브루어링 컴퍼니Pabst Brewing Company에게 매각했다.**19** 그리고 밀러 브루어링 컴퍼니The Miller Brewing Company가 그 나머지 브랜드들을 인수했다.

재미있게도, 스트로의 이름은 새로운 주인 밑에서 상당히 부활했다.

2014년에 팝스트를 인수한 유진 캐시퍼Eugene Kashper는 소련 출신으로, 어린 시절에 미국으로 망명한 인물이다. 모순적이게도 혹은 운명일 수도 있겠지만, 그는 과거에 스트로에서 일하면서 처음으로 맥주 공정을 배웠다. 2016년, 캐시퍼가 이끄는 팝스트는 크래프트 맥주 마니아들이라면 전통적인 맛을 좋아할 것이라 예상하고 산하 브랜드들의 문화적 유산을 깊이 연구했다. 디트로이트에서 시작된 스트로처럼 산하 브랜드들이 처음 설립되었던 지역들을 찾아 그곳에서 맥주를 제조했고, 그 시리즈에 '지역 전설들'이라는 이름을 붙였다. 각 맥주에 특별한 다양성을 입힌 이 전략은 그때까지도 선반에서 얌전히 잠들어 있던 브랜드들에게 새로운 생명을 불어넣었다. 새로 확장된 제품군 중에는 디트로이트에서 제조된 스트로의 보헤미안 스타일 필스너Bohemian-Style Pilsner도 있었다.[20] 2018년 2월, 팝스트는 스트로의 신제품을 소개했다. '인내심Perseverance'이라는 이름의 이 IPAIndia Pale Ale 맥주는 설립자의 자손이 저지른 실수에도 불구하고 살아남은 맥주 브랜드의 힘을 인정한다는 의미로 보인다.[21]

스메그SMEG는 역사의 무게 덕분에 성공한 권위 있는 브랜드다. 더 구체적으로 말하자면, 전통적인 주방 소품에 20세기 중반의 이탈리아 스타일을 접목하여 현대적인 외양과 분위기로 탈바꿈한 독창성으로 성공을 이루었다. 비토리오 베르타초니Vittorio Bertazzoni가 이탈리아 북부에 스메그를 설립한 것은 1948년이었지만 베르타초니 가문이 사업을 경영한 역사는 19세기에 대장간을 운영하면서부터 시작되었다. 그 긴 시간 동안 금속을 다루면서 베르타초니 가문의 경험은 탄탄해졌고 결국 금속에 도료를 입히는 초기의 관심사를 유지하면서 주방 인테리어 부문까지 손을 뻗게 되었다. 오늘날까지도 베르타초니 가문이 3대째 스메그를 경영하고 있으며 이 회사는 '구아스탈라에 있는 금속 에나멜 공장Smalterie Metallurgiche Emiliane Guastalla'을 축약한 이름 스메그를 시작으로 기업의 문화적 유산을 다양한 방법으로 지키고 있다.

스메그는 1950~1960년대에 경제가 좋아지면서 사람들이 편안한 집을 열망하게 되리라 예상했고, 그때부터 전문적으로 가전제품 생산에 몰두하기 시작했다. 1950년대 후반에는 거의 최초로 자동 스위치와 오븐용 안전밸브가 있고 음식 종류에 따라 세팅이나 타이머를 맞출 수 있는 가스레인지를 출시했다. 1963년에는 여러 종류의 세탁기와 한 종류의 식기세척기를 출시했으며, 1970년에는 14인용 식기세척기를 선보였다. 또한 1970년대 중반에는 유명한 건축가들이나 디자이너들과 협업하여 멋있으면서도 한발 앞선 기술을 담을 수 있는 도약을 시도했다. 이러한 태도는 지금까지도 지속되고 있는데, 예를 들어, 가장 최근에는 의류 회사 돌체앤가바나와 협업을 진행했다. 2017년에 이 두 회사는 직접 손으로 그려 세상에 단 하나밖에 없는 100가지 냉장고를 판매했고, 지금은 수집가들이 이 제품을 모으고 있다. 같은 기업과 진행한 2018년 협업에서는 토스터, 과즙기, 커피 머신, 커피포트, 믹서, 거품기 등 여러 소형 가전에 주목했다.[22] 1990년대에 스메그는 베이비 핑크, 페일 블루, 민트 그린 등 아이스크림 색감으로 디자인한 싱크대와 환기 팬, 복고풍 스타일의 냉장고들을 선보였고, 그 물건들은 이제 전 세계 사람들이 한눈에 알아보는 상징적인 제품이 되었다.[23]

스메그의 글로벌 CEO인 비토리오 베르타초니 주니어는 2008년 세계 금융위기가 시작되기 직전에 경영권을 넘겨 받았다. 하지만 그때부터 각국에 있는 스메그 지부들의 매출은 모두 배로 증가했고, 자회사는 7개에서 20개로 늘어났다. 스메그의 70번째 창립 기념일에 베르타초니 주니어가 호주 지부에 보낸 편지에는 이런 문장이 적혀 있다.

"스메그가 이렇게나 혁신적인 기업이 될 수 있었던 것은 이탈리아에서 탄생한 가족 경영 사업이라는 걸 알면서도 우리의 원칙을 따라준 당신들 덕분이라고 생각합니다. 저는 다양한 세대가 나름대로의 위기를 마주치지만 기존과 같은 방법으로 해결될 것이라 믿으면서 오래된 방식에 머물고 싶어 한다는 것을 알고 있습니다. 하지만 우리 스메그는 고객들에게 가장 아름다운 가전을, 사람들이 집에서 사용할 수 있는 가장 창의적이고 혁신적인 물건들을 안겨주고 싶습니다."[24]

이 이탈리아 주방용품 회사가 열렬한 사랑을 받는 이유는 무엇인가? 오리지널 폭스바겐이나 더 최근의 제품인 미니 쿠퍼Mini Cooper와 비슷하고 베스파Vespa나 람브레타Lambretta 등의 브랜드를 연상시키기도 하는 스메그의 제품들은 금속의 특성을 강하게 보여주면서 곡선형 실루엣과 눈에 띄는 색감들과 함께 이탈리아의 1950년대 디자인을 담고 있다. 회색의 스테인리스 강철로 도배된 다른 주방용품과는 달리 스메그의 제품은 실생활에서 쓰이는 유용성보다는 독특한 외양과 톡톡 튀는 색감이 만들어내는 미학에 더 큰 무게를 둔다. 그래서 스메그 제품에는 고객의 숨통을 틔우는 신선함이 있다. 요약하자면, 스메그의 소형 가전들은 유행에 한발 앞서는 주방용품이다. 그리고 우리는 그 제품들을 찬장에 숨겨놓고 싶지 않다.

과거의 성공에서 빠져나오지 못하면 그 기업은 현재를 사는 고객들의 미적 감수성·선호도·수요와 동떨어지게 된다. 그 본질을 살펴보면, 이러한 기업들은 시야가 좁아지고 꼭 진화해야만 하는 미적 공감을 높은 수준으로 끌어올리지 못한다. 발달된 미적 감수성만으로는 충분치 않다. 공감이란, 외부의 자극을 마주하는 타인의 감정 반응과 좋고 싫음을 감지하고, 상상하고, 찬사하는 능력이다. 지금 우리가 하고 있는 것이자 일본어에서 카이젠kaizen이라고 부르는 '개선'을 효과적으로 재논의하거나 바로잡고 지속적으로 발전시키려면, 공감 없이는 불가능하다.

배회할 틈이 없다

경쟁 구도와 시장의 '소음'에도 한 기업만 바라보는 단골, 유입 고객 진영을 구축하기 위해 우리는 어떤 미적 과정을 거쳐야 하는가? 신생 기업들 대부분과 그중에서도 특히 작은 크기의 상품을 다루는 기업이 마주치는 난관은 지금 그들이 뛰어든 분야에는 이미 수많은 회사가 버티고 있고, 그 업계가 경쟁적인 데다가 충분한 발달을 거친 후라는 사실을 깨닫는 상황이다. 하지만 안경 제조회사 와비 파커Warby Parker나 의류 브랜드 에버레인Everlane처럼, 다른 기업들이 우글대는 분야에 신생 기업이 비집고 들어가 혁신을 이룬 사례들도 꽤 있다.

이 글을 쓰는 시점에 와비 파커 브랜드 가치는 10억 달러(한화 1조 2천억 원) 이상으로 추산된다.[25] 지금이야 거대 브랜드가 되었지만 사실 와비 파커는 조그마한 플라스틱에 불과한 안경이 왜 그렇게 비싼지를 고민했던 경영대학원 학생 네 명의 아이디어에서 시작되었다. 그 질문에 대한 답을 찾던 네 명은 결국 훨씬 낮은 가격으로 세련된 디자인의 안경을 제공할 수 있는 방법에 눈을 떴다. 그들은 룩소티카Luxottica라는 기업이 거대 안경 회사 렌즈크래프터스LensCrafters, 펄 비전Pearle Vision, 레이밴Ray-Ban, 오클리Oakley를 모두 소유하고 있고, 심지어 샤넬과 프라다 등 많은 패션 브랜드에서 제작한 안경테에 도수 있는 안경알을 넣거나 선글라스를 제작할 수 있는 권리를 독점하고 있다는 사실을 알아냈다.**26** 와비 파커의 설립자들은 정식 루트를 거치지 않는 소매업체나 중간상인들의 힘을 빌린다면 원가보다 3배나 더 비싼 가격으로 판매하는 관행에서 소비자를 구출할 수 있을 거라고 생각했다.

샤넬 등의 디자이너 브랜드 안경을 사고 싶어 하는 사람들을 대할 때, 룩소티카는 패션 브랜드에 먼저 디자인 사용료를 지불한 후 매장의 안경에 프리미엄 가격을 붙인다. 와비 파커의 설립자들은 브랜드 안경이 인기 있다는 사실에서 안경 사업을 성공시킬 수 있는 큰 단서를 얻었다. 바로, 안경 구매 경험의 질을 높이려면 고객의 염원에 주목해야 한다는 점이다. 와비 파커의 창립 멤버인 닐 블루멘탈 Neil Blumenthal은 〈포브스〉에서 이렇게 말했다.

"고객들은 어떠한 과정으로 안경을 구매하는가? 그들은 안경을 썼을 때 멋있어 보이는지를 가장 먼저 확인하고, 가장 중요하게 생각한다. 그래서 우리는 패션 브랜드가 되기로 했다."**27**

안경은 패션이며, 안경을 써보는 경험은 재미있고 안경을 사는 경험은 멋지다. 와비 파커에서 안경을 사는 과정은 다음과 같다. 안경테 다섯 종류를 주문한다. 그 안경들은 무료로 배송되고, 안에는 무료 반품 딱지도 붙어 있다. 구매자는 안경들을 써보면서 잘 어울리는지를 친구들에게 묻고, 가장 마음에 드는 안경테 하나를 골라 시력 정보를 동봉하여 보낸다. 며칠 후 새 안경이 도착한다. 가격은 상점에 비해 정말 저렴하다. 비록 안경을 쓰는 누구나 한 번쯤, 또는 몇 번이나 생각해보았을 '이 조그마한 플라스틱 덩어리가 왜 그렇게 비싼 거지?'라는 질문에 저렴한 가격으로 해답을 주기는 해도, 안경을 고르는 경험과 멋있는 디자인 그리고 그 경험에 다다르는 과정들이야말로 와비 파커가 독자적인 카테고리로 분류될 수 있는 이유다.

유통을 빼고 D2C 방식으로 직접 판매하는 패션 브랜드 에버레인은 2021년에 2억 달러(한화 약 2,400억 원) 수익을 올렸다. 티셔츠, 민소매 원피스, 스웨터, 청바지 등 기본적인 품목만 파는 스타트업치고 나쁘지 않은 매출이었다.[28] 에버레인의 미학 마법은 유행에 영향 받지 않는 기본 실루엣이 아니라, 이 기업의 표적 시장인 밀레니엄 세대들의 열망을 대하는 방법에 있다. 에버레인은 그 특정 인구군이라면 브랜드의 옷이 어디에서 어떻게 제작되었는지를 알고 싶을 것이라 판단하여, 제품들이 어떤 재료로 어디에서 제작되었고 생산에 얼마가 들었는지 등을 상세히 적은 내역을 제공했다. 소비자들은 생산 공장의 웹사이트 링크를 타고 들어가 작업 환경을 조사할 수 있었다.[29] 또, 에버레인은 밀레니엄 세대들이 자주 이용하는 스냅챗이나 인스타그램 등의 소셜 미디어 플랫폼을 통해 생산 공정을 설명하고 질문에 답변했으며 실제 고객들이 각 도시의 동네에서 착용 사진을 찍어 올린 '거리 패션'들을 뽐냈다. 결국, 에버레인은 참여와 투명성(혹은 투명하다는 환상)이라는 특성을 능숙하게 이용하는 기업이 되어 그 단순한 검은 티셔츠 너머를 보여주는 다양한 방법들로 고객들과 공명한다.

이 브랜드들은 노련하게 고객을 위한 순간들을 창조한다. 경쟁이 극심한 분야인데도 불구하고 그들이 제공하는 경험들은 더욱 관습적인 기업들 사이에서 그 브랜드의 가치 제안을 차별화한다. 그들은 판매 제품들의 특징이나 기능 등의 디자인적 요소만 고려하는 것이 아니라, 소속감을 조성하고 호기심을 충족시키며 구매자들 사이를 이어주는 경험들을 토대로 고객과 끈끈한 관계를 형성한다.

제조업의 딜레마

—

공업품들은 유용성을 중심으로 제작되고 마케팅된다. 이번에 다룰 난관은 공업품 분야에 있는 기업들과 관련 있다. 일반적으로 공업품 구매자들은 제품의 성능이 좋고 오래 쓸 수 있기를 원한다. 교체 비용이 비싸기 때문이다. 우리 대부분은 SUV 자동차를 매년 바꾸고 싶어 하지 않는다. 오븐을 6개월마다 갈아 치우길 바라지도 않고, 페인트칠을 두 달에 한 번씩 하고 싶어 하지도 않는다. 다이슨의 진공 청소기, 바이킹Viking의 가스레인지, 예티Yeti의 냉장박스cooler, 해리스의 면도기, 벤자민 무어Benjamin Moore의 페인트처럼 어떤 회사들은 미학이 담긴 제품을 이용하여 소비자들이 제품의 외형과 기능보다도 그 브랜드 자체를 원하고 가치 있게 여기도록 만들었다.

다이슨은 유용성의 미학을 가장 중요하게 여긴다. 이제는 유선 진공청소기를 더 이상 개발하지 않을 것이며 그 대신 혁신적인 노력을 기울여 로봇과 흡사한 특징을 갖는 다양한 무선 제품들을 생산하겠다고 발표했다.[30] 진공청소기의 전기선이 탁상 다리 주위로 엉키거나 흡입구에 빨려 들어가고, 전기선에 걸려 넘어지는 상황이 어떤 느낌인지는 우리 대부분이 알고 있다. 기존 청소기의 그러한 불편함 때문에, 내 주위에는 절대로 쾌적해져야 하는 상황이 아니면 벽장에서 청소기를 꺼내는 노력조차 하지 않는 지인들이 많다. 다이슨의 로봇 기능이 있는 무선 진공청소기들은 강한 흡입력을 자랑하는 기술과 융합되어 집이 있고 청소를 해야 하는 모든 사람들에게 커다란 혜택을 주었다(다이슨은 초기에 강한 흡입력을 중심으로 마케팅을 펼쳤고, 그 흡입력을 잃지는 않을 것이다). 다이슨은 집을 청소하고 관리하는 일이 간단해지고 빨라지길 원하는 사람들을 구원했다. 쉽게 해낼 수 있어서가 아니라 청소를 쉽고, 심지어 즐길 수도 있는 집안일로 바꾸는 제품을 개발한 다이슨이야말로 공감의 전형적인 사례다.

　캠핑, 사냥, 낚시에 쓰이는 따분한 소품이었던 냉장박스를 진정한 열망의 사물로 바꾸는 능력이 예티의 성공을 이끌었다. 예티의 냉장박스는 한 번 잠기면 잔뜩 굶주린 회색 곰이라 한들 억지로 열 수 없다. 제품의 기능이 너무나 뛰어나서 오히려 고객들이 예티의 장점을 떠벌리고 다녔다. 가끔은 정말로 고객들이 기업을 위해 마케팅을 한다. 하지만 냉장박스라는 제품을 떠나, 예티가 주목하는 것은 따로 있다. 예티의 관심사는 멋진 경관과 자연 보호, 그리고 스포츠맨 정신과 야생이다. 원래는 낚싯대 회사를 차리고 싶었던 형제 라이언 시더스Ryan Seiders와 로이 시더스Roy Seiders가 예티 브랜드를 설립했고, 진지한 낚시꾼들과 사냥꾼들을 대상으로 초창기 마케팅을 펼쳤다(형제가 좋아하는 취미이기도 했다).[31] 예티의 냉장박스는 박스 안에 든 물건을 보호하는 기능이 뛰어났고, 오랜 시간 그 업계의 선도 기업이었던 콜먼Coleman, 이글루Igloo 등의 경쟁사 제품들보다도 오랫동안 신선하게 보관할 수 있었다. 사냥꾼들로 불리기도 하는 그 고객들은 지체 없이 예티의 제품으로 옮겨 갔다.

　예티는 부품 교체 측면에서도 소비자들을 돕는다. 다른 브랜드들의 경우에는 냉장박스의 한 부분이 망가지면 구매자가 가게를 방문해 모든 부품을 교체해야 한다. 소비자의 확신과 믿음이 큰 부분을 차지하는 분야의 사업에서 부분적인 고장 때문에 500달러(한화 60만 원)나 되는 냉장박스를 새것으로 교체하는 것은 좋은 미학이 아니다. 예티의 냉장박스는 어디가 고장나도 번거로울 일 없이 빠른 교체가 가능하도록 디자인되었다. 예티의 설립자 라이언은 〈Inc.〉 잡지와의 인터뷰에서 다음과 같이 말했다.

"우리는 고객이 집에 있고 개가 '밧줄 손잡이'를 씹어버렸다면, 새 제품을 보내는 대신 '일자 드라이버를 들고, 나사를 분리해서, 해당 부분을 떼어내세요. 그러면 저희가 새 부품을 보내드릴게요'라고 설명한다."**32**

경쟁 브랜드들의 냉장박스는 개당 25~150달러(한화 3~18만 원)이지만 예티의 제품은 개당 300~1,300달러(한화 36~157만 원)다. 다른 제품에 비해 열 배는 비싼 돈을 내면서 예티의 냉장박스를 구매하는 이유가 과연 맥주와 물고기를 몇 시간 정도 더 신선하게 보관하는 기능 때문일까? 아니다. 예티의 성공에는 제품의 내구성보다도 진정한 브랜드 이야기가 한몫했다. 그 이야기야말로 예티가 20년도 채 안 걸린 짧은 시간에 14억 달러(한화 1조 6,800억 원)짜리 회사로 성장할 수 있었던 이유다.

벤자민 무어는 최근에 센추리Century라는 이름의 새로운 페인트 시리즈를 출시하여 패로 앤드 볼Farrow & Ball, 파인 페인트 오브 유럽Fine Paints of Europe, 크레이그 앤드 로즈Craig & Rose 등 인기가 치솟던 몇몇 고급 브랜드들과 정면으로 맞붙었다. 센추리는 뉴저지주 뉴어크 지역에 있는 페인트 공장 내 한 부서에서 페인트 장인들과 화학자들이 제조하는 소량생산 프리믹스(페인트를 미리 섞어서 판매한다–역주) 제품으로, 광택이 없고 바르고 나면 감촉이 부드럽다. "페인트가 촉각적인 제품이 될 거라고는 상상해보지 않았다"라고 디자이너 케일럽 앤더슨Caleb Anderson이 말했고, 동업자인 제이미 드레이크Jamie Drake가 그 말에 동의했다. "센추리의 '만져보세요touch me' 샘플들은(심지어 손으로 칠한 나무 조각들이었다) 제품과 실제로 교감할 수 있도록 도왔고 페인트라는 재료를 달리 생각해보도록 만들었다. 진정으로 감각적인 제품이다."[33] 또 다른 디자이너는 〈아키텍처럴 다이제스트Architectural Digest〉에서 센추리 덕분에 미국에서 일어나고 있는 '석고벽의 독주'에 맞서 싸울 수 있다고 말했다.[34]

벤자민 무어는 그러한 실험적인 특성에 그치지 않고 원석, 광물, 풀, 향료, 나무 등 자연 요소에서 따온 여러 색채를 개발했다. 예를 들면 보라색 아메트린Ametrine, 회녹색의 보빌롱Beauvillon, 바다색의 블루 무스카리Blue Muscari, 푸른빛이 도는 암적색 알리자린Alizarin이 그러했다(아메트린은 보석의 한 종류이며 보빌롱은 아름다운 계곡, 무스카리는 백합과 식물의 이름, 알리자린은 덩굴식물에서 채취하는 붉은 염료의 이름이다-역주). 흥미롭게도 그 제품군 어디에도 흰색은 포함되지 않았다. 센추리 페인트는 벽에 한 번 칠하자마자 부드러운 새끼 염소 가죽 같은 느낌이 난다고 말하는 사람들이 많았는데, 자연적 색채들마저도 센추리의 촉각적 경험에 상응했다. 벤자민 무어는 시각에 촉각을 얹어 한 가지 이상의 감각에 관여했고, 그러한 방법으로 정말 평평하고 지루한 페인트라는 재료를 재미있고 다층적인 제품으로 변형했다. 그와 동시에 센추리는 사용하기 쉬운 제품이기도 했다. 전문가용으로 마케팅되었지만 DIY 인테리어를 즐기는 비전문가들에게도 관심을 받았다. 그들은 센추리 페인트통을 하나 골라서 벽에 철퍽철퍽 칠하곤 했다. 게다가 벤자민 무어는 프로와 아마추어를 가리지 않고 모든 고객들에게 도움을 제공하여 소비자가 1갤런에 125달러(한화 15만 원)짜리 페인트(고급 페인트들 사이에서는 평균이었지만 대형 주택 자재 판매장에서 팔기에는 비싼 가격이었다)를 좌절하는 일 없이 성공적으로 칠하게 했다.

포르셀라노사Porcelanosa는 스페인의 지중해 연안에 위치한 까스떼욘이라는 도시의 한 작은 마을에 페페 소리아노Pepe Soriano가 1973년에 설립한 도기porcelin 타일 제작회사다. 그리고 지금까지도 소리아노 가문이 이 브랜드를 운영하고 있다. 단단하고 물에 닿아도 전혀 변화가 없는 도기·기와 타일은 오랜 세월 속에서도 건재해온 공업품이다. 그렇기는 해도, 차도와 인도를 포함하여 대부분의 건설 작업에 쓰이는 복합재료라는 점에서 도기는 콘크리트와 비슷하지만 이름이 더 섹시하다. 그리고 '포르셀라노사'라는 이름은 더더욱 매력적이다.

지금까지 알려진 바로 도기는 기원전 4천 년 무렵 이집트에서 처음 사용되었다. 9~11세기에 쓰였던 초기의 타일들이 튀니지와 이란에서 12세기 이후에 건축된 중동 사원들 상당수에서 발견되기도 한다. 지금도 우리는 대부분의 대형 주택 자재 판매장에서 도기를 고를 수 있다. 도기 작업의 가장 단순한 형태인 도기 타일은 대표적인 '일상' 제품이지만 포르셀라노사는 도기 타일을 예술 형태로 격상시키고야 말았다(이 브랜드는 강화마루나 맞춤형 주방 등 타일 외 분야로도 사업을 확장했다). 포르셀라노사는 현대의 미학을 유지하면서 타일에 무늬를 손으로 그려 넣기도 하고 입체적으로, 또는 금속처럼 보이게 하며 나무나 돌로 착각하는 환영 효과를 이용하는 등 독특한 질감과 마감 방법으로 디자인의 범위를 넓힌다. 또한 질감, 색감, 마감을 이용하여 스페인 지중해의 전통을 지킨다.

사람들이 중요하다고 생각하는 요소와 고객들 사이를 진정성 있는 방법으로 이어주는 회사는 승리할 수 있다. 지금껏 함께 살펴본 바에 따르면, 그 브랜드의 고유한 특성이 고객들에게 닿을 수 있도록 만드는 능력은 얼마나 평범하게 느껴지는지(페인트), 얼마나 흔하게 볼 수 있는지(커피)를 가리지 않고 모든 제품에서 가능하다. 어떤 분야의 회사라도 고객에게 이러한 메시지를 전달할 수 있다.

"우리는 당신을 존중합니다. 할 수 있는 한 많은 특성들로 당신을 기쁘게 하고 싶습니다."

미학의 윤리

10대인 두 아이의 엄마로서, 나는 아이들에게 매일 쏟아지는 유혹들을 걱정한다. 그중 하나는 베이핑vaping(전자담배를 피우는 행위를 뜻하는 신조어-편주)이다. 표면적으로는 성인들의 금연을 돕기 위해 발명된 기술이었지만 지금은 특히 10대들과 젊은 성인들이 베이핑 특유의 '즐거움'을 얻는 제품과 행위가 되었다. 줄Juul은 베이핑 디자인, 마케팅, 경험 면에서 가장 진보적인 회사다. 심지어 그 이름(보석을 뜻하는 '주얼jewel'처럼 들린다)조차 소중하고 탐나는 무언가를 암시하며, 청년들에게는 정말로 그렇게 느껴질 것이다. 하지만 그 이름에는 다른 의미가 들어 있는데, 초당 1와트를 생산하기 위해 필요한 에너지 단위인 줄joule이다.**35** 애플 제품들이나 USB 저장매체와 흡사한 모양의 줄 전자담배는 보석을 연상하게 하는 여러 가지 색감들로 제작된다. 게다가 기존 휴대용 저장매체처럼 컴퓨터의 USB 포트에 꽂아 활성화하는 과정을 거쳐야 한다.

제품 사용이 감각을 만족시키지 않거나 흥미진진하지 않아서가 아니라 그 제품의 미학이 기만이나 오해의 소지를 의도적으로 담고 있어서, 혹은 고객을 거짓말로 유혹하는 행위 때문에 미학이 실패하는 경우들이 있다. 나는 이 현상을 '불량식품 효과'라고 부른다. 불량식품은 탐나고 맛있어 보이지만 영양가가 없고 기분 좋은 뒷맛을 남기지도 않는다. 그리고 불량식품들이 그러한 이름으로 불리는 데에는 확실한 이유가 있다고 강조할 필요가 있다. 영양분이 없을 뿐 아니라 해롭다. 오랜 세월 꾸준히 먹으면 우리의 신체에 유해한 영향을 미친다.

나는 이러한 미학의 사용을 비판하는 의견이 과하다고 생각하지 않는다. 자본주의자들과 사업가들 모두 양심을 지녀야 한다. 미학은 강력하다. 그래서 질병을 초래하는 방향으로 미학을 이용하는 기업이라면 이윤도 마찬가지지만 최소한 명성에 관련해서는 미학이 역효과를 불러온다. 지금은 알트리아Altria라는 거대 담배회사에 부분 매각된 줄은 불량식품 효과를 보여주는 좋은 사례다. 2018년 10월, FDA는 줄에 대한 압수수색을 시행했다. 샌프란시스코에 있는 사무실을 급습하여 마케팅, 판매 전략, 제품 디자인과 관련된 천 개가 넘는 서류들을 압수했는데, 압수된 자료에는 10대들과 젊은 성인들에게 어필하려는 의도가 다분했다.³⁶ FDA의 수색 명령은 줄이 제품 판매와 마케팅 부분에서 연방 법규를 준수했는지를 알아보는 절차였다. 기존의 연초 흡연이 감소하면서 10대들의 전자담배 흡연율이 높아졌기 때문에 줄은 사회의 걱정거리였다. 2017년 조사에서, 연초를 피우는 고등학생은 7.6퍼센트에 불과했지만 전자담배를 이용하는 고등학생은 12퍼센트에 달했고, 중학생은 3퍼센트였다. 아무리 줄이 성공을 이루었다 해도, 우리는 그 미학이 어떤 대가를 치르는지 질문해보아야 한다.

줄 이전에는 R.J.레이놀즈R.J.Reynolds의 카멜Camel 담배와 그 제품의 마스코트 조 카멜Joe Camel이 있었다. 정말이지, 이 혜성처럼 나타난 전자담배

회사는 레이놀즈의 1973년 비밀 문건과 똑같은 전철을 밟은 것으로 보인다. 레이놀즈 마케팅 부서의 클로드 E. 티그Claude E. Teague가 작성한 〈청소년 시장에서 새로운 담배 브랜드에 대한 생각들과 그 의견에 기초한 연구 수행 제안서〉에는 "현실적인 부분을 고려해서, 장기간 살아남고 번창하고 싶다면 레이놀즈는 청소년 시장을 공략해야 한다"**37**라는 문장이 실려 있다. 티그는 담배 회사가 노골적으로 공략할 수 없는 시장의 '미래 흡연자들', '흡연을 배우는 사람들'을 유혹할 수 있는 방법들을 깊이 고민했다. "부당한 처사라고 생각하지만, 지금은 청소년 시장에 직접적으로 담배를 홍보하는 일이 제한되어 있다는 사실을 짚고 넘어가야 한다. (…) 내 생각에는 청소년 시장을 위한 맞춤형 브랜드가 필요할 것 같다." 티그는 이어서 레이놀즈가 '인싸(인사이더라는 뜻으로, 각종 행사에 적극적으로 참여하여 사람들과 잘 어울리는 사람-편주)' 브랜드가 되기 위해 새롭게 청소년 맞춤형 담배 브랜드를 개발하여 아이들의 심리적인 욕구를 끌어낼 수 있는 방안을 논의했다. 그는 연대감, 소속감, 무리에 섞이려는 욕구를 강조하면서도 각자의 개성과 '나만의 것을 한다doing one's own thing'는 느낌을 주는 홍보 방법을 제안했다.**38**

레이놀즈는 수년 동안 미학을 이용하면서 다양한 방법으로 계속해서 청소년 시장을 쫓았다. 급기야 2004년에는 사탕맛 담배들을 내놓았는데, 성인 흡연자 대상이 아니라는 의도가 다분했다. 이러한 전술의 영향으로 미국은 2009년에 가족흡연예방 및 담배규제법에 따라 사탕이나 과일맛이 나는 담배들을 금지했다.**39** 2006년에는 레이놀즈와 다른 담배 회사들이 공갈 혐의로 유죄 판정을 받았다. 글래디스 케슬러Gladys Kessler 판사는 이들이 수십 년간 RICO법(조직범죄 처벌법)을 위반하면서 흡연의 건강상

위험과 어린이들 대상의 마케팅을 펼쳐 미국 대중을 기만하는 사기를 저질렀다고 말하며 유죄 판결을 내렸다. 케슬러 판사는 그중에서도 1950년대부터 시작된 조 카멜 캐릭터를 이용한 광고 캠페인을 지적하면서 "'대체 흡연자들' 유입을 통해 담배 산업의 금전적 성공을 보장받으려는 의도를 담아 21세 이하의 청소년들을 대상으로 마케팅했다"[40]라고 강조했다. 그리고 2013년, 레이놀즈는 〈ESPN 더 매거진〉, 〈스포츠 일러스트레이티드Sports Illustrated〉, 〈피플People〉 등 젊은 사람들이 주로 보는 잡지들에 또다시 광고를 실었다. 청소년을 대상으로 런칭한 카멜 크러쉬Camel Crush 브랜드를 홍보하는 광고였다.[41]

영리한 방법으로 미학을 써서 기만적인 주장을 뒷받침한 POM 원더풀POM Wonderful 사건도 법을 위반한 사례다. 캘리포니아의 억만장자 부부 린다 레스닉Lynda Resnick과 스튜어트 레스닉Stewart Resnick이 소유한 회사는 아무도 시도하지 않았던 석류 주스 제품을 최초로 시판했고, 결국 그들 덕분에 수백만 달러의 석류 주스 시장이 생겨났다. 레스닉 부부는 주스와 더불어 석류를 함유한 영양제 POMx라는 이름의 알약과 시럽을 제작했고, 연구소에 3천 5백만 달러(한화 424억 원)를 지원하면서 POM의 건강상 이점에 대한 그럴듯한 주장을 만들어냈다.[42] 2010년, 연방 거래 위원회FTC는 기만적인 사업 행위라는 혐의로 레스닉 부부와 그들이 소유한 두 개의 회사, 몇몇 동업자들을 기소했다. 그 기만행위에는 POM 주스가 심장마비, 전립선암, 발기부전을 막아준다고 호도하는 마케팅도 포함되었다. 2012년, FTC는 POM이 예방 효과를 주장하는 모든 질병을 조사했지만 효능을 증명해줄 신빙성 있는 과학적 증거가 없었다고 판결하면서 POM에게 사업정지 명령을 내렸다.[43]

켈로그 컴퍼니Kellogg Company는 2009년에 프로스티드 미니 위츠Frosted Mini-Wheats 제품 마케팅의 일환으로 시리얼을 먹으면 아이들의 주의력이 거의 20퍼센트 가까이 향상된다는 주장을 펼쳤고, 결국 2009년에는 집단 소송 해결 합의금으로 4백만 달러(한화 48억 원)를 지불했다.**44** FTC는 켈로그의 광고에 등장하는 연구는 사실 메뉴가 다른 게 아니라 아예 아침을 먹지 않은 아이들과 시리얼을 먹은 아이들을 비교한 연구였고, 본래의 결과에서는 시리얼을 먹은 아이들의 주의력이 아침을 거른 아이들보다 평균 11퍼센트 정도 높았다고 발표했다. 게다가 본래의 두 실험군을 비교해도 20퍼센트라는 숫자 근처에 도달한 참여자의 숫자는 적은 편이었다. 마이클 모스Michael Moss는 그의 책《배신의 식탁Salt Sugar Fat》에서 켈로그가 광고에서 이야기한 임상 연구(켈로그가 자금을 지원했다)는 그들이 펼치는 그 어떤 주장도 뒷받침하지 못한다고 서술했다.

"켈로그가 단순히 숫자만 끌어와 광고에 넣었다고는 하지만, 실제로 연구가 이루어졌음에도 불구하고 가설을 전혀 뒷받침할 수 없는 결과만 도출되었다는 사실에 주목해야 한다. 기억력·사고력·추론 능력을 측정했던 그 실험의 결과를 살펴보면 프로스티드 미니를 한 그릇씩 먹은 아이들 중 절반은 시리얼을 먹기 전과 비교했을 때 전혀 개선이 없었다."**45**

켈로그는 고당분 고탄수화물 시리얼을 둘러싸고 '건강의 미학'을 구현하기를 원했다. 하지만 POM 원더풀에 대한 레스닉 부부의 주장처럼, 켈로그는 그들의 주장들이 결국은 허위라는 사실이 드러나 브랜드의 신뢰성을 잃게 되리란 점을 인지하지 못했다.

기업들이 마주치는 미적 난관들을 모조리 담지는 못했지만, 이 장에서 다룬 다섯 가지 사례는 제일 흔하게 발생하는 난관들이다. 이 다섯 가지는 브랜드가 다루어야 할 다른 문제들에도 적용될 수 있는 넓은 범위의 대표 예시다. 혹자는 이 다섯 가지 중 어떤 이슈도 자신의 핵심 난관을 설명해주지 않는다고 느낄지도 모르겠지만, 그래도 괜찮다. 내가 당신에게 이 장에서, 그리고 이전 장들에서 갖고 떠나길 바라는 것은 어떤 난관을 마주치더라도 결국 탄탄한 전략과 창의적인 방법으로 미학을 적용하는 것이야말로 최선의 해결책이란 점이다. 게다가 장기전으로 가면, 기업에게 남은 단 한 가지 해결책일 수도 있다. 그러므로 이때 던져야 하는 질문은 "다른 기업들이 찾아낸 해결책들은 무엇인가?"가 아니라, "우리 회사가 마주친 특정 난관들을 돌파하기 위해서 나는 어떤 식으로 미적 해결책에 도달할 것인가?"이다.

인간의 여러 감각을 이해하고 그 감각들이 어떤 식으로 내 고객들에게 영향을 미치는지를 고민하는 일이야말로 해결책을 찾는 과정에서 핵심적인 역할을 한다. 다시 말해, 그 기업의 코드가 '해결책'은 아니다. 하지만 고객을 기쁘게 하는 다른 경험적 요소와 함께, 코드는 우리가 토대로 삼아야 할 수많은 자산들 중 하나다. 당신은 업계의 풍경 안에서 자신에게 적합한 위치가 어디인지를 알아내야 한다. 그리고 당연히, 자신이 이길 수 있는 게임을 발견하고, 겨루어야 한다.

앞서 당신에게 미학을 학습할 수 있다는 좋은 소식을 전달했다. 다음 장에서는 드디어 그 학습 과정을 배울 것이다. 이제껏 당신은 사업에서의 미학이 무엇인지를 배웠고, 미학이 브랜드를 만들기도 하고 부술 수도 있다는 점을 이해했다. 자, 이제 다음 단계는 각자의 미적 지능을 향상시키고 사업에 적용하는 방법을 터득하는 것이다.

이미 증명된 방법들을 이용해 미적 지능을 분출할 수 있으며, 이 방법들은 초심자든 숙련자든, 그 시작점에 상관없이 모두에게 적용될 수 있다. 이러한 목적을 이루기 위해, 우리 자신의 감각들을 발전시킬 수 있는 방법들을 연구해보자. 그 후에는 음식, 패션, 스타일, 예술, 디자인 등 장르를 불문하고 자신이 속한 세상에 적용할 수 있다. 무엇이 미적으로 흥미롭거나 강력한 요소인지를 알아볼 수 있는 깊은 이해가 있어야 신중히 선별한 미적 가치에 투자할 수 있다. 당신은 그러한 투자를 통해 고객들을 기쁘게 하면서 오랜 시간 지속될 수 있는 이점을 창조하여 큰 이득을 보게 될 것이다.

Aesthetic

AQ 향상 프로젝트

Intelligence

Aesthetic
Intelligence

CHAPTER

5

맛으로 바꾸기

스타일과 미학을 인지하는 능력은 선천적으로 타고나는 게 아니어서 세월에 따라 반드시 발전하고 개선되어야 한다. 품질과 아름다움을 판단하는 기준은 분명히 있다. 어떤 사람이 혹시나 보르도 와인을 좋아하지 않는다고 해서 그가 좋은 와인과 나쁜 와인의 차이를 구별하는 방법을 배울 수 없는 건 아니다. 할 수 있다. 무엇이 있어야 해당 경험이 나아지는지를 더 많이 배울수록, 미학을 더 쉽게 알아챌 수 있다. 자신의 개인적 취향이 아닐 경우에도 마찬가지다. 취향이 진화하는 과정을 이해하는 가장 확실한 방법은 특정 음식과 음료에 대한 우리의 입맛이 시간이 지나면서 변화하는 모습을 살펴보는 것이다. 이 장에서는 맛을 느끼는 감각인 미각을 다루는데, 여기에서 말하는 '맛'은 더 넓은 범위에서 미적 우수성을 알아보는 능력인 '취향'을 연구하려는 비유적 장치다.

음식을 먹는 행위는 본질적인 경험이다. 누구나 경험한다. 식재료뿐 아니라 환경, 테이블 세팅, 과거의 기억, 기대, 식사 파트너(사사건건 시비

조의 사람과 식사하는 바람에 맛있는 음식을 먹고도 소화불량을 겪는 일이 셀 수 없이 많다) 등등 굉장히 많은 요소들이 음식의 맛에 영향을 미친다. 식사할 때 마주하는 경험들은 맛의 수준을 높이거나 끌어내린다. 이러한 현상을 이해하려는 시도는 맛은 물론이고 더 넓은 범위의 취향까지도, 그 감각들이 어떤 과정으로 발전하고 향상되는지를 들여다볼 수 있는 창문이다.

음식이나 음료의 맛은 지각신경계가 뇌의 특정 부위에 신호를 보내면서 형성된다. 그리고 다른 대부분의 신경 기능들과 마찬가지로, 맛은 관심과 연습과 경험을 통해 더욱 강해지고 날카로워질 수 있다. 역사 속 과학자들은 인간의 신경 체계가 고정되어 있으며 일단 초기 발달 단계가 끝나면 더 이상 신경 발생(신경 조직의 성장)은 일어나지 않는다고 믿었다. 하지만 20세기 후반이 되자 뉴런은 일생 동안 쉼 없이 형성되며 우리의 뇌를 변형하고, 경험과 개념과 자극을 통해서 새로운 연결을 만들어낸다는 연구 결과가 나왔다. 예를 들어, 대부분의 어린아이들은 아이스크림을 많이 먹지 말라고 배웠으면서도 결국 아이스크림을 즐겨 먹는다. 아이스크림의 달콤하고 진하며 부드러운 맛은 본능적으로 즐거움을 느끼게 한다. 반면, 아이들은 커피나 술맛을 즐기지는 않는다. 대신 이 음료들은 대다수의 성인에게 막대한 매력을 내뿜는다. 아이스크림과는 달리 커피와 술은 좀 더 성숙한 후에 습득하는 맛이다. 맛을 지속적으로 접하는 적응 기간을 거친 후에야 즐거움이 형성된다. 이 예시가 증명하듯 입맛은 변하고, 다양한 취향들이 개발되거나 학습될 수 있다.

맛을 인지하는 능력을 발전시키고 더 빨리 향상될 수 있도록 돕는 다양한 연습과 활동이 있지만, 그중 첫 단계는 시행과 인내다. 좋은 취향은 시간이 가면서 발전한다. 우리 중 극소수만이 제어할 수 있는 굉장히 다양한 요인이 취향에 영향을 준다. 개인의 취향은 그 사람이 살고 있는 사회적 맥락(초심자들에게는 시간과 공간이다)뿐 아니라, 교육관이나 가족관과 같은 개별 환경들에 의해 많은 부분이 형성된다. 논란이 많은 풀인 고수를 예로 들어보자. 고수를 좋아하는 사람과 싫어하는 사람 들이 그 풀의 비누 같은 맛에 대해 논쟁을 벌이곤 한다. 어떤 연구들은 고수의 맛에 대한 선호도가 유전자에서 결정된다는 연구 결과를 보여주었다.[1]

인간에게는 살면서 바뀌는 부분이 무수히 많지만, 나는 맛을 토대로 제품의 품질을 구별하는 능력만큼은 날 때부터 주어진 것이라 생각한다. 이 장에서는 '좋은 미각'의 개발보다는 각자의 개인적인 취향을 재발견하고, 확장하며, 분출하는 방법을 알려주고자 한다. 외부 감각 자극과 새로이 이어지는 방법은 물론이고 그 자극을 더 정확하게 해석하는 법도 익힐 것이며, 이들을 지렛대 삼아 개인의 이점을, 궁극적으로는 사업상 이점을 강화하는 방법을 배울 것이다.

음식의 맛: 개인의 취향을 알 수 있는 수단
—

우리가 먹는 경험과 연결되는 과정을 떠올려보면 다양한 맛 자극에 더 쉽게 적응하는 원인을 깨달을 수 있다. 우리가 어떻게, 그리고 왜 몇몇 감각적 경험들을 외면하게 되는가에 대해서도 마찬가지다. 이러한 요소들을 인지하는 훈련은 미학 개발 과정에서 중요한(그리고 보통은 굉장히 즐거운) 역할을 한다. 이 장에서 논의한 원리와 연습들은 다른 감각 활동에도 적용할 수 있다. 그리하면 이 원리들이 결국에는 특정 미적 경험·표현·코드·선택이 함께 기능하는 것이 가능한지, 왜 A조합은 시너지를 내는 반면 B조합은 그렇지 않은지를 알려줄 것이다.

'좋은 음식'이라는 머릿속 개념은 속임수다. 당연하게도 우리는 미뢰를 통해 음식을 경험한다. 이 생물학적 기능은 우리가 단맛, 짠맛, 쓴맛, 신맛, 감칠맛 자극들을 인식하는 주된 방식이다. 그러나 사람들은 자신이 살고 있는 문화와 어떤 맛이 나야 한다는 기대, 과거에 어떤 맛을 느꼈는지에 대한 기억, 지금 먹고 있는 메뉴에 관련된 새로운 정보나 생각들을 통해서도 음식을 경험한다. 음식에 대한 정보를 전달할 때에는 맛을 과학적으로 분석하는 것보다는 총체적인 상황을 고려할 필요가 있다. 맛 평가자들을 한 방에 몰아넣고 특정 음식의 경험이 바람직하거나 불쾌한지를 묻는 것만으로는 충분치 않다. 개개인의 인식을 형성하는 모든 요인을 이해하는 것이 중요하다.

유전과 맛

사실, 우리가 음식에서 어떤 맛을 느끼는지, 그리고 지금 느끼는 맛을 얼마나 좋아하고 싫어하는지에 대해서는 상당 부분 DNA에서 결정된다. 음식 선호도의 41~48퍼센트가 유전적 요인 때문이라는 연구 결과가 있다.[2] 사람의 혀에는 적으면 2,000개, 많으면 5,000개 정도의 미뢰들이 있다.[3] 각 미뢰에는 50개에서 100개 사이의 수용기들이 있는데, 단맛, 짠맛, 쓴맛, 신맛, 감칠맛으로 분류되는 다섯 가지 맛 조건을 처리하는 기관이다.

수용기의 개수는 그 사람의 DNA에서 결정된다. 아시아, 남미, 아프리카의 몇몇 지역을 조사했을 때, 현지 인구의 85퍼센트는 맛에 굉장히 민감했고 특히 쓴맛이 나는 특정 음식에 예민했다. 반면 토종 유럽인들은 다양한 맛에서 상대적으로 둔감한 경향을 보였다.

또한 자극적인 맛을 싫어하는 사람들은 평균보다 더 많은 미뢰를 갖고 있다는 사실이 발견되기도 했다. 다른 사람들의 미뢰 개수는 2,500개에서 3,500개 사이를 맴돌았던 반면 이 사람들의 미뢰는 거의 5,000개에 가깝거나 그 수를 훌쩍 뛰어넘었다. 과학자들은 이런 사람들을 '절대 미각'이라고 부른다.[4] 이 사람들은 다른 사람들보다 맛을 훨씬 더 정확하게 알아챌 것이다. 그리고 이들 대부분은 너무 단 음식, 진한 커피, 느끼하고 매운 바비큐 소스들, 홉 맛이 나는 맥주들을 정말로 싫어한다.

다른 맛에 비해 특정 맛을 선호하는 현상의 절반이 유전으로 설명된다면, 나머지 절반을 결정하는 요인은 무엇인가? 그리고 경험·환경·노력을 통해 그 나머지 절반을 형성하려면 어떤 과정을 거쳐야 하는가?

다른 감각들, 다른 특성들

음식을 먹는 순간에는 다른 모든 감각도 활동을 시작한다. 영국인 푸드라이터 시빌 카푸어Sybil Kapoor는 자신의 저서 《보고 맡고 만지고 맛보고 듣고: 요리의 새로운 방법Sight Smell Touch Taste Sound: A New Way to Cook》에서 음식이 다양한 감각을 자극하는 과정을 연구했다.

"복숭아 껍질의 보송보송한 감촉, 막 수확한 바질의 향, 얼굴을 찡그리게 되는 레몬즙."[5]

카푸어는 음식의 맛이 온도에 따라 어떻게 달라지는지를 인식하는 것이 중요하다고 강조했다. 책의 내용에 따르면, 음식의 열 때문에 쓴맛에 대한 반응이 격렬해지고, 차가운 커피는 따뜻한 커피보다 쓴맛이 덜 느껴진다. 음식의 맛을 100퍼센트 끄집어내기 위해서는 상온으로 내어 가는 게 가장 좋다. 어떤 훌륭한 치즈 장인이라도 조각으로 자른 체다 치즈든 한 덩어리의 까망베르 치즈든, 다양한 맛들(단맛, 짠맛, 고소한 맛, 우유 맛, 풀 맛)이 겹쳐지는 치즈의 풍미를 진정으로 경험하기 위해서는 냉장고에서 적어도 한 시간 전에는 꺼내 놓는 게 좋다고 말할 것이다.

심지어 음식을 써는 방법도 맛에 영향을 미친다. 두껍게 자른 소고기 스테이크는 육즙이 느껴지고 씹는 맛이 있는 반면, 결 반대 방향으로 종잇장처럼 얇게 자른 소고기는 더 부드럽다. 추수감사절에 먹는 칠면조 가슴살 스테이크의 경우도 비슷한데, 고기를 얇게 자른 부분은 퍽퍽하고 종이 같은 질감에 맛이 느껴지지 않는다고 여겨질 수 있지만 사선으로 두껍게 자른 가슴살 덩어리는 촉촉하고 버터 맛이 난다. 파르메산 치즈를 덩어리째로 갈아 먹는다면, 우리는 얇은 치즈의 짭짤하고 고소한 맛 대신 그 모래 같은 질감에 집중하게 될 것이다.

우리가 맛이라고 생각하는 것의 상당 부분은 사실 냄새다. 카푸어는 신선한 월계수 잎을 따서 손으로 짓이긴 다음 냄새를 맡아보라고 제안했다. 그 강렬한 진액 냄새로 인해 우리는 겨울에 먹는 음식들과 따뜻한 수프를 떠올리게 되고, 즐거운 기분을 느낀다. 하지만 그 잎을 맛본다면 그것이 꽤나 쓰고 맛없다는 사실을 깨달을 것이다. 바닐라 농축액도 똑같다. 바닐라 농축액에서는 달콤한 냄새가 나지만 한 모금 넘기는 순간 그 맛이 너무 강하고 씁쓸하다는 사실을 알게 될 것이다. 많은 사람들이 소스나 음식에 첨가하려는 목적으로 다진 마늘의 향을 사랑한다. 하지만 생마늘은 아릿하고 혀를 톡 쏘는 맛을 낸다.

이 예시들 외에도 우리가 수많은 음식에서 느끼는 즐거움은 사실 혀가 아니라 코안에서 일어난다.[6]

한편 우리는 기본적으로 단체 후각상실증을 앓고 있다. 2018년 초에 생물학자 아시파 마지드Asifa Majid는 현대 서양인들의 후각이 말레이 반도의 수렵채집인들에 비해 약하다는 연구 결과를 발표했다. 마지드 박사는 수렵채집인들이 "냄새는 색만큼이나 구별하기 쉽다. 우리는 냄새를 맡으며 살아가지만 보통의 서양인들은 이러한 감각을 느끼거나 알아채지 못한 채로 세월을 보낸다"라고 서술했다.[7]

물리적 환경도 먹는 경험에 색을 입힌다. 싸구려 식당에서 그 공간이 불쾌하다는 사실에 크게 영향 받아 형편없는 식사를 했던 경험은 누구에게나 있을 것이다. 조악한 형광등 불빛, 더러운 바닥, 끈적끈적한 식탁, 비닐이 벗겨진 의자, 공기 중에 걸려 있는 오래된 기름 냄새…. 이러한 환경에서 음식의 맛은 입에 들어가기도 전에 이미 별로다. 반대로, 센강 둑으로 소풍을 나가서 신선한 치즈, 포동포동한 포도알들, 새빨간 와인, 따뜻한 바게트를 먹는 상황을 상상해보자. 빵은 겉면이 바삭하면서 안쪽이 따뜻하고 쫄깃하다. 반으로 쪼갰을 때는 효모의 향이 여전히 느껴진다. 브리 치즈는 적당히 부드럽고, 포도는 입안에서 경쾌한 소리를 내며 터진다. 루비 같은 새빨간 색을 뿜내는 와인에는 호화로움이 있으며 혀에 닿기도 전에 코를 강타하는 과일 향이 난다. 그리고 당연히, 당신이 이 식사를 하는 공간의 분위기는 감각과 경험에 보태어진다. 이 가장 간단한 형태의 식사에서도 당연하리만치 공간의 분위기가 감각과 경험 속으로 들어간다. 경이롭다.

하지만 불행하게도, 우리는 경험에 영향을 미치는 개별 감각들의 힘과 효과뿐 아니라 여러 감각들이 서로 연결된다는 점에 대해서도 둔해졌다. 음식 외에도 마찬가지다. 나는 미적 경험의 모든 영역에서 같은 현상이 일어나고 있다고 생각한다.

기억과 의미

우리가 맛을 인지하고 즐기는 능력이 각자의 DNA와 많은 관련이 있기는 해도, 이 생물학적 요인이 100퍼센트는 아니다. 가정이나 지역 사회 안에서 음식을 접하는 방식과 우리 주위의 음식들에 관련하여 받아들이게 되는 메시지들도 맛의 차이를 구현한다. 실제로 이러한 영향들은 인간의 본성에서 나온 기호를 뛰어넘는 대단한 힘을 지닌다. 식재료를 벗기고 썰고 섞고 익히는 음식 준비 과정은 가정, 어린 시절, 로맨스, 재미, 우리가 먹었던 식사들, 즐거웠던 만남들 등 다양한 기억을 불러일으킨다. 음식과 맛에 대한 기호들은 떼려야 뗄 수 없는 개인적 경험과 묶여 있다. 음식의 감촉, 맛, 냄새, 모양은 강력하고 의미 있는 감정적 연상 효과를 낸다.

문화와 맛

새로 접하게 된 타 문화의 음식과 맛이 부분적 요인이 되어 우리의 미각은 진화를 거듭한다. 세상이 점점 더 좁아지고 이주와 여행이 쉬워지면서, 한때 지역적이라고 여겼던 맛의 기호는 범위가 넓어졌고 새로운 맛을 경험하려는 열망은 점점 더 살아난다. 영국의 마케팅 클리닉Marketing Clinic에서 국제 음식 산업 컨설턴트로 일하고 있는 크리스 루크허스트Chris Lukehurst는 이런 말을 했다.

"지구는 작아지고 있다. 아직도 많은 나라들이 강경하게 고유의 음식 문화를 유지하고 있지만, 그들 또한 날이 갈수록 외부에서 들어온 영향들 때문에 변화하고 있다."

우리 중 누가 듣는다 해도 이러한 사실이 놀라울 일은 아니다. 어느 국가의 또는 어느 지역의 요리법을 떠올려보자. 그 요리법이 어디에서 왔는지를 다투는 학술적 논쟁은 어디에서나 쉽게 찾을 수 있다. "역사가 시작된 그 오래전부터 고대 그리스와 이집트에서 누룩을 넣지 않은 납작한 빵에 여러 가지 토핑을 올려서 먹었는데도, 피자를 정말 나폴리에서 시작되었다고 할 수 있는가? 모든 요리법은 현지 음식의 유효성, 외부의 영향, 역사적 진화의 융합이며 이러한 진화는 지금까지도 계속된다. 영화, 패션, 문화에서 받은 영향, 건강 추세 같은 외부적 요소들이 음식 선택에 영향을 미친다. 문화는 멈춰 있는 것이 아니라 진화하고 있다. 우리는 모두 이 진화의 일부분이다"라고 루크허스트가 언급했다.

이러한 진화는 지금 시대의 이탈리아 10대들이 이탈리아 와인보다 미국 맥주를 선호하는 현상을 설명해준다. 루크허스트의 표현을 빌리자면, 이탈리아에서 와인은 강력한 전통의 뿌리이기 때문에 메뉴판에서 사라질 것 같지는 않아 보인다. 하지만 미국 대중문화의 유입에서 비롯된 문화적 영향들이 이탈리아 10대들의 선택을 이끌었다. 이탈리아의 10대들은 부모님 세대였다면 와인이나 물을 마실 만한 상황에서 점점 더 맥주를 찾는다. 이탈리아의 미국 맥주 수요가 점점 더 높아지고 그 수요를 충족하기 위해 맥주 회사들이 생겨난다. 이에 대해 루크허스트는 다음과 같이 말했다.

"'맥주 제조회사들'이 적극적으로 청소년 시장을 겨냥하는지는 확실치 않다. 하지만 분명한 것은 그들은 수요를 충족해주고 있다."

여기서 분명히 짚고 넘어가야 할 점이 있다. 많은 유럽 국가들의 밀레니엄 세대들과 떠오르고 있는 Z세대(어렸을 때부터 IT 기술을 능숙하게 사용하는 세대-역주)는 그들이 마시는 와인과 맥주를 합하더라도 평균적으로 부모님 세대보다 술을 덜 마신다. "이 아이들은 10대 시절이나 20대 초반에 술맛을 깨닫지 못했다. 그리고 이전 세대만큼의 필요성을 느끼지 않는다"라고 루크허스트는 말했다.[8]

중국의 경우, 커피를 완전히 생경한 음료로 여겼던 시절도 있었지만 이제 중국에서의 커피는 급속도로 성장하는 경쟁 시장을 보여주고 있다.[9] 중국 내 기업들도 앞다투어 스타벅스 등 미국의 실세 커피 브랜드들을 들여온다.[10] 이와 비슷한 예로, 한때 중국에 존재하지도 않았던 감자칩 시장은 생산 수단의 수준이 높아지고 소비자의 입맛이 다양해지면서 최근 20년 동안 기하급수적으로 성장해왔다.[11] 중국 과자 시장의 큰손인 프리토레이Frito-Lay는 뉴잉글랜드의 로브스터 롤, 케이준 스파이스 등등 여러 나라의 지역 특색을 이용한 독특한 맛의 과자들을 개발하는 것으로 유명하다.[12] 중국에서도 똑같이 하고 있는데, 동남아시아의 뾰족뾰족한 초록 과일인 두리안을 포함하여 감자칩 표면에 인기 있는 양념 가루를 뿌린다.[13]

2018년, 미국의 식당에서 가장 두드러지게 나타난 변화들을 살펴보면, 아프리카식이나 페루식 맛을 내는 음식이 늘어났고 로바지나 레몬밤처럼 보기 드문 풀들을 식재료로 쓰는가 하면 초리조, 스크램블 에그, 코코넛 밀크를 넣은 팬케이크의 조합처럼 특정 민족의 문화가 은근하게 섞인 아침 식사, 인도네시아의 매운 소스인 삼발sambal, 예멘의 고수 소스인 저그zhug(예멘명 사하위크) 등 문화의 색이 짙은 양념을 쓰는 식당의 비중이 증가했다.[14] 당연한 이야기겠지만 식품 공급자들은 이밖에도 많은 민족적 음식들의 맛을 문화적으로 다른 시장 속 소비자들의 입맛에 알맞고 접근성이 좋게 바꾸곤 한다. 우리 중 로마에 가본 사람들은 그 도시에서 파스타에 얹는 소스와 미국의 이탈리아식 피자 전문점에서 파는 스파게티에 뿌리는 빨간 소스의 차이에 익숙하다. 상하이 길거리에서 구매한 음식은 미국 중서부의 뷔페식 중국집이나 포장 전문점에서 주문한 음식과 상당히 다르다. 진정한 맛, 식감, 형태가 부족하다고 느껴질 수도 있지만, 이 음식들이 필수로 갖고 있는 맛 조건들과 충분한 표식, 코드 덕분에 소비자들은 그들의 정체를 알아볼 수 있다. 예를 들어, 포장식품에 고추 이미지가 그려져 있으면 우리는 곧바로 매운맛이 나거나 멕시코 요리라고 생각한다. 조리된 플럼 토마토(이탈리아산 길쭉한 토마토)와 파스타의 이미지를 보면 이탈리아에서 건너온 무언가를 사고 있다고 추측한다.

자연으로 돌아가기

정보와 교육도 다양한 맛과 음식들에 대한 새로운 열망을 부른다. '농장에서 식탁까지' 운동을 예로 들어보자. 더 본연의 상태인, 유기농 국내산 재료로 만든 식품을 찾는 소비자들이 많아졌다. 이러한 현상의 원인은 산업 식품이 우리의 몸에 미치는 영향을 소비자들이 이해하게 되었고, 정말로 맛과 모양과 느낌에서 자연을 느낄 수 있는 식품과 그저 '자연적'이라고 마케팅될 뿐인 식품의 차이를 구별할 수 있는 능력이 향상되었기 때문이다.

'우리가 갈망하는 맛이 무언인가?' 하는 문제는 식품이 가공되는 방법에도 크게 영향 받는다. '진짜' 혹은 '천연' 식품에는 단백질, 지방, 섬유질, 물, 탄수화물이 다양하게 들어 있다(하지만 미가공 동물성 제품들에는 탄수화물이 없다). 이러한 성분들은 식품 가공 단계에서 농축, 증가, 감소를 거치면서 어떻게든 변하거나 대체된다. 당분이나 염분을 첨가하여 가공한 식품들은 중독성을 보일 수 있으며[15] 식품 공장들은 이미 그 사실을 알고 있다. 그들은 배가 부르다는 감각이나 섭취를 멈추어야 할 때를 알려주는 신체의 조절 기관을 우회할 수 있는 방법, 그리고 소비자가 달거나 짠 음식을 원하게 하는 방법을 알고 있다. 그리하여 우리가 맛을 접하고 반응하는 방식이 점점 바뀌게 되었다. 우리 중 많은 이가(기억하라, 우리 대부분은 '절대 미각'이 아니다) 달고 짜다고 말하는 그 맛을 더욱 갈망하며(우리 대부분은 '절대 미각'이 아니라는 사실을 떠올려보자) 욕구를 채우기 위해 그러한 맛의 식품을 찾는다.[16] 그러고는 '많은 양의 음식'을 먹을 때까지 만족하지 못할 때가 많다. 이는 음식과 맛이 조작된 결과다.

가공식품에 상당한 양의 당분과 염분이 추가된다는 내용의 연구들이 많았기 때문에 소비자들은 이러한 첨가물들이 신체 반응을 조작하여 특정 메뉴를 갈망하도록 만든다는 사실을 인지하게 되었고, 그래서 가공식품을 좋아하지 않는다고 말한다. 그뿐만 아니라, 가공식품의 영향으로 음식의 단맛은 꾸준히 증가해왔고, 쓴맛 같은 다른 맛들은 거의 사라지는 추세다.[17] 얼음 잔에 든 캄파리 술, 루콜라 샐러드, 볶은 래피니의 쓴맛처럼 사라지고 있는 맛 자극들을 다시 찾아다니는 과정은 우리의 감각들을 일깨우고 다양한 맛 자극들에 대한 관심을 (그리고 인지 능력을) 높이는 또 하나의 방법이다.

(무엇을 먹을지, 그 맛이 어떨지, 그 경험에 대한 우리의 반응은 어떠할지를

추측하는 과정을 포함해) 음식과 맛을 경험할 수 있는 그 모든 방법들은 앞
장에서 다루었던 다른 감각들과 마찬가지로 우리의 기분, 날씨, 장소, 동
석자, 허기짐 등 다양한 요인을 통해 알아낼 수 있다.[18] 수많은 요소들이
맛을 느끼는 과정에 영향을 미치며, 그래서 우리는 그중 가장 중요한 요
인들을 확실히 알고 있어야 한다.

그다음에는 식품 산업에서 새로운 유형의 회사들을 설립하고 시장의
판도를 바꾸었던 기업가들의 사례를 살펴볼 것이다. 그들의 조건이 어떠
했는지, 개인의 취향을 활용하고 사업에도 적용하여 결국 특정 미학을 끌
어올릴 수 있었던 방법이 무엇이었는지를 알아보자. 식품을 다루는 기업
들이 모두 비슷한 양상을 보이는 반면, 이 장에서 다루는 설립자들을 공
통으로 묶을 수 있는 기준은 많이 없다. 그들은 서로 다른 독특한 소매 유
통 방식을 택하고 색다른 마케팅 전략을 썼기 때문이다. 하지만 그들 모
두가 브랜드의 감각적 경험을 차별화하기 위해 미적 지능을 이용했다는
점은 똑같다. 그들의 미학에는 실제 느껴지는 맛이나 음식뿐 아니라 그
제품을 둘러싸고 있는 모든 것들이 엮여 있는데, 구체적으로 말하면 소비
자에게 전달될 수 있을 정도로 강렬한 기억, 생각, 상상을 끌어내기 위해
이용했던 방법들이 모두 관련 있다. 게다가 이 기업가들의 미적 취향들은
일반적인 아름다움과 기쁨에 대한 기준을 따르는 것이 아니라 오히려 독
창적이고 차별화된, 말 그대로 진정한 '기호'를 토대로 형성되었다.

벤 앤드 제리스: 사회적 실험으로서의 식품

지금은 식료품점, 재래시장, 동네 아이스크림 가게 중 어느 하나만 방
문해도 하이 로드 크래프트High Road Craft 아이스크림 회사의 부르봉 번트

슈거19부터 시작해서 젤라토 피아스코Gelato Fiasco의 메인 블루베리 크리스프20, 반 루인Van Leeuwen의 메론 셔벗21, 밀크 메이드Milk-Made의 파인 니들22까지 정말 다양한 맛들이 매력적인 파인트 용기에 담겨 있는 모습을 쉽게 발견할 수 있다. 이것들은 모두 소량 생산으로 제조된 특이하고도 예술적인 아이스크림(혹은 젤라토)들이다. 앞에서 이름을 나열한 브랜드들은 독특한 맛을 선보이며 아이스크림 시장에서 10년 넘게 버티고 있는 소량 생산 방식의 아이스크림 회사들이며, 이 브랜드들은 아이스크림을 생각하면 떠오르는 관습적인 달콤함을 깨부수고 맛의 경계를 넓힌 것은 물론, 그들이 벌인 게임에 대기업을 끌어들이기까지 했다(그 대기업들은 아직까지도 냉동 디저트 시장을 장악하고 있다).23 결과적으로, 터키 힐Turkey Hill의 파티 케이크24와 브라이어스Breyers의 버터스카치 블론디25가 구운 강황과 설탕에 절인 생강 맛 아이스크림26이나 태국 롤 아이스크림27의 독특함을 넘어서지 못했지만, 대기업들마저 시류에 편승해, 모험이라고 느껴질 정도의 새로운 맛들을 출시하고 있다. 이는 아이스크림 시장이 급변하고 있다는 증거다.

하지만 과거에는 이렇지 않았다. 하겐다즈Häagen-Dazs가 고급 아이스크림의 최고봉이었던 때가 있었다. 폴란드 출신의 로즈 마투스Rose Mattus와 루벤 마투스Reuben Mattus가 미국 브롱크스에 설립한 브랜드지만 스칸디나비아어 느낌이 나는 하겐다즈라는 이름은 세련되면서도 이국적으로 들렸다(그리고 점 두 개로 찍혀 있는 발음기호 덕분에, 눈에 띄기도 했다).28 바닐라 스위스 아몬드29의 진하고 부드러운 맛은 마치 전통적인 하프 갤런 네모 상자에 담긴 채 냉동식품 코너에 줄지어 있는 초콜릿·딸기 조합의 뻔한 맛에서 도망칠 수 있는 탈출구 같았다. 초기에는 파인트 용기에만 담아서 팔았기 때문에 특별하고도 풍요롭게 느껴졌으며, 실제로도 그랬다.

1977년이 되자, 뉴욕 롱아일랜드에서 함께 어린 시절을 보낸 두 친구, 벤 코헨Ben Cohen과 제리 그린필드Jerry Greenfield가 사업을 시작하고자 나타났다. 원래는 베이글 사업을 생각했지만 알아보니 장비가 너무 비쌌다. 그들은 차선책으로 버몬트에서 아이스크림 가게를 열기로 했다. 버몬트는 여름이 현저히 짧고 겨울이 춥고 길어서 아이스크림 장사에 유리한 지역이었다. 둘은 그 해에 펜실베이니아 주립대학교 크리머리(버키 크리머리라는 이름으로도 알려져 있다)에서 아이스크림 제조법 통신 강좌를 마쳤다. 사실, 벤 코헨은 어린 시절부터 심각한 후각상실증을 앓았다. 냄새를 전혀 맡을 수 없었기 때문에 식품 사업에서 당연히 어려움을 겪었다.[30] 하지만 코헨은 굴하지 않고, 음식에서 느끼는 다양한 감각들 중 입맛과 질감에 의존하여 차별화를 노리겠다고 말하곤 했다. 결국 이 두 가지가 벤 앤드 제리스 아이스크림에 특성을 불어넣게 되었으니, 코헨의 그러한 생각이 중추적 역할이었음이 증명된 셈이다.

2000년에는 유니레버의 자회사가 되면서 빙과류 시장에서 우뚝 설 수있긴 했지만, 애초에 벤 앤드 제리스에게는 아이스크림 대기업들과 정면으로 맞서려는 생각이 없었다. 하지만 그들이 브랜드를 차별화한 방법들 덕분에 자연스럽게 소비자에게 인기를 끌었다. 처음에는 버몬트주 벌링턴의 주유소 바깥 공간을 빌려 작은 아이스크림 가게를 열었다. 1980년에는 마을의 오래된 방직 공장 안에 있는 임대 공간에서 파인트 용기에 담는 포장을 시작했고, 그 제품들을 뉴잉글랜드 내 소매점에 유통했다. 1984년, 하겐다즈는 이 갑작스레 등장한 브랜드를 알아차렸고 벤 앤드 제리스의 보스턴 시장 잠식을 막으려고 시도했다. 이러한 연유로 벤 앤드 제리스는 하겐다즈의 모회사 필스버리Pillsbury를 고소했다. 1984년과 1987년, 한 번도 아니고 두 번이었다.[31]

그러면 벤 앤드 제리스 아이스크림이 뭐가 그렇게 좋아서 경쟁 기업들에게도 지장을 준 걸까? 일단은 코헨의 신체적 조건 덕분에 아이스크림에 덩어리로 된 재료를 넣고 색을 입히는 아이디어가 탄생했다. 기본 아이스크림 재료에 의외의 성분을 첨가하고 특이한 맛(짠맛과 단맛이 함께 느껴지거나, 덩어리가 많고 바삭하면서도 부드러운 맛 등)을 혼합해내면서 아이스크림의 맛, 전통적인 모양, 입안에서 느껴지는 느낌에 대한 기준을 뒤집었다. 당시에는 유일하고 신기한 식감을 만들어냈고, 그 제품들에는 대중문화와 정치적 이슈들을 반영하는 특이한 이름들을 붙였다. 체리 가르시아, 청키 몽키, 트리플 캐러멜 청크라는 이름은 마치 이 혼합물을 맛보면서 행복한 시간을 보내게 될 거라고 이야기해주는 것 같았다. 포장 용기의 디자인은 손으로 그린 그림이 붙은 소탈한 이미지였고 지금도 그런 디자인을 쓰고 있다.

코헨은 효과적인 단어 선택과 구어체 표현, 서로 다른 요소를 함께 보여주는 디자인을 이용하여 광고, 마케팅, 상품 구성 전반에 개인적인 목소리를 담았고, 그러한 방법으로 소비자에게서 신선하고 새로운 감정들을 끌어냈다. '홈메이드', '메이드 인 버몬트'를 약속했던 표현들은 '현지 농부들이 작은 가게에서 고품질 천연 재료들로 소량 생산한 아이스크림'이라는, 오늘날에도 다시 되돌아보게 하는 생각을 전달했다. 2000년에 유니레버가 벤 앤드 제리스를 인수했지만, 이 브랜드는 아직까지도 독특한 맛 표현, 마케팅 캠페인, 포장 디자인을 통해 소박하고 괴짜 같은 느낌을 상기시킨다.

초바니: (유산균) 문화 전쟁에서 승리

함디 울루카야Hamdi Ulukaya는 젊은 나이에 미국으로 이주해 올버니 뉴욕 주립대학교에 입학했다. 터키에서 부모님의 치즈 농장에서 양과 염소들을 기르며 자란 그에게 사실 대학교에 가는 건 멀리 돌아가는 길이었다.32 하지만 그는 고향의 정치 상황이 너무 뜨거워서 어딘가로 떠나는 것이 최선이라고 느꼈다. 그리고 미국은 괜찮은 선택지 같았다.

어느 날, 그의 아버지가 뉴욕 북부에서 지내고 있는 아들의 집을 방문했다. 2000년대 초였던 그때 아들의 집에서 머무르는 동안 울루카야의 아버지는 그 지역의 페타 치즈를 맛보았고, 맛이 그리 좋다고 생각하지 않았다. 아버지는 오랜 경력이 있는 치즈 제작자였고, 당시 미국에 함께 살고 있던 울루카야와 그의 남동생을 불러 더 잘 만들 수 있을 거라고 말하며 사업을 제안했다. 고품질 치즈 수입을 시작할 수도 있었겠지만 비용이 너무 비쌌고 실용적이지 않았다. 그러나 울루카야는 치즈 농가 출신이었다. 치즈를 어떻게 만드는지를 다 아는데, 고국의 기법을 신세계(미국)에서 쓸 수 없다는 법칙이라도 있는가? 2002년, 형제는 '유프라테스Euphrates'라는 브랜드로 뉴욕 존스타운에 치즈 회사를 차렸다. 그리고 몇 년이 채 지나지 않아 소규모 치즈 생산회사로서 성공했다.33 하지만 그의 이야기는 아직 끝나지 않았다.

울루카야는 미국 요거트 산업에도 자신의 도움이 필요하다고 생각했다. 묽고 연한 데다 감미료가 너무 많이 포함된 기존의 미국 요거트는 그가 터키에서 먹던 신선한 요거트와는 거리가 멀었다. 그 시판 요거트들은 터키뿐 아니라 30～40년 전 미국에서 생산된 요거트와 비교해보아도 상당히 달랐다. 예전만 해도 미국의 요거트는 시고 크림 같은 제형이라 울루카야가 요거트라고 생각하는 식품에 훨씬 더 근접했다. 식품 회사들의 의도적인 계획하에 단맛을 찾게 된 미국인의 입맛이 요거트 시장을 바꾸어놓았고, 울루카야는 그 변한 맛을 다시 원래대로 되돌릴 수 있길 원했다. 2005년, 뉴욕 북부는 경기 불황을 겪고 있었고 크래프트 푸드Kraft Foods는 존스타운과 60마일(96킬로미터) 정도 떨어진 사우스 에드메스턴에 있는 공장의 문을 닫았다. 장비가 다 갖춰진 요거트 공장이 매물로 나온 것이다. 마을에서는 충격적인 사건이었지만 이 불경기 덕분에 울루카야는 그 공장을 사고 이미 훈련되어 있는 현지 노동력까지 흡수할 수 있었다. 요거트 제작을 시작할 기회가 열린 것이다.[34]

울루카야는 구세계의 기술을 사용하여 눈에 띄게 걸쭉하고 달지 않으며 더욱 크림 같은 모습의, 미국 시장에 나와 있는 (운이 정말 좋아서 현지 농장이나 재래시장에서 소량 생산 요거트를 찾아낸 경우를 제외하고) 어느 요거트보다도 훨씬 더 감각적인 제품을 제작했다. 이 그리스식 요거트는 새롭고 식감이 걸쭉하며 자연적인(덜 단) 맛, 그리고 새하얀 용기에서 파인애플, 망고, 체리 등의 자연 재료들을 보여주면서 요거트 카테고리를 재정립했다. 요거트 브랜드 초바니Chobani는 문을 연 지 5년도 안 되어 10억 달러(한화 1조 2천억 원) 이상의 순이익을 남겼고, 시장을 강타한 가장 성공적인 식품 스타트업 중 하나가 되었다.

카인드: 소비자가 간식을 먹는 동안 착한 행동을 하는 기업

과일·견과류 스낵 회사인 카인드Kind의 설립자 다니엘 루베츠키Daniel

Lubetzky의 이야기에는 배울 점이 많다. 홀로코스트 생존자의 아들인 루베츠키는 2004년에 '건강한 간식'으로 세상에 더 많은 친절을 가져오고자 카인드를 세웠다. 회사는 빠른 속도로 성장했다. 대략 2천 개의 에너지바 제품들 중 가장 빨리 팔리는 상위 10위권에 카인드의 제품이 여섯 개나 있었다. 실제로도 카인드는 미국에서 가장 빨리 성장하는 에너지바 브랜드였다. 2017년에는 세계 최대 규모의 스낵류 기업인 마스Mars가 카인드 브랜드에 투자했는데, 이때 카인드의 가치를 40억 달러(한화 4조 8천억 원)로 추산했다.

친절을 퍼뜨린다는 루베츠키 개인의 사명은 카인드의 성공을 상당 부분 뒷받침했다. 이러한 콘셉트는 그의 브랜드를 더욱 관습적인 경쟁 기업들과 차별화했을 뿐 아니라, 소비자들에 대한 인식을 높이고 그들과의 의미 있는 대화를 이끌었다. 카인드가 직원들을 동원해서 펼쳤던 전략 중하나는 친절한 행동에 대한 보상으로 플라스틱 카드를 나누어주는 것이었다. 지하철에서 자리를 양보하거나 길을 건너는 노인을 돕는 등 친절한 행동에 참여한 사람을 발견하면 직원들이 그 사람에게 카드를 내민다. 그 후에는 이 친절한 사람에게 카인드바 두 개와 카드를 한 장 더 보내서 다른 사람에게도 친절이 전파될 수 있도록 했다. 영리하게도 자신들을 '이윤만 추구하지는 않는' 기업이라고 말하는 카인드는 고객이 사회에 기여하는 프로젝트를 만들면 그 사업에 몇천만 달러를 지원하겠다고 약속했다. 마케팅 메시지와 독특한 전술이 있긴 했지만 카인드의 제품 그 자체도 브랜드를 차별화했다. 최대한 투명하게 제작된 비닐 포장 덕분에 고객들은 그 주재료(견과류 덩어리들과 말린 과일)를 볼 수 있었으며, 한 입 씹어보기도 전부터 맛과 식감을 쉽게 상상할 수 있었다.

카인드는 미국인의 식습관이 변하고 있는 추세를 활용했다. 브랜드가 속한 시장에 행운이 찾아온 것이 아니라, 카인드가 미학을 이용하여 고객의 기호를 민감하게 알아차릴 수 있었던 것이다. 1990~2000년대 초반만 해도 사람들은 에너지바를 특수 제품으로 여겼고, 기업들은 운동선수와 다이어터들에 집중하는 마케팅을 펼쳤다. 지금은 일반 고객들도 가공하지 않은 간단한 재료로 제작되고, 방부제가 적으며, 투명하게 포장된 건강하고 편리한 간식들을 찾고 있다. 2013년에 에너지바를 소비한 미국인의 수는 2003년에 비해 대략 2,700만 명 증가했다. 카인드는 자연적 재료들을 이용한 제품을 제작하고 그다음엔 그러한 미학을 강화할 수 있는 포장과 메시지를 이용하여 소비자들의 열망을 채워준다. 나는 카인드바가 다른 스낵바들보다 훨씬 건강할 거라고는 생각하지 않는다. 그것들도 당분은 엄청나다. 하지만 카인드는 '순수'와 '천연'과 같이 건강을 반영하는 단어와 브랜드를 연관 짓는 일을 해냈다.

카인드바는 딱 그 안에 재료처럼 생겼다. 견과, 과일, 초콜릿이 콕콕 박혀 있는 배치는 입맛을 돋우는 모양새다. 그 에너지바는 고객이 볼 수 있고 또 발음하기도 쉬운 재료들로 채워져 있다. 제품을 구성하는 아몬드, 크랜베리, 견과, 초콜릿에서 무슨 맛이 날지는 포장을 뜯지 않아도 상상 가능하다. 게다가 제품명에도 똑같은 콘셉트가 담겨 있다. 대항문화를 상기시키는 재미있는 이름들을 찾아내던 벤 앤드 제리스 아이스크림과는 달리, 카인드바는 단순히 재료에 따라 제품명을 짓는다. 해당 에너지바에 살구와 아몬드가 함유되어 있다면, 그 제품은 '살구 크런치'가 아니라 '살구와 아몬드'다.[35]

미학 연습:
주목의 기술과 과학
—

　꾸준히 훈련하면 우리가 무엇을 먹는지(혹은 더 넓은 경험들도), 그리고 그 음식을 먹을 때 우리가 어떤 감각들을 느끼고 그 이유가 무엇인지를 더 민감하게 받아들일 수 있다. 그러한 경험에 몰두할수록, 먹는 경험을 좋거나 나쁘게 만드는 중요한 요소들을 더 쉽게 인지할 수 있을 것이다. 독자들도 외식을 꽤 자주 할 것이다. 하지만 그중 얼마나 자주, 수많은 디테일에 관심을 기울이는가? 나는 학생들에게 어느 식당이든 선택해서 그곳의 식사 경험을 묘사하도록 식당 평가서 과제를 내주었다. 그 식당에서 절대 먹을 일 없는 사람이 그곳에서의 식사를 간접 경험할 수 있을 정도의 디테일을 요구했으며, 가장 뚜렷하고 알아채기 쉬운 요소들에 집중하여 최대한 구체적으로 쓰라고 지시했다. 학생들은 그 과제를 수행하느라 한 번의 식사를 한 것뿐인데, 해당 식당이 무엇을 잘하고 못하는지를 평소보다 훨씬 더 많이 알아차릴 수 있었음에 놀라워했다. 그리고 조명이나 환기 상태, 음향시설의 수준 등 맛과 관련 없는 자극들이 그 음식에 대한 인식을 형성한 것도 놀라웠다고 말했다.

　평가서 작성을 준비하는 단계에서는 내가 '감각 검사sensorial audit'라고 부르는 과정을 거쳐야 한다고 제시했다. 감각 검사는 식당 안에 있다고 몇 분 동안 상상하면서 감각을 자극하는 단서들을 가능한 한 많이 적어 내려가는 연습이다. 내가 목격한 바로는, 너무나 많은 학생들이 시간을 투자하여 주위 환경을 느끼고 받아들이면서 감각과 몸 전체에 가해진 효과를 이해하는 것보다는 단어, 개념, 이야기 들에 의존하면서 경험들을

157

묘사했다. 감각 반응 목록을 완성했다면 다음 단계에 들어갈 수 있다. 식사 경험에 얼마나 큰 (긍정적, 부정적) 영향을 미쳤는지에 따라 감각적 효과들의 순위를 매기고, 그 효과들이 특별히 기억에 남았는지, 뚜렷했는지, 놀라웠는지 등의 다른 핵심 요소들과 함께 언어로 표현하는 것이다. 이 과정을 거치면서 경험 안에 숨어 있는 가장 강력한 요인들이 명확히 드러났고, 학생들은 감각의 이야기에 집중하여 1장의 보고서를 채울 수 있었다.

초안을 작성한 후에는 학생들에게 하루나 이틀, 최소한 몇 시간은 평가서에서 손을 떼라고 지도했다. 시간이 지나 다시 평가서로 돌아갔을 때는 추가할 만한 것이 있는지를 질문해보아야 한다. 그 경험에 대한 의견이나 인상에 변화가 있었는가? 방문 당시에는 놓쳤지만 평가서를 쓰는 도중에 새로 알아챈 것이 있는가? 감각에 집중하면 무엇을 어떻게 깨닫게 되는지, 새롭게 느끼는 바가 있는가?

흥미롭게도, 내 수강생들 중 10퍼센트도 안 되는 학생들만이 평가서에 시각적 자료를 넣어야 한다고 생각했고, 나머지 대다수는 신중하게 선택한 단어들로 탄탄하게 짜인 문장을 구사했지만 사진이나 색을 넣거나 색에 대한 언급이라든지 소리에 대한 묘사 등등 모든 형태의 비문자적 소통들이 없는 관습적인 보고서를 썼다. 피드백에서 나는 식당의 분위기에 맞는 특정 서체를 이용하거나 가장 두드러지는 측면(예를 들면 손님이 가득한 모습, 인테리어, 주방)의 사진을 포함하는 등 시각적인 도구들을 이용하여 경험과 소통하라고 추천했다. 또한 나는 학생들에게 "한 가지 감각이 다른 감각에 미치는 영향을 알아차리는 이러한 접근법이 개인의 삶은 물론 사업의 다른 측면을 평가하는 문제에도, 문자를 넘어선 소통에도 적용할 수 있기를 바란다"라고 말했다. 이 글을 보고 있을 당신 역시 그럴 수 있기를 바란다.

맛에 적응함으로써 미적 한계를 확장할 수 있는 것처럼, 옷을 입는 방법이나 개인적인 스타일을 개발하려는 시도도 미적 지능에 영향을 준다. 이 책을 읽는 당신이 매일 아침 무슨 옷을 입어야 하는지를 많이 고민하는 사람일 수도 있다. 트렌드를 따라 하거나 그와는 반대로 자기만의 '룩'을 창조하는 사람일지도 모른다. '형태는 기능을 따른다'라는 철학을 지지하는 사람일 수도, 쉽고 편리한 '유니폼(예를 들면 스티브 잡스의 검은색 터틀넥 스웨터와 청바지, 고인이 된 작가 톰 울프Tom Wolfe의 상징적인 하얀 정장)'을 옷으로 고르는 사람일 수도 있다. 당신이 어떤 종류의 패션을 선택하든, 개인적 스타일을 재정립하는 방법을 이해하고 배우는 과정은 결국 감각과 관련된 더 넓은 지식과 AI에 도달하도록 당신을 이끌 것이다.

CHAPTER

6

개인의 스타일을 이해하고
재해석하기

 5장에서는 음식과 맛을 이용하여 취향을 이야기했다. 하지만 미학은 수많은 감각을 인지하는 과정에서 탄생하며, 미적 지능은 그 모든 종류의 자극을 통해 들어온 여러 감각들이 특정 감정들(특히 즐거운 감정)을 얼마나 강렬하게 불러일으키는지, 그리고 왜 그렇게 되는지를 이해하는 능력이다. 이 장에서는 내 개인적인 관점을 강조하고 싶다. 한 사람의 외모와 스타일을 통해, 더 구체적으로는 어떤 옷을 입고 어떻게 입을지에 대해 고민하고 자기만의 미학을 개발하고 표현함으로써 미적 지능 훈련을 시도해볼 수 있다(그리고 그래야 한다).

 어쨌든 좋은 취향은 내면에서 나오며, 좋은 스타일은 명확성clarity, 일관성consistency, 창의성creativity, 확신confidence을 보여준다. 나는 이 요소들을

'4C'라고 부른다. 각자 거울을 보자. 지금의 차림새가 내가 누구인지, 얼마나 가치 있는지, 어떻게 내면의 자아가 외면의 또 다른 페르소나와 연결되는지를 명확한 감각으로 표현해주고 있는가? 다들 책 앞쪽에서 이야기했던 브랜드의 '코드'를 기억할 것이다. 타인은 내 모습을 보고 일관된 스타일이나 패션 표식, 혹은 '코드'를 떠올리는가? 그 사람의 코드가 얼마나 독창적이냐에 따라 창의성이 드러난다. 나의 코드들은 알아보기 쉬운 표식들인가? 그리고 내가 가진 가장 강력한 코드가 유일하고, 독특하며, 기억에 남는가? 이렇듯 '4C'를 향해 나아가는 과정은 개인으로서의 이미지를 강화해주기도 하지만 결국에는 사업 관심사들을 구축할 수 있는 귀중한 도구들을 안겨줄 것이다.

많은 사람들이 '패션'을 하찮은 것, 혹은 마음 편한 사람들의 사치라고 여긴다. 입을 옷에 대한 고민은 옷에 투자할 형편이 안 되는 사람들을 제외시키는 '특권층의 행복한 고민'이라고 여겨진다. 내가 경험한 바로는, 대부분의 패셔너블한 사람들은 절대로 부유한 사람들이 아니다. 사실은 돈이 너무 많으면 좋은 스타일을 만들 때 핵심이 되는 세 가지 능력, '선택의 폭을 좁혀나가는 법, 거래에 신중하게 임하는 법, 절제하는 법'을 잃기가 쉽다.

국제적 도시에 사는 20대 패셔니스타들처럼 사회의 특정 그룹만이 패션에 관심 갖는다는 생각은 오해다. 나는 남녀노소는 물론 사회적·경제적 지위를 가리지 않고 차림새에 관심을 쏟으면서 독특하고 흥미로운 방법들로 자신을 표현하는 수많은 사람들을 본다.

문신, 피어싱, 귀금속 액세서리부터 화려한 색감의 천으로 몸을 휘감는 것까지, 인간에게는 어떻게든 나를 꾸미려는 본능적인 충동이 있는

데, 이러한 충동의 근본적인 목적은 자신을 즐겁게 하고 다른 사람들의 관심을 끌기 위함이다. 모든 형태의 장식은 나 자신을 차별화하려는 욕구를 상징하며 우리는 아름다움에 대한 각자의 생각을 옷차림을 통해 표현하고, 사회적 지위나 무엇이 되고 싶은지를 주장한다. 사실, 이러한 풍습은 역사가 꽤 길다. 2004년에 모로코의 네 곳에서 조개 목걸이들이 발견되었다. 이 유물들은 8만 년 전이나 앞선 그 시기에도 인류가 상징적인 장신구를 착용했고 심지어 사고팔기도 했다는 사실을 알려준다. 그 이전에는 알제리, 모로코, 이스라엘, 남아프리카에서 11만 년 전 유물이라고 추정되는 비슷한 장신구들이 출토되었다. 비슷하지만 다른 시기에 사용된 이 유물들은 가장 오래된 형태의 장신구가 어떤 모습인지를 보여주었고, 개인 치장 용품을 소유하는 인류의 전통이 사실은 문화를 타고 전승되어왔음을 알렸다.[1]

우리 모두에게는 액세서리를 달거나 옷을 입는 방법과 관련된 선천적인 기호가 있다. 의도를 담은 표현일 수도 아닐 수도 있지만 결국 여러 선택이 어떻게 합쳐지냐에 따라 우리가 '스타일'이라고 생각하는 것이 형성된다. 나는 의도를 듬뿍 담아 자신을 드러내며, 나만의 '옷차림'을 수년에 걸쳐 개발하고 편집하고 발전시켜왔다. 내 패션은 '두 도시와 두 세기의 이야기'라고 설명할 수 있으며, 다른 한편으로는 20세기 초 중유럽에서 자라면서 합스부르크 제국의 이상에 크게 영향 받았던 양가 할머니들에게 표하는 경의다. 예전에는 스타일 면에서 할머니들에게 영향을 받았으리라고는 생각하지 못했지만, 시간이 가면서 내 뚜렷하고 변함없는 취향을 깨닫게 되었다. 나는 화려함, 격식, 고귀함이라는 세 단어를 함축하는 사물들을 좋아한다. 그리고 그 고귀함은 할머니들의 성장 과정에서 뿌리를 찾을 수 있는데, 결과적으로는 그들이 빈과 프랑크푸르트에서 자라면서 받은 영향에 이스탄불에서 마주친 동양의 풍부하고 찬란한 문화가 더해져 탄생한 것이었다. 그뿐만이 아니다. 나는 빈티지와 핸드메이드에 끌린다. 구체적으로 말하자면 그 분야에 특화된 장인들의 손안에서 탄생한 물품들이자 만들기가 어렵고 찾기도 힘들며 그 가치가 영원히 지속되는 물건들이다. 그리고 구세계 유럽 제품들에는 이러한 특성들이 모두 담겨 있다.

'두 번째 도시'를 이야기하자면, 나는 평생을 뉴요커로 살았다. 몇 년간 다른 도시에서 살았던 적도 있지만 그곳이 집이라고 느껴지지 않았다. 뉴욕이 내 집이었다. 자연스럽게 고향처럼 느껴지는 물건들에 끌렸다. 세련되고 현대적이며 대담하고 섹시한 것들이 그러했다. 나는 구조가 살아 있으며 입체적인 실루엣을 좋아한다. 하지만 그들은 동시에 호화롭고, 아늑하며, 편안해야 한다. 나는 튀는 걸 겁내지 않으며, 오히려 좋아하는 편에 속한다. 어쨌든 뉴욕에서 관심 받으려면 많은 노력이 필요하다! 마지막으로 뉴욕이라는 도시가 그러하듯, 나는 유머를 좋아한다. 서프라이즈를 좋아하고, 놀기도 좋아한다. 그 모든 요소들이 낳은 결과로, 나는 투명한 유리 팔찌, 입술 모양의 빨간 벨트, 샴페인 얼음통처럼 생긴 클러치, 분홍색 모피 칼라 등 엉뚱하고 기발한 아이템들을 디올의 검은색 A라인 가죽 원피스 같은 고전적인 기본 바탕에 겹쳐 입는다.

개인의 스타일에는 그 사람이 좋아하고 감탄하거나 끌리는 요소들만 담겨 있지는 않다. 그보다 중요한 것은 한 사람의 패션이 주위 환경, 핵심 영향, 문화적 맥락을 반영한다는 것이다. 특정 스타일에 왜 끌리는지, 그러한 옷을 실제로 입고 싶은지를 이해하는 과정이 중요하다. 내가 문화적으로 현대 뉴욕과 구세계 유럽에 소속된 것처럼, 각자의 문화적 연관성은 우리가 무엇을 선택하여 입을지를 알려줄 것이다. 게다가 다른 누군가가 입는 특정 패션을 찬사하다가 정작 자신을 위해서는 완전히 다른 스타일을 선택하는 경우도 많다. 스타일은 내게 무슨 옷이 어울리며 내가 어떤 것을 편안하게 느끼는지를 토대로 형성되어야 한다. 또한 스타일을 해부해나가는 과정에서는 자신을 둘러싼 상황들을 떠올려보길 바란다. 삶에서는 누가 가장 큰 영향을 주었고, 내 이상과 기준들은 누구 때문에 구축되었나? 언제, 어디에서 어린 시절을 보냈는가? 당시에 어떤 일이 일어나고 있었으며, 어떤 원인으로 나만의 가치를 형성하고 위안이나 활력을 얻게 되었는가? 어떤 외부적 요인들 때문에 열정이 식었는가? 미국에서 살던 1990년대 시절, 당시의 커다란 패션 트렌드 중 하나는 '그런지 grunge(록 팬들이 입는 헌옷 같은 패션-역주)'였다. 나는 그런지 룩을 싫어했다. 지저분하고 헐렁했으며 내게는 그저 그런 인상으로 다가왔다. 지금도 마찬가지다. 내 물건 중에 그런지 운동을 연상시키는 것은 한 가지도 없다. 오히려 내 선택의 대부분은 그런지의 반대 선상에 있다. 1980년대 펑크 록Punk rock도 비슷했다.

앞에서 언급했다시피 나는 관심 받는 걸 좋아해서 튀는 옷차림을 한다. 그리고 그 패션이 내게 맞는 옷차림이라고 느낀다. 내 주위에는 보수적인 성향의 친구들도 있다. 그들은 상황에 맞추길 원하고, 그 속에 스며들기를 원한다. 나는 그들의 정제된 취향을 찬사한다. 그 친구들의 선택은 아무 생각이 없다거나 저렴한 게 아니다. 그 옷차림은 그들이 자신에게 맞다고 느끼는 패션인 것이다. 나는 그 옷차림을 인정하지만, 따라 하고 싶지는 않다. 또, 내 주위에는 나보다도 훨씬 더 기이한 패션을 구사하는 친구나 동료들이 있다. 그들은 다양한 색과 무늬를 섞어가며 내게는 과하다고 느껴지는, 어찌 보면 광대 같아 보이는 복장을 선보인다. 독창성과 용기를 존경하지만, 나는 그들 또한 따라 하고 싶지 않다.

패션 사업 부문에서 실제보다 과장되고 엉뚱한 성격을 가진 사람들이 차고 넘치지만, 아마 변함없이 무모하다는 점에서 아이리스 아펠Iris Apfel을 이길 자는 없을 것이다. 아펠은 1921년에 퀸즈에서 태어났고(2022년 만 100세가 되었다), 〈우먼즈 웨어 데일리Women's Wear Daily〉에서의 초기 활동을 포함하여 디자인과 패션 사업의 여러 부문에서 일했다. 약혼자와 결혼하여 그와 함께 세계를 여행했고, 그로부터 2년 후인 1950년에는 남편과 함께 올드 월드 위버스Old World Weavers라는 이름의 섬유 사업을 시작했다. 작게 시작한 사업이지만 세계 각지에서 건너온 독특한 수제 옷감들을 제공하면서 나중에는 꼼꼼하고 정교한 섬유 복원·복제 기술에 힘입어 업계에서 가장 존경받는 섬유 회사로 손꼽히게 되었다. 하지만 아펠은 사업의 성공보다도 패션계의 괴짜로서 훨씬 더 잘 알려져 있다. 털 달린 스톨이나 복잡한 무늬의 코트를 입고 큼직한 액세서리를 찬 채, 이제는 그녀의 상징이 된 커다랗고 동그란 안경을 쓴다. 아펠은 작고한 디자이너 토니 듀켓Tony Duquette이 주문처럼 외우던 "많을수록 좋다More is more"의 살아 있는 증거다. 그녀의 모습이 바비 인형으로 제작되기도 했는데, 실제 인물이 바비 인형으로 제작된 사례 중에서는 가장 연장자다.[2]

나는 대담하고 기발한 선택들로 탄생한 아펠의 패션을 경외한다. 하지만 그 패션도 내게 어울리지는 않는다. 똑같은 옷이라도 내가 입으면 그 힘이 사라진다. 아펠의 안경, 귀걸이, 팔찌는 내게 너무 커 보일 테고, 그 산뜻해보였던 색감들은 나를 압도할 것이 틀림없다. 아펠의 패션에서 배울 교훈은 그녀가 자라온 장소·시간의 사회적 맥락과 성격을 포함하여 그 옷차림이 아펠의 뿌리를 진하고 뚜렷하게 담는다는 것이다. 그중에는 러시아 출신 어머니가 뉴욕에 차린 양품점에서 어린 시절의 많은 시간을 보냈던 경험도 상당 부분을 차지한다. 아펠은 모친에게 받은 영향 때문에 자신의 액세서리 사랑이 시작되었다는 점을 인정한다. 외동딸로 태어난 아펠은 1920~1930년대 브롱크스에서 하고 싶은 것들을 마음껏 하고 상상의 나래를 펼치며 자랐다. 그런 그녀가 처음 선택한 직업은 실내 장식가였다. 내 생각에는 아펠이 초기 경력 덕분에 자신의 몸을 건물의 방으로 다루면서 물건, 색, 질감으로 층을 쌓고 또 쌓았던 것 같다. 그녀의 옷차림은 이야기를 들려준다. 또한 용감함과 대담함을 보여준다. 미적 지능 발달에 대해 이야기하자면 이러한 조건들은 아주 칭찬받아야 할 특성이다. 덧붙이자면, 뉴욕에 건너와 윤택하지 않은 삶을 사는 노동 계층 가정 출신의 이민자들이 흔히 그렇듯, 아펠이 거대한 야망 하나만 믿고 사업을 시작했을 당시에는 자원에 제약이 많았다고 한다.

수많은 의사 결정들은 각자에게 어울리는 패션을 찾아줄 것이다. 패션에 옳고 그름은 없다. 세상에 틀린 결정이 있다면, 무엇을 입어야 할지 전혀 신경 쓰지 않을 때뿐이다. 하지만 짚고 넘어가야 할 사실이 있다. 무의식적인 선택 같은 건 없다. 아무리 소박한 옷차림이라도 의미가 없는 것은 아니다. 자신을 차별화해야 한다. 반드시 비싸거나 튀는 옷들을 입을 필요는 없다. 사려 깊게 옷을 고르고 자기만의 스타일을 구축하면, 높은 수준의 미적 감각을 지닌 사람(타인의 평가는 고려 대상이 아니다)으로서의 지위를 얻게 될 것이며 차별화에 성공할 수 있다. 런웨이나 패션 웹사이트나 가장 친한 친구를 따라 하는 '추종'이 아닌 개별적 스타일은 우리의 문화에서 (알고 있겠지만) 직장에서의 삶에서도 진정한 가치가 된다.

스타일을 통해 적응을 이해하기
—

말 한마디 없이 표정, 눈빛, 윙크, 치켜 올린 눈썹 등으로 소통하고 이해할 수 있는 순간, 그 사람과의 관계에 적응했다고 말할 수 있다. 요가 수업에서 자세를 잡는다거나 공원에서 조깅을 하고 서점을 둘러보는 동안, 무언가를 하는 순간에 완전히 집중하고 있다면 그 경험에 적응된 것이다. 음식에서의 적응은 우리가 마시고 있는 와인이 어떻게 음식의 맛에 영향을 주는지, 조명, 테이블 세팅, 음악 등의 분위기 요소들이 어떻게 전반적인 식사 경험을 바꾸게 되는지를 인지하면서 음식 맛의 여러 층을 알아채는 능력이다. 개인의 스타일이나 패션에서의 적응은 색, 옷감, 핏fit 등의 다양한 스타일 요소가 그 사람에게 어떤 느낌을 주는지에 쏟는 관심에서 시작된다.

오늘날, 우리는 '적응'을 설명할 때 주로 '그 순간 속에' 있고 '충분히 인지하고 있는' 상태로 묘사한다. 예를 들면 더운 여름날 해변에 누워 있다고 가정해보자. 그 사람은 피부에 닿는 태양의 온기와 발에 닿는 모래의 거친 질감을 느끼고 있을 것이다. 공기에서 바다의 비릿한 냄새를 알아차릴지도 모른다. 대부분의 사람들은 이러한 감각들을 기쁨과 함께 경험한다. 하지만 수영복이 젖어서 달라붙는 느낌이나 우연히 파도에 휩쓸리는 등 해변과 관련된 전혀 즐겁지 않은 경험들도 더러 있다. 특정한 상황이 내 몸에 어떠한 영향을 미치는지, 그 영향에 대해 나는 어떠한 느낌을 받는지를 포함해, 물리적 환경과 그 감각에 적응하면 할수록 그것들은

AI를 발전시킬 수 있는 단단한 밑거름이 된다.

AI의 많은 부분이 그렇듯, 이 모든 감각들의 영향력을 알아내는 과정에서는 우리의 몸이 정신보다도 더 나은 안내 역할을 한다. 나는 10대 초반에 처음 담배를 물어보았던 순간을 기억한다. 멋있어 보이고 싶었고, 성숙한 아이들이 담배를 즐기는 것처럼 느꼈기 때문에 그 경험을 즐겨보고 싶었다. 담배를 입술에 물고 늘어뜨리거나 두 손가락 사이에 끼우는 모습은 그 자체로 굉장한 패션 같았다. 하지만 얼마 지나지 않아 실제 경험을 한 후, 그저 불쾌한 행위라는 사실을 깨닫게 되었다. 목이 타들어가는 듯한 느낌, 담배의 쏩쌀한 냄새, 어지러움, 가벼운 메스꺼움이 몰려왔다. 처음 빨아들일 때 기침을 콜록대던 것은 말할 필요도 없다. 사람들은 대부분 담배와의 첫 경험을 즐기지 않는다. 애연가들과 나의 차이점은 같은 물리적 감각을 받는데도 그들은 인내하여 완전히 새로운 감정 반응들을 이끌어낸다는 것이다. 그들은 적응 기간을 거치면서 흡연이라는 일종의 의식과 니코틴의 중독적인 특성 덕분에 결국에는 그 행위를 갈망하게 된다.

개인적 스타일과 '패션'에서 적응을 활용하려면 자신의 신체를 깊게 이해하는 과정부터 시작해야 하는 경우가 많다. 입었을 때 그 옷들이 어떤 모습으로 보이기를 바라는가? 이 질문에 대한 답은 우리가 특정 형태와 윤곽을 고르도록 이끌어줄 것이며, 특정 색감이나 무늬(혹은 민무늬)를 제안해줄 것이다. 입었을 때 내 몸이 어떤 느낌을 받길 원하는가? 이 질문의 답은 소재, 질감, 핏을 알려줄 것이다. 나는 나만의 스타일을 찾기 위해 수많은 패션 과도기를 거쳤다. 그리고 그 모든 방황들은 내가 마지막에 정착한 스타일에 기여했다. 대학 입학을 기대하던 열여섯 살 시기에, 나는 말끔하고 학생 같은 패션을 원했다. 아주 자연스럽게, 자수 문양이 있는 스웨터, 앞쪽 끝이 둥근 흰색 칼라 셔츠, 페니 로퍼(학생용 구두), 카키색으로 구성되는 프레피 룩(사립학교 학생 같은 옷차림-역주)이 눈에 들어왔다. 나는 그 패션을 싫어한다. 하지만 그 스타일을 실험하기 전에는 싫어한다는 사실을 눈치 채지 못했거나, 적어도 싫어하는 이유를 이해하지 못했다.

프레피 룩을 몇 번 시도해보고는 느꼈다. 음⋯. 그건 아니었다. 갑갑하고, 지루하고, 전혀 섹시하지 않다고 느꼈다. 그 안의 어떤 것도 내가 전달하고자 하는 특성들이 아니었고, 독립성과 자유를 처음 경험하게 될 대학에서는 정말 아니었다. 전형적인 미국 이미지나 청교도의 근면성을 전달하는 프레피 룩 속에 내 스타일이 될 요소는 아무것도 없다는 사실을 배웠다. 나는 그 특성들을 좋아하지 않았고, 표현하기는 더더욱 싫었다. 앞으로도 체크무늬 플란넬 셔츠, 청바지, 스페리Sperry 보트 슈즈, 분홍색과 초록색이 조합된 민소매 원피스(릴리 퓰리처Lilly Pulitzer를 떠올리면 쉽다. 존경하는 스타일이지만 내 취향이 아니다), 셰틀랜드 양모 스웨터, 페니 로퍼는 절대 내 것으로 느끼지 않을 것이다. 게다가 나는 다른 여자애들이 프레피 룩을 입는 것마저 좋아하지 않는 것 같다. 그런데 왜인지 남자들이 뉴잉글랜드 사립학교 페르소나를 끌어오는 모습은 덜 거슬린다. 이러한 차이는 내 고유의 AI를 이해하는 과정에서 흥미로운 요소였다.

흥미롭게도, 나는 디자이너 랄프 로렌이 미국적인 것에 세련된 느낌을 얹은 새로운 프레피 룩을 만들어냈다고 생각한다. 그는 빨강·하양·파랑·분홍·초록 색감의 혼합과 두드러지는 봉제선, 리넨이나 면에 풀을 먹인 부스럭거리는 옷감을 이용하여 프레피의 전통적인 코드들 속으로 약간의 섹시함과 호화로움, 현대성을 불어넣었다. 그리고 타미힐피거Tommy Hilfiger는 도시적인 느낌에 치중하여 프레피 룩에 접근했다. 랄프 로렌과 타미힐피거의 접근은 타당했고, 프레피 룩을 시대에 적합하도록 만들고 호감을 이끌어내면서 소비자들의 염원이 반영된 상징적인 패션으로 탈바꿈시켰다. 이 두 브랜드는 사업에 미적 지능을 적용하여 전설적인 브랜드라는 명성을 얻고 사업을 번창하게 만든 대표적인 사례다. 랄프 로렌의 디자인은 와스프WASP(앵글로색슨계 미국 신교도-역주)나 상류층의 분위기를 원하지만 촌스럽거나 따분해 보이기는 싫은 사람들을 유혹했다. 타미힐피거는 세련되어 보이고 싶지만 친근하기도 했으면 좋겠고, 여러 상황에서 입기를 원하는 도시 사람들의 시선을 끌었다.

감각 자극이 우리의 신체와 느낌에 미치는 효과에 잘 적응했다면, AI 발전의 다음 단계인 명료화로 들어가보자. 명료화란, 각자의 취향과 이상 속에서 나오는 언어, 표현, 행동과 함께 경험에 응답하는 것이다. 이 장에서는 우리 신체를 감싸는 옷, 액세서리 등의 선택에 대해서만 이야기할 것이다.

이전에 이미 완성되어 있었던 직업적 코드들과 사회적·경제적 지위는 드레스 코드를 좌우한다. 편안과 안전에 대한 실용적인 염려들도 물론 그 안에 섞여 있다. 다른 사람들이 옷을 입는 방식에 공감하는 능력을 발전시킬 수 있다는 점에서는 드레스 코드 역시 AI를 이해하는 과정이라고 볼 수 있다. 월마트가 성공한 요인은 여러 가지지만, 그중에서도 설립자 샘 월튼Sam Walton이 직접 월마트의 고객이 되면서 고객을 이해하려고 시도했다는 점이 중요하다. 그는 고객들이 월마트에서 어떤 종류의 옷을 찾는지를 알고 있었다. 월마트의 고객들은 실용적이고 비싸지 않으며 튼튼하고, 다양한 상황에서 입을 수 있는 옷을 원했다(월마트는 남성용 와이셔츠와 정장 바지, 그리고 편한 바지, 운동복, 티셔츠를 모두 판매한다). 월튼은 월마트에서 직접 쇼핑했고 그 매장에 의존하는 모든 고객들을 존중했다. 그는 필수품이라면 저렴해야 한다고 진정으로 믿었다. K마트를 소유한 기업이자 궁지에 몰려 있던 시어스 홀딩스Sears Holdings 전 CEO 에디 램퍼트 Eddie Lampert의 행보는 월튼의 철학과 완전히 반대의 양상을 띠었다. 램퍼트는 한눈에 봐도 K마트에서 쇼핑하는 것 같지는 않았다. 〈배너티 페어 Vanity Fair〉 잡지는 그의 전형적인 옷차림을 "신상 '퓨어 플래티넘'"[3], 나이키 에어 베이퍼맥스 플라이니트VaporMax Flyknit 운동화와 함께 서술했다. 그 신발은 최소 200달러(한화 24만 원)[4] 이상이었고 K마트에서는 팔지 않는 상품이었다. 나는 K마트나 시어스의 고객들이 무엇을 찾는지에 공감하지 못했던 램퍼트의 관심 부족으로 보이는 태도야말로 그가 관리하던 매장들이 종말을 맞게 된 결정적인 이유였다고 생각한다. 클레이튼 크리스텐슨의 표현을 다시 불러오면, 램퍼트는 제품들의 어떤 측면이 고객들을 만족시키는지를 알았던 것 같지는 않다. 내가 지켜본 바로는, 그는 공감을 보여주지 않는다.

드레스 코드

드레스 코드는 거의 모든 상황에 존재한다. 사무실에도 드레스 코드가 있고, 어떤 때는 심지어 직원 안내서에도 명시되어 있다. 친구들과 벌이는 파티나 격식을 차린(시상식) 파티에도 드레스 코드가 있으며, 결혼식이나 장례식에서도 마찬가지다. 대부분의 경우에는 문화적 관습이나 상황에 대한 공감에 따라 드레스 코드가 정해진다. 예를 들면 우리 모두는 가슴이 파인 이브닝드레스를 입고 장례식에 가거나 하얀 드레스를 입고 결혼식에 참석하진 않는다(신부가 아니라면 말이다).

패션 코드는 브랜드 코드들과 비슷한 방식으로 영향력을 발휘한다. 우리 대부분은 정식 정장이나 현대 버전의 캐주얼한 정장(재킷·셔츠·바지 혹은 재킷·셔츠·치마로 구성된 세트)을 회사 사무실에서 입고, 가벼운 운동복(티셔츠나 스웨터를 편한 바지와 입는 조합)을 주말에 입는다. 그리고 정중한 행사에 가야 할 때는 내가 '코스튬'이라고 여기는 옷차림(다채로운 색, 반짝거리거나 빛나는 요소들, 큼직한 액세서리들)을 한다. 옷차림을 향한 다양한 접근은 크게 두 가지로 나눌 수 있다. 유니폼과 코스튬이다. 정장을 입은 한 남자를 보게 된다면 우리는 자연스럽게 그 사람이 화이트칼라일 거라고 생각한다. 특히 '사무실 직원'이나 '매니저'가 떠오를 것이다. 유니폼은 우리가 날이면 날마다 입기 때문에 넥타이 색이나 신발이 달라질 수는 있어도 대체로 일관되고 예측이 가능하다. 유니폼이 외적인 드레스 코드를 강화하긴 하지만 그 대부분이 개인적인 코드나 개별 스타일을 약하게 만든다.

주말 복장도 유니폼의 범위에 포함되는 경향이 있다. 토요일 아침에 아무 옷이나 집어 입고 동네에서 작은 볼일을 처리하는 상황도, 회의에 입고 가면 불편한 상황을 초래할 것 같은 옷차림들도 모두 유니폼이다. 하지만 주말 복장에는 개인의 사회적 위치를 알아볼 수 있는 코드들(뒤에서 더 자세히 설명하려고 한다)과 개성에 관련된 차이점이 있다. 브룩스 브라더스Brooks Brothers 폴로 셔츠와 카키 팬츠를 입은 사람의 모습은 로큰롤 그룹이 그려진 빈티지 티셔츠와 찢어진 청바지를 입은 사람과는 무언가

다른 의미를 함축한다. 이 중 전자의 옷차림은 아마 토요일 밤 데이트에서 입을 수 있는 패션일 것이다. 우리는 보통 특별한 이벤트에 직면하면 '날개를 펼치는 공작'이 되어 개성, 열망, 맵시를 선보이기 때문에, 이 옷차림은 상황에 따라 급격하게 바뀐다.

나는 대부분의 드레스 코드가 억압적이라고 생각한다. 가장 큰 이유는 드레스 코드가 우리가 보내고 싶지 않은 메시지(순응, 반항, 두려움)를 전달하기 때문이다. 이벤트에 사람들을 초대할 때, 그들 중 상당수가 내게 드레스 코드를 묻는다. (대답하고 싶지 않다!) 사람들 대부분은 상황에 자신이 '적절'해지길 원한다. 다른 사람들을 편안하게 해주고 싶어 한다. 이 충동은 초대한 사람과 손님들 사이의 공감을 증명하기에 당연히 긍정적이다. 하지만 나는 대부분의 드레스 코드들이 없어져야 한다고 주장하고 싶다.

드레스 코드의 문제점은 더 높은 위치의 누군가가 설정한 겉치레적 특성을 갖고 있다는 것이다. 내 의견을 말하자면 무엇이 옳고 그르다는 어떤 이름 없는 감독의 독단적인 결정보다는 개인을 존중하는 코드들을 제시하는 것이 훨씬 이롭다. 내가 에스티 로더에서 일을 시작한 1990년대, 에스티 로더의 여성 경영진들은 바지 정장을 쉽게 포기하곤 했다. 에스티 로더는 현대 여성에 의해 세워지고 현대 여성들을 위한 브랜드였기에 나는 그 관습이 모순적이라고 생각했고, 그래서 반항했다. 나는 '캐주얼 프라이데이(편한 옷을 입는 금요일)'를 시행하고 있는 회사와 경영진들마저도 그 이상한 정책을 버려야 한다고 생각한다. 그 기준이 불분명하기 때문만이 아니라, 창의성과 자기만의 스타일을 갖고 있는 사람들에게서 무언가를 빼앗기 때문이다. 캐주얼 프라이데이도 드레스 코드이기 때문에,

결국 나를 표현하고 타인에게 자신이 누구인가를 알리는 미학의 핵심 이점들 중 하나를 깎아내린다.

드레스 코드를 깨는 행위는 자기만의 재능과 개성을 전달하는 좋은 방법이다. 세계 곳곳에 퍼져 있는 샤넬, 루이비통, 디올 부티크들 대부분을 설계한 건축가 피터 마리노Peter Marino는 그의 본업을 '가죽옷을 입은 건축가'로 묘사한다. 깊이 존경받는 인테리어 디자이너라는 사실을 모른 채 그를 보게 된다면 그 가죽 의상과 수많은 문신들 때문에 1980년대 로어 맨해튼 서쪽 술집에 가득했던 가죽 차림의 남성 중 하나라고 추정하기 쉽다.5 그러한 인상이야말로 마리노가 진정으로 원했던 것이다. 실제로 마리노는 그 패션을 '미끼'라고 이야기하곤 했다.6 그는 프랭크 로이드 라이트Frank Lloyd Wright부터 프랭크 게리Frank Gehry까지, 건축가들 사이에서는 좀처럼 변하지 않고 똑같이 유지되어온, '단순하고 절제하며 전통적이어야 한다'는 코드를 깼다.

내 옷과 액세서리들 상당수가 평범하지 않고 기발하기 때문에, 다른 사람들은 내 패션을 코스튬이라고 생각할 것이다. 기이하고 현대적이며 다양한 나라의 분위기를 반영하는 내 스타일은 일관적이지만 반복에 기초하지는 않는다. 나는 마리노의 가죽 소재 오토바이용 복장, 스티브 잡스의 검은 터틀넥 스웨터와 청바지, 톰 울프의 새하얀 맞춤 정장처럼 유니폼을 바탕으로 하는 스타일 표현에도 힘이 있을 수 있다는 사실을 인정한다. 그저 이러한 방식의 옷차림이 나와는 맞지 않다고 느끼는 것뿐이다. 안티패션도 패션이다. 패션을 묵살한 옷차림마저도 하나의 패션이 되어, 그 존재를 재확인시킨다. 흥미롭게도 질 샌더Jil Sander부터 칼 라거펠트Karl Lagerfeld까지 수많은 패션 디자이너들이 이러한 유니폼식 옷차림에 동의한다. 오해는 하지 말길 바란다. 나는 기본 유니폼들도 그 자체로 강한 표현이 된다는 사실을 부정하지는 않는다. 마리노의 패션은 특이하고 알아보기 쉽다. 그리고 수많은 사람들이 잡스와 울프의 유니폼을 모방해왔다. 불행한 최후를 맞았던 혈액 검사 회사 테라노스Theranos의 CEO 엘리자베스 홈즈Elizabeth Holmes를 떠올려보자. 홈즈는 잡스의 옷차림을 따라했고, 그 옷차림이 몰락의 주요인은 아니었지만 그렇다고 도움이 되지도 않았다.7 그러한 유니폼은 특정 종류의 우월성을 위한 코드가 될 수 있다. '복장을 신경 쓰기에는 내가 너무 바쁘고 중요한 사람인데, 다른 사람들도 그 점을 알아줬으면 좋겠다.'

당연히 유니폼을 필수로 입어야 하는 분야의 사업들이 있다. 이런 경우에도 마찬가지로 자신의 스타일을 개발하는 과정은 유니폼에 브랜드의 신념들을 어떻게 담을 수 있을지 생각해볼 좋은 기회가 된다.

1장에서 잠깐 다루었던 델 프리스코 레스토랑 그룹을 예로 들어보자. 델 프리스코는 서빙 직원들의 유니폼을 새로 디자인하는 시도야말로 식당의 전반적인 미학을 드러낼 수 있는 본질적인 요소라고 생각했다. 델 프리스코는 관습을 깨는 디자인과 스타일에 특화된 전문가 에다 구드문즈도티르를 고용하여 재디자인 과정의 지휘를 맡겼다. 그 직업의 물리적 성격 때문에 유니폼들은 실용적이어야 했으며, 잦은 세탁을 견뎌야 했다. 하지만 그럼에도 현대적 느낌이 나야 하며, 이미 탄탄히 세워진 전통적인 코드들을 유지하면서도 그 반대 방향으로 진보적인 스테이크 하우스라는 개념을 계속 강조해야 했다. 이 사례에서 알 수 있듯이, 특정 직업에서 공통 복장이 필요하다는 점은 미학을 잊는 핑계가 될 수 없다. 심지어 미군마저도 미학을 고려한다. 2017년 후반에, 미군은 역사상 가장 사

랑받고 세련되었다고 평가받는 2차 세계 대전 당시의 군복을 다시 쓰기로 결정했다.[8]

일본의 여학생들은 교복을 입은 채로 대부분의 시간을 보내며, 그 교복들을 다른 방향으로 재해석하는 패션 운동이 생겨났다. 이와 관련해 패션 평론가 버지니아 포스트렐Virginia Postrel은 "내가 본 가장 도발적인 복장은 미국 대학 캠퍼스에서 일본인 여학생이 입은 옷이었다." "하나로 높이 묶어 올린 소녀다운 머리 스타일이었다. 교복 특유의 흰색 면 셔츠를 허리 부분만 묶은 채 풀어 헤쳤고 빨간색 브래지어를 드러냈다. 주름 잡힌 교복치마를 골반에 건 채로 치맛단을 치켜 올렸는데 그 형태가 마치 허벅지에 끈을 두른 것 같았으며 빨간 끈 팬티가 훤히 보였다. 무릎 높이의 하얀 양말과 함께 여학생 판타지 패션을 완성하는 통굽 구두를 신었다. 일본에서는 용인될 수 있겠지만 (하지만 도발적이라고도 하겠지만), 미국에서는 학생이 매춘부로 오해받을 정도의 옷차림이었다"[9]라고 말했다.

그다음으로 깊게 생각하지 않고 의도를 담지 않는 패션으로서 메시지를 전달하는 사람들도 있다. 우리는 그들을 시장에서, 버스에서, 길에서 매일 본다. 어두운 색이 날씬해 보인다고 믿어서 검은색이나 짙은 남색 민소매 원피스를 입는 비만 여성, 5분 만에 문 밖으로 편안히 탈출시키는 참신한 맨투맨이나 티셔츠와 요가 바지를 입는 지친 아이 엄마들이다. 앞서 말했듯이, 무엇을 입을지에 관심을 기울이지 않거나 도망치기 쉬운 방법을 택하는 것 또한 내가 누구이며 나의 미학이 어디로 가고 있는지를 또렷이 보여준다.

문화, 지위 그리고 스타일

—

개인적 취향은 진공 상태에서 발전하지 않는다. 그중 몇 명(나는 호불호를 모두 말하고 있다)은 어린 시절을 거치며 성장하고 진화하면서 관찰해온 것들, 어떤 난관들을 마주치고 어떤 문제들을 해결해왔는지 등 우리를 둘러싼 환경에서 온다. 스타일의 어떤 측면들은 첨단 기술과 미디어의 영향도 포함하여 우리가 사는 시간적 배경 때문에 탄생한다. 또한 지리적인 특성에 따라 형성되는 측면들도 있다. 시간과 장소의 문화적 영향들이 개인의 스타일과 어울리지 않는다면 우리는 물론 거절할 수 있고, 또 반드시 거절해야 한다. 최고의 개인적 스타일은 트렌드를 따르지 않는다. 그리고 '패셔너블'해지기를 고려하지도 않는다.

우리는 이미 옷이 세계의 수많은 문화에서 사람들의 지위와 권력을 나누는 역할을 하며 계급 차이를 강조해왔다는 사실을 알고 있다. 최근 수십 년 동안에는 패션에서 민주화가 일어났고 사람들의 관심이 더욱 평등한 캐주얼 룩으로 옮겨갔지만, 그전에는 옷 선택이야말로 사회적 계급을 뛰어넘을 수 있는 도약의 수단이었다. 신분이 낮더라도 좋은 정장을 사면 전문적인 직업 사회에 잠입할 수 있었다. 그 악명 높은 사기꾼(지금은 회복되었다) 프랭크 애버그네일Frank Abagnale(2002년 영화 〈캐치 미 이프 유 캔 Catch Me If You Can〉에서 레오나르도 디카프리오가 열연한 인물)은 다음과 같이 발언했다.

"고급 의상들은 내가 사람들을 속일 수 있도록 해준 세 가지 요소 중 하나였다. 10대 시절부터 나는 의사였고 변호사였다. 납작하게 다린 비행사 유니폼 덕분에 다른 비행사들은 내가 비행기를 조종할 수 있다고 믿었다. 내게 이점이 되었던 다른 두 가지는 큰 키와 좋은 매너였다."**10**

13세기 후반 유럽에서는 패션을 통해 부를 내보이는 것이 하나의 관습처럼 자리 잡았다. 그리고 그 사람이 무엇을 입느냐에 따라 사회적 신분이 쉽게 드러났다. 옷은 배경, 문화, 도덕성, 돈, 힘을 나타낼 수 있었다. 19~20세기 초반이 되자 노동 계층 사람들에게는 면바지, 멜빵바지, 티셔츠가 주어졌다.**11** 하지만 지금은 달라졌다. 잘사는 사람들도 너무나 자주 찢어진 (그리고 굉장히 비싼) 청바지와 종이처럼 얇은 면 티셔츠들로 자신을 표현한다. 동시대 패션 코드에 익숙하지 않은 사람들이 그러한 복장을 보게 되면, 사회의 유력자들 중 하나를 보고 있으면서도 가난한 사람이라고 착각할 수 있다. 한때 뱃사람들이나 오토바이 폭주족의 특징이었던 문신은 이제 A급 여배우들과 자녀 교육에 애쓰는 중산층 엄마들도 원하는 코드가 되었다. 앞에서 이야기한 건축가의 경우도 마찬가지다. 문신은 더 이상 금지되거나 가려지지 않으며, 레드 카펫에서는 호화로운 시상식 드레스의 '액세서리'로써 각광받곤 한다.

고대 중국에서 노란색은 세상의 중심과 대지를 나타냈으며 오직 황제만이 입을 수 있는 색이었다. 아프리카의 하우사족 사회에서 거대한 터번이나 고급 천으로 제작한 여러 겹의 가운은 지배 계층의 전유물이었다. 일본의 경우에는 기모노의 색, 짜임새나 입는 방법은 물론 오비(허리띠-역주)가 얼마나 크고 빳빳한지에 따라 입는 사람의 사회적 계급을 알 수 있었다.

여러 전통문화에서 입술에 끼우는 접시들과 목에 채우는 고리, 전족이나 코르셋들도 사회적 지위와 아름다움을 표현하는 데 활용된다. 서양에서는 에르메스 버킨 백, 밑면이 빨간 크리스찬 루부탱Christian Louboutin 펌프스, 몽클레르Moncler의 빵빵한 파카, 까르띠에 탱크Cartier Tank 시계, 샤넬 트위드 재킷은 호화로움과 함께 사회적 지위가 높다는 표식이 된다. 모조품들이 낮은 가격으로 팔리기도 하지만, 이 제품들의 진품들은 그 진가를 알아보고 명품의 언어를 이해하는 사람들에게 메시지를 보낸다.

옷을 보는 방법

정말로 자기만의 스타일을 개발하거나 기존 스타일을 향상시키고 바꾸고 싶을 때, 필요한 것은 옷을 살펴보고 입어보는 과정이다. 즉, 감각으로 경험해야 한다. 패션 디자이너 케이 엉거Kay Unger는 "피팅룸에 들어갔다고 해서 그 옷을 사야 하는 건 아니다"[12]라고 말한 바 있다. 옷을 입어보는 데 필요한 딱 한 가지 조건은 안에 받쳐 입는 옷이 적절해야 한다는 것이다. 옷은 옷걸이에 걸려 있을 때와 직접 입었을 때 굉장히 달라 보인다. 그리고 그것의 윤곽에 적합한 기본 바탕의 옷을 입고 있지 않을 때도 사뭇 다르다. 라인이 살아 있는 옷을 입는다면 그 옷을 걸치기에 적절하고 잘 맞는 밑바탕이 필요하다. "틀에서 벗어나는 과정을 겁내지 않는 것이 가장 중요하다"라는 엉거의 제안은 매력적이지만 입을 엄두를 못 냈던 옷들을 실험해봐야 한다는 것을 의미한다.

"자신의 스타일을 분명히 표현하고 알아볼 수 있도록 만드는 특징과 디테일을 찾으면 된다. 매들린 올브라이트Madeleine Albright의 경우에는 브로치가 그러했고, 미셸 오바마Michelle Obama는 민소매를 중요한 자리에서도 입을 수 있는 패션으로 격상시켰다. 민소매와 벨트는 미셸의 훌륭한 특징이었다."

특징은 개인적 스타일에 다가갈 수 있도록 길을 열어준다. 회사 정책 때문에 매일 정장을 입고 출근해야 한다고 하더라도 특징은 얼마든지 지닐 수 있다. "색이 화려한 정장을 입어라." 엉거가 말했다. "검은색이나 남색 옷을 입어야만 한다면, 화려한 색의 블라우스나 셔츠를 추천한다. 내게 의미를 주거나 나를 남들에게 알리는 무언가를 입어야 한다."[13]

친구에게 도움을 요청해보는 것도 좋다. 내 패션 스타일을 어떤 식으로 묘사하겠느냐고 친구들에게 물어본 적이 있었는데, 그때 친구가 말한 내용 몇 가지는 꽤나 놀라웠다. 그들에게는 내가 생각해보지 못한 아이디어들이 있었다. 아마 이 책을 읽는 당신에게 무엇이 가장 잘 어울릴지를 주위의 친구들이 알고 있을 수도 있다. 친구들이 이야기하는 몇 가지는 다소 공감이 가지 않을지도 모르지만, 그래도 괜찮다. 별로라고 생각하는 옷들도 입어보자. 어차피 옷가게 점원은 신경 쓰지 않는다. 그리고 그렇게 시도해볼 수 있는 점이야말로 오프라인 상점이 존재하는 이유다. 내가 무슨 색이나 질감을 좋아하고 싫어하는지에 주목해보자. 그리고 옷의 모양과 윤곽, 길이, 폭을 유의하자. 그러다 보면 소매와 바지 스타일, 기장, 마감의 종류가 무궁무진하다는 사실을 깨닫기 시작할 것이다. 이제 질문을 던져보자. 내가 '싫어하는' 스타일로 분류한 것들과 '좋아하는' 스타일로 분류한 묶음이 완전히 반대되는가? 그리고 '좋아하는' 스타일에 포함된 옷들이 진정으로 나 자신을 보여주는가? 좋아하는 이유를 확실히 말할 수 있는가? 이 모든 질문에 대답하는 과정이 자기만의 스타일을 정의할 수 있도록 도와줄 것이다.

무늬와 색으로 나타내기

옷의 색과 무늬는 확성기가 될 수도, 보호색이 될 수도 있다. 이런 요소들을 이용하면 나를 튀게 만들 수도 있으며 배경에 묻히게 할 수도 있다. 선명한 분홍색 밍크코트(내가 겨울에 많이 시도하는 옷차림이다)를 입고 맨해튼 거리를 걸어가면, 행인들은 배경에 상관없이 그 사람에게 눈길을 보낸다. 대부분의 사람들은 옷의 모양을 선택하는 과정과 마찬가지로 그들에게 편안한 느낌을 주며 피부와 눈동자 색, 머리 색을 돋보이게 만들 수 있는 색을 선택하려고 노력한다. 나는 피부가 매우 밝기 때문에 웜톤보다는 쿨톤 위주의 조합이 효과적이라고 느낀다. 같은 이유로, 나는 빨간색이나 노란색 옷을 거의 입지 않으며, 파란색이나 초록색 옷을 선호하는 경향이 있다(가끔 분홍색을 더해 신선한 충격을 주기도 한다).

나는 베이지색이나 회색 옷을 입을 때 침울한 감정을 느낀다. 내 밑바탕이자 개인적인 '중립'은 검정색과 미색이다. 나는 행복해질 수 있다고 믿는 색들을 선택한다. 나는 행복을 느끼고 싶고, 다른 사람들도 행복하게 하고 싶다. 진지한 인상을 원하는 사람들은 채도 높은 색감들을 피하는 경향이 있다. 색은 선택이며 입는 사람과 보는 사람 모두의 기분에 영향을 미친다는 사실을 알아야 한다.

패션 외의 특별한 목적을 위해 개발한 무늬나 색일지라도 그들만의 방법으로 패션과 스타일 속에 녹아든다. 우리는 이 기표들을 본래의 목적과 비슷하게 이용한다. 예를 들자면, 군복의 패턴은 '분단성 색채disruptive coloration' 이론을 바탕으로 탄생했다. 여러 색이 조합된 무늬는 동물이나 사물의 윤곽을 흐리며, 포식자나 적으로부터 숨기는 역할을 한다. 실제로 처음에는 군인들이나 군 관계자들이 아니라 병영의 위치와 장비를 가리기 위해 위장 패턴을 사용했다. 전쟁 관련 기술의 발달이 기관총과 항공 사진술을 이끌어 냈고, 프랑스, 영국, 독일, 미국의 군대는 전통적으로 채도가 높았던 군복들을 버리고 탁한 올리브색처럼 차분한 색감들로, 그다음에는 지금의 얼룩덜룩한 무늬로 옮겨갔다. 1940년에 미 육군 공병대는 위장 패턴의 군복으로 여러 실험을 거쳤고, 1943년에 미 해병대는 뒤집어 입을 수 있는 상하 일체복을 녹색과 갈색으로 이루어진 개구리 패턴으로 제작해 입기 시작했다.[14]

형광색은 보이지 않는 파장을 눈에 띄는 색으로 전환하면서 사물을 빛나게 하고 관심을 끈다. 나이키 디자이너 벤 셰퍼Ben Shaffer는 2012년 여름 올림픽용으로 디자인한 신발에 초록 형광색을 쓰면서 새로운 패션 트렌드를 열었다. 그 형광색 덕분에 나이키 운동화는 같은 공간에 설치된 수많은 브랜드들 사이에서 눈에 띄었다.

색과 형태들은 중요한 정보를 효과적으로 보여주는 역할도 한다. 예를 들어, 고속도로 표지판들은 특히 시력이 둔감해진 고령 운전자들을 위해 가독성을 높이고자 확연히 대비되는 색을 쓰고 활자의 선 간격이 넓은 경향이 있다.

색은 사람에게 확실한 감정적 효과를 미치며, 이미 이러한 현상을 다루는 수많은 글이 쏟아져 나왔다. 또한 빨간색, 초록색, 노란색, 파란색은 '초점' 색채들이며, 가장 흔하기도 하다. 이 네 가지 색은 보편적인 색으로, 14세기 이전부터 이 독자적인 색채들의 중요성을 인식해왔다는 연구 결과가 있다.[15] 색은 사람뿐 아니라 브랜드를 인식하는 방식에도 효과를 미친다. 한 기업이 제품의 색을 고민하고 있다면, 그 색이 소비자의 심리에 어떤 영향을 미치는지를 고려하는 것이 좋다. 에르메스의 가방, 상자, 리본에 쓰이는 번트 오렌지색과 갈색이 그 브랜드의 의류에서 나타나는 경우는 드물다. 하지만 이 두 가지 색은 시간에 영향 받지 않는 에르메스 특유의 품질과 호화로움을 또렷이 상기시킨다.

해석과 스타일의 관계: 스타일을 이해하는 방법 3가지

해석이란, 감각과 감정의 자연스러운 반응을 이해하고 해부하는 과정이다. 우리는 어떻게 직감(적응)하고 이해하는가? 감각이 불러오는 감정을 어떤 방식으로 체계화하고 언어로 표현하는가? 이 반응에서 어떻게 패턴을 인식하고 다른 결정이나 행동에 적용할 수 있는가? 자신이 직접 느낀 감각에 대한 해석은 개인적 스타일과 취향 향상의 토대다. 타인의 취향에 대한 해석은 그 기업의 제품 디자인, 브랜딩, 머천다이징, 마케팅, 창의적인 소통의 수준이 높아질 수 있도록 뒷받침해준다. 뒤에 나올 간단한 연습들은 개인이 좋거나 싫다고 생각하는 감정에서 시작하여 보다 더 넓은 범위까지 접근해, 한 사람이 무엇을 열망하며 그 이유는 무엇인지를 판단하는 비평적 사고를 키워줄 것이다. 이 연습은 각자의 개인적 스타일과 함께 사업 속으로 끌고 들어갈 미적 감각을 발전시킨다.

뷰티 마크

'뷰티 마크'는 소유물이다. 주문 제작이나 물려받은 것이 아닌, 우리 각자가 특별히 강한 친밀감과 애정을 느끼는 어떤 소유물이라도 뷰티 마크가 될 수 있다. 나는 내 수업을 듣는 학생들에게 실제 사물(아니면 사진 등 그 사물을 대변할 수 있는 것)을 들고 오라고 요청했다. 그리고 그 특정 사물이 그들에게 신비한 힘을 풍기는 이유를 미리 생각해오라고 했다. 이 연습은 사물과 우리의 감정적 연결을 밝혀내고 탐구할 수 있다는 점에 의의가 있다.

흥미롭게도, 학생들 가운데 4분의 3이 '뷰티 마크'를 의류, 신발, 장신구 등의 패션 부문에서 찾았다. 개인으로서의 우리는 이런 패션 제품들에 더욱 강한 동질감을 갖고 애착을 보이는 경향이 있다. 자가용, IT 기기, 가전제품과 같은 덜 개인적인 물건들은 그 반대다. 옷이나 액세서리들은 개인적이고 특별한 의미와 기억들로 물들기 마련이라, 우리는 특정 이벤트에서 자신이 무엇을 입었는지를 기억한다. (예를 들어, 내가 입었던 여름용 보라색 원피스를 보면 언제나 초등학교 졸업식이 떠오른다. 그날, 반 친구 중 한 명이 완전히 똑같은 원피스를 입고 와서 웃겼던 기억도 있다. 분명히 같은 옷이었지만 코디가 달랐다.) 오늘날 뷰티 마크에 대한 내 선택 중 하나는 셀린느Celine 샘플 세일에서 산, 하나는 금이고 하나는 은인 무거운 금속 팔찌들이다. 나는 그 팔찌들을 '원더우먼 팔찌'라고 부른다. 쉽게 망가질 리 없고 갑옷 같은 모양새에, 특히 내 섬세한 팔목에 두르면 힘이 세고 강한 인물이 되었다는 느낌을 받는다. 보통은 금과 은을 함께 차는 경우가 드문데, 나는 금과 은이 시각적으로 부딪친다는 것조차 마음에 든다. 그리고 방 안을 걸을 때 나는 그 쨍그랑거리는 소리도 좋다.

눈엣가시

뷰티 마크와 같은 이치로, 눈엣가시는 거슬림, 짜증, 심지어 역겨움까지 포함하는 부정적인 감정들을 상기시킨다. 하지만 그렇다고 해서 눈엣가시가 된 사물이 제 기능을 못하는 건 아니다. 학생들은 뷰티 마크 과제보다 이번 눈엣가시 과제에서 훨씬 더 다양한 범주의 사물들을 평가하고 선택했다. 의류와 신발은 가장 거슬리는 요소의 40퍼센트밖에 차지하지 않았다. 반대로, 눈엣가시의 4분의 1은 학생들이 의존하지만 신경 쓰이게 하는 휴대폰이나 노트북 등의 IT 기기에 돌아갔다.

내겐 몇 가지 눈엣가시들이 있다. 그중 하나는 550달러(한화 66만 원)
라는 거금을 내고 산 브레빌Breville의 스테인리스 강철 에스프레소 메이커
다. 이 기계는 정말 훌륭한 커피를 뽑아낸다. 하지만 그 과정을 이야기하
자면, 커피콩을 가는 동안에는 지독히도 거슬리는 소리를 내고, 우유를
데울 때면 귀를 찌르는 '삐이익' 하는 비명이 뒤따른다. 평소에 커피를 마
시는 이른 아침 시간에는 그 소음이 더욱더 거슬린다.

나의 또 다른 눈엣가시는 레이디 디올Lady Dior 핸드백이다(고 다이애나
비를 기리는 이름이라고 한다). 나는 그 고전적인 사각 모양과 은은한 분홍
색의 누비 모양 송아지 가죽, 금색 포인트까지 모두 사랑한다. 그러면 도
대체 무엇이 문제일까? 바로 '접근성의 부족'이다. 핸드백의 박스 구조
꼭대기에 달린 지퍼는 한쪽 끝에서 다른 쪽까지 활짝 열리는 게 아니라서
물건을 넣고 빼기가 어렵다. 핸드백을 사용할 때마다 손이 엄청 긁힌다.
게다가 내 지갑은 평균 사이즈인데도 그 좁은 입구로 들어가지 않는다(다
이애나 비는 지갑을 갖고 다닐 걱정을 할 필요가 없었나 보다). 시끄러운 에스
프레소 메이커와 핸드백, 이 두 가지 경우에서 우리는 제품이 모든 감각
에 미치는 효과를 고려해야 좋은 디자인이라는 교훈을 얻을 수 있다.

스타일 아이콘

스타일 아이콘은 패션에 관련하여 내가 가장 닮고 싶거나 따라 하고
싶은 사람(고인도 괜찮다)이다. 나는 학생들에게 이 과제를 주면서 스타
일 아이콘의 사진을 들고 오라고 했고 그 인물의 패션 조합 중에서 어떤
요소에 가장 끌리는지, 과연 그 이유가 무엇인지를 생각해보라고 지시했

다. 흥미로웠던 점은 전원이 자신과 같은 성별의 '아이콘'을 선택했다는 사실이다. 다시 말하면, 남학생들은 남성 패션·스타일의 권위자들만 살펴보았고, 마찬가지로 여학생들은 여성들만 고려했다. 장장 90퍼센트라는 비율이 현재 살아 있고 자신의 삶에 영향을 미치는 인물들을 선택했다. 나머지 10퍼센트는 다른 시대의 사람들(재키 오나시스Jackie Onassis, 캐리 그랜트Cary Grant, 스티브 맥퀸Steve McQueen)을 골랐다. 학생들 중 80퍼센트가 유명인을(할리우드 연예인, 음악인, 운동선수의 순서로) 선택한 반면, 20퍼센트만이 실제로 가까운 사람들(할머니, 엄마, 친구)이나 잘 알려지지 않은 인플루언서들(블로거들)을 골랐다.

이 글을 읽고 있는 당신, 이 과정을 시도하려는가? 그렇다면 구석구석 살펴보길 바란다. 왜 특정 사람들이 아이콘으로 떠오르는지를 자기 자신에게 물어보아야 한다. 그들이 보여주는 이미지의 어떤 측면이 내 스타일에 영향을 주었는가? 나는 어떻게 영향을 받았고, 그 원인은 무엇인가? 내 경우에는 몇 명의 상징적인 여성들을 떠올렸다(그렇다, 나도 역시 같은 성별을 고수했다). 진보적이고 대담하고 페미니스트스러운 패션 때문에 나는 코코 샤넬을 가장 존경한다. 기존의 룰을 깨버린 성향과 새로운 무언가를 건설할 수 있었던 자신감을 사랑한다. 지성, 우아함, 절제 때문에 나는 케이트 블란쳇Cate Blanchett을 존경한다. 그리고 여왕 같고 신비스러운 공기 때문에 카트린 드뇌브Catherine Deneuve를, 재치와 매력과 별난 행보 때문에 도로시 파커Dorothy Parker를 존경한다. 그리고 당연히, 이 중 누구도 내 모든 염원들을 아우르지는 못한다. 하지만 이 여성들은 내 스타일 아이콘 목록의 가장 윗줄에 있고, 그들의 매력은 오랜 시간이 흘러도 내 기억 속에서는 여전하다.

이 장에서 살펴본 바와 같이, 음식에서 단순히 맛만 중요한 게 아니었던 것처럼 패션도 어떻게 보이는지가 다가 아니다. 음식과 옷차림은 모두 인간의 생존에 필수적인 요소들이다. 이 둘은 우리의 생명을 유지하고 자연에서 몸을 보호하는 역할을 한다. 또 이 둘은 막대한 기쁨의 근원이기도 하다. 기쁨의 근원 역할을 하면서도 필수적인 욕구를 충족시키는 세 번째 영역은 거주 공간이다. 이 세 가지 영역은 자식이 충분히 자라서 스스로를 보호할 수 있을 때까지 부모들이 제공해주어야 하는 조건인 만큼 정말로 근본적인 것이다(당연히 사랑은 함께해야 한다). 하지만 우리 시대는 이전 세대보다 훨씬 번영하고 있으며 풍요로워졌고, 그 덕분에 에이브러햄 매슬로Abraham Maslow가 주장한 심리적 욕구의 계층을 넘어섰으며, 이 세 가지를(다른 많은 요소들과 함께) 자아실현과 행복을 좇는 수단으로 여긴다. 다음 장에서는 미적 지능을 개발하기 위한 노력의 일환으로 세 번째 필수 요소인 '공간'에 주목하려고 한다. 잘 설계된 공간은 좋은 큐레이션의 궁극적인 예시다. 인테리어 디자인으로 고객의 기쁨과 열망을 일으키고 싶다면, 앞서 브랜드와 사업을 위해 미적 가치를 창조했던 과정과 똑같은 원리와 기법으로 방법을 터득하면 된다.

CHAPTER

7

큐레이션의 예술-
조화와 균형의 회복

큐레이션은 사람들이 정확히 무슨 의미인지도 모르면서 자주 사용하는 단어들 중 하나다. 나는 이 단어를 치료cure나 회복restore과 관련짓는다. 각자의 사업을 큐레이션(치료)할 때, 우리는 방해되고 해롭거나 제 역할을 하지 못하는 요소들을 제거할 뿐만 아니라 기분 좋고 성공적인 방향으로 나아가기 위해 필요한 요소들을 모두 불러 모은다. 이처럼 큐레이션을 한다거나 기업을 '치료'한다는 것은 줄이거나 제거하는 과정뿐 아니라 좋은 기분을 남기는 요소를 끌어모으는 수단을 의미하기도 한다. 사업과 미학의 맥락 안에서, 큐레이션은 제품, 서비스, 광고 캠페인, 매장 디자인에서 실종되었던 조화와 아름다움을 다시 불러들인다. 이 장에서는 큐레이션이 어떤 과정으로 고객의 선택에 영향을 미치는지, 공간 안에서의 디자인 경험이 어떤 식으로 최종 결과를 바꾸게 되는지 알아볼 것이다. 또한 개인의 취향과 가치들을 진정으로 반영한 개인 공간을 구성함으로써 각자의 큐레이션 기술을 연마할 수 있는 방법을 살펴보고 모든 사업 유형에 적용될 수 있는 큐레이션 과정을 탐구할 것이다.

이탈리아 아우터웨어(야외 활동에서 바람을 막아주는 두꺼운 외투들을 말한다-역주) 브랜드 몽클레르는 1952년에 르네 라미용Rene Ramillon이 세운 회사다. 그 회사가 처음 설립된 곳은 알프스 산지의 그르노블 지역 근처에 있는 작은 마을 모네스티에르 드 클레르몽Monestier-de-Clermont이었다. 몽클레르라는 이름도 이 마을 이름을 따서 지어졌다. 초기에는 누비 침낭과 텐트 등의 제품들을 만들었지만, 1954년에는 그 회사의 공장 노동자들을 추위에서 보호하려는 목적으로 거위털 재킷 혹은 파카로 불리는 첫 의류 제품을 개발했다. 프랑스인 등산가 리오넬 테레이Lionel Terray는 이 파카의 잠재성을 알아보았고 그의 탐험에 특화된 시리즈를 개발하도록 도왔다. 그와 같은 해에, 한 이탈리아 팀이 몽클레르의 파카를 입고 K2 정상에 올랐다. 1968년에는 그르노블 동계 올림픽에 참가한 프랑스 스키 팀이 몽클레르를 입었다. 눈바람을 효과적으로 막아주긴 했지만, 초기 파카들의 모습은 특별한 특징이 없는 그저 마대자루 같았다. 하지만 시간이 지나자 최고급 브랜드인 프라다와 이보다는 합리적인 가격이면서도 활동복에 특화된 노스페이스 등 다른 브랜드들의 아우터웨어가 더 눈에 띄면서 몽클레르는 점점 사람들의 눈에서 벗어나기 시작했다. 1990년대 중반, 몽클레르는 재정적인 어려움을 겪고 있었다. 그 회사는 병들었고, 치료가 필요했다.

2003년, 크리에이티브 디렉터이자 기업가였던 레모 루피니Remo Ruffini

가 몽클레르를 인수했다. 그는 이탈리아에서 섬유 제작자와 사업가 들을 배출한 유서 깊은 유명한 가문의 자손이다. 그 당시 몽클레르는 매출이 6천만 달러(한화 732억 원)에 그치면서 돈이 흘러 나가고 있었다. 루피니의 리더십과 큐레이션 아래에서 몽클레르의 디자인은 단순하고 투박한 거위털 재킷에서 프랑스어로 라 두두느 시크la doudoune chic(세련된 재킷) 혹은 이탈리아어로 일 피우미노 디 루소il piumino di lusso(호화로운 거위털 재킷)라고 부르는 것으로 성장했다. 2008년에는 사모펀드인 칼라일 그룹이 몽클레르 지분의 48퍼센트를 매입하면서 대주주가 되었다. 나는 칼라일의 전무이사로서 몽클레르의 북미와 비유럽 시장 진출을 돕는다는 목표를 갖고 그 회사의 이사회에 들어갔다(2010년 말까지 있었다).

2013년에 몽클레르는 밀라노 증권 거래소에 상장되었다. 칼라일은 몇 년에 걸쳐 단계적으로 지분을 팔았는데, 칼라일의 유럽 자금을 이용한 거래 중에서는 가장 큰 수익을 얻었다. 오늘날, 몽클레르는 1,000명 이상의 직원들을 거느리고 매해 20억 달러(한화 2조 4천억 원)에 가까운 수익을 창출한다. 또한 패션 업계에서 권위를 갖는 최초의 아우터웨어 브랜드가 되었다.

루피니가 몽클레르를 큐레이션할 때 미학을 어떻게 활용했는지 알아보자. 그는 옷의 품질과 디테일은 유지했지만, 스타일을 현대화하고 최신 패션과 첨단 기술 요소들을 받아들였다. 핵심 제품인 파카를 절대 버리지 않으면서도 부츠, 모자, 스웨터로 제품의 범위를 확장해나간 것이다. 톰 브라운Thom Browne, 와타나베 준야Watanabe Junya, 지암바티스타 발리Giambattista Valli 등 유명한 디자이너들과의 예기치 않은 협업은 활력과 함께 유행에 한발 앞선 감각을 더했다. 특이한 장소를 배경으로 한 패션쇼 무대들이 구성되었고(모델들이 맨해튼 첼시 부두의 스캐폴딩 앞에서 포즈를 잡거나, 그랜드 센트럴역에 예고 없이 단체로 나타나거나, 센트럴 파크 내 월먼 아이스링크에서 스케이터들이 몽클레르 옷을 입고 홍보하기도 했다), 패션쇼의 높은 인기가 언론의 뜨거운 반응을 이끌었으며, 그 덕분에 몽클레르는 최첨단의 고품질 브랜드라는 명성을 얻었다. 그 수많은 소매점들의 등장은 하룻밤 사이에 이루어진 것이 아니다(현재 세계의 주요 도시들에 200군데 이상의 매장이 있다). 몽클레르는 장소에 따라 특징을 살려 각 소매점들을 설계했다. (시내 한복판에 있는 매장은 스키 리조트에 있는 매장의 모습과 확연히 달랐다.)[1]

짧은 시간 내에 (소비자가) 수많은 선택과 결정을 해야 하는 '선택 과부하' 문제를 다룬 책은 차고 넘친다.《선택의 패러독스The Paradox of Choice》의 저자 배리 슈워츠Barry Schwartz는 선택지가 너무 많으면 우리의 심리와 감정에 해로운 영향을 미친다는 사실을 알려준다. 그의 이론에 따르면 이런 경우에는 고객들이 선택을 포기하는 상황이 발생하기 때문에 기업의 최종 수익도 불리해진다. 애써 결정을 내리더라도 보통은 불행한 선택(브랜드)이었다고 느낀다.

마찬가지로, 컬럼비아 경영대학원의 쉬나 아이엔가Sheena Iyengar 교수는 소비자들이 더 나은 선택을 할 수 있도록 도울 방법을 연구했다. 그녀가 추천한 방법들은 큐레이션 과정과 비슷한 측면이 많았다. 선택 과부하 문제에서는 특히 더 그러했다. 그 연구들 중 하나는 사람들이 어떤 연금 저축 상품을 선택하는지, 더 구체적으로는 펀드 상품의 개수가 저축액에 어떤 영향을 미치는지에 관한 것이었다. 두 가지 펀드 상품만 제시하는 플랜의 참여율은 75퍼센트 정도였지만 50개의 상품을 제시하는 플랜에서는 참여율이 60퍼센트 가까이 떨어졌다. 선택지가 많아질수록 사람들은 하나를 고르려는 시도를 포기하고 모든 돈을 예금 계좌에 넣는 경향을 보였다. 이는 미래 보장 측면에서는 현명한 결정이 아니다.[2]

아이엔가는 선택 과부하가 소비자의 참여율, 결정 그 자체의 질(선택지가 많으면 나쁜 결과를 초래한다), 선택 결과에 대한 최종 만족도를 떨어뜨린다는 사실을 알아냈다.

그렇다면 우리가 어떻게 큐레이션을 활용해야 고객들이 더 쉽게, 더 나은 선택을 하고 의사 결정 과정을 즐길 수 있을까? 큐레이션의 첫 번째 단계는 관련 없는 선택지를 없애는 시도다. 아이엔가는 P&G가 헤드 앤 숄더 브랜드 상품들을 26개에서 15개로 줄였을 때 판매율이 10퍼센트 높아졌다는 사실에 주목했다. 골든 캣 코퍼레이션Golden Cat Corporation 의 경우에는 가장 판매율이 저조했던 배설물 처리 상자 제품 10개를 뺐더니 생산 비용이 줄고 수익이 증가해서, 이윤이 97퍼센트나 증가했다.[3] 세계에서 아홉 번째로 큰 소매업체 알디Aldi는 이러한 교훈을 배워 단 1,400개 상품만 제공했다. 이는 식료품점들이 대부분 45,000개의 선택지를 갖고 있고, 월마트도 100,000개 상품을 진열했다는 점과 대조된다. 불필요한 선택지이거나 뚜렷한 특징이 없는 제품은 과감히 제거하자. 무엇을, 얼마나 많은 버전들로 판매하고 있는가? 그 제품들 각각의 차이점은 무엇인가? 나 자신이 우리 회사 제품들 사이에서 차이를 발견할 수 없다면, 고객들도 마찬가지다.

둘째, 고객이 결정 이전 단계에서 선택지의 감정적 효과를 상상할 수 있도록 돕자. 고객들이 보고, 만지고, 냄새 맡음으로써 그 제품이 어떤 느낌을 줄지 상상할 수 있는가? 집에 돌아가서도 그 느낌이 지속되리라는 확신을 줄 수 있는가? 엔턴만Entenmann의 제빵 제품들(쿠키, 도넛, 컵케이크 등-역주)이 처음 소개되었을 때, 그들은 제빵소에서 갓 나온 제품들처럼 보였다. (접어서 제작하는 흰색 종이 상자에 셀로판지로 창문을 내어서 안에 무엇이 있는지를 훤히 볼 수 있도록 했다.) 이 브랜드의 간식은 박스나 비닐에 갇혀 있는 칩스 아호이Chips Ahoy나 바닐라 웨이퍼롤과 분리되어 매장의 통로가 아닌 진열대 정면에 설치되었다(아주 드물게 쿠키 통로에 진열될 때도 있었다). 고객은 포장만 보아도 쿠키가 부드럽다는 것을 예상할 수 있었고, 쿠키에 박혀 있는 초콜릿 칩이나 설탕 장식의 부드럽고 풍부한 맛을 상상할 수 있었다. 쿠키용 통로에 진열된 골판지 박스처럼 딱딱한 쿠키들과는 뚜렷한 대조를 이루었다.

고객의 참여율을 높이고 결정을 완료(예를 들면 결제)하도록 돕는 세 번째 방법은 소매 매장처럼 선택이 일어나는 공간 안에서 제품을 명확하고 의미 있는 기준에 따라 분류하는 것이다. 상품들이 적절히 분류되어 있다면 고객이 더 많은 선택지를 수용할 수 있게 된다는 사실이 발견되었다. 이때 채택된 분류 방식은 고객의 입장에서도 의미 있어야 하며, 너무 많은 선택지에서는 적용되지 않는다. 아이엔가가 제시한 자료에 따르면, 웨그먼스Wegmans 식료품점의 경우, 수백 가지 잡지 상품들을 분류하는 기준을 대폭 줄였을 때(남성, 여성, 전자, 식품, 스포츠, 디자인), 기존 20~30가지 카테고리로 나누었을 때에 비해 잡지 판매량이 증가했다는 결과가 나타났다. 하지만 제품의 특징이나 정보에 기반한 분류는 금물이다. 반드시 인간의 감정을 중심으로 분류해야 한다. 향수 부문을 예로 들어보자. 고객들은 향수를 고를 때 가격, 화학 성분, 원산지 등을 따져 논리적으로 선택하는 것이 아니라, 로맨틱, 섹시, 순수 등 각 향수 프로젝트의 분위기와 이미지에 반응한다.

소비자들이 의사 결정 과정을 즐기도록 돕는 네 번째 방법은 아이러니하게도 선택지를 더 복잡하게 만드는 것이다. 결정을 이끌어내는 과정이 올바른 방향으로 제시된다면, 복잡한 선택은 깊은 참여를 유도하고 더욱 풍부하고 흥미로우며 기억에 남는 경험들을 만들어낸다. 순서를 정할 때는 간단하게 결정할 수 있는 요소들로 소비자를 움직이기 시작하여 점점 더 어려운 선택지들을 추가하는 것이 중요하다. 이러한 방법은 참여를 지속시킬 수 있고 고객이 선택지에 더 큰 관심을 쏟으면서 즐거워하도록 만든다. 아이엔가는 자동차의 옵션과 특징을 바탕으로 결정을 내려야 하는 상황을 예시로 보여주었다. 쉬운 선택(차 외관의 색 등)에서 시작하여 더욱 복잡한 선택(사용된 소재 등)으로 끝나게 되면 구매에 대한 열기는 갈수록 높아진다.

이와는 반대로, 고객들에게 수많은 선택지를 한꺼번에 퍼부으면 그들은 부담을 느껴, 결과적으로 거래를 기피하게 될 가능성이 높다. 이러한 접근법은 당신이 의사 결정자(고객)에게 공감하지 못한다는 사실을 여실히 드러낼 뿐 아니라 제품 개발에서 패키지 디자인, 홍보, 소매 유통, 주문 처리에 이르는 전체 공정을 이해하지 못한다고 공표하는 것이나 다름없다.

대부분의 기술이 그렇듯, 큐레이션에 노련해지고 싶다면 연습이 필요하다. 직접 연습해보지 않는다면 절대로 높은 경지에 오르지 못할 것이다. 인테리어 디자인 과정에 참여한다면 큐레이션을 익힐 수 있고 강력한 미적 이야기를 들려주는 방법도 배울 수 있다. 또한 개인의 기호와 필요성에 따라 공간을 구성하는 방법에 대해 많은 것을 배우게 될 것이다. 심지어 연금 플랜을 통합하여 직원들에게 제시해야 하는 직책일지라도 분명히 이러한 연습에서 얻어가는 부분이 있을 것이다. 왜냐하면 매장의 구성과 제품 제시 방식을 포함하여 공간이 소비자에게 어떻게 인식될지를 깊이 고민하는 과정은 더 나은 결과를 안겨줄 것이기 때문이다.

미적 지능의 힘은 소비자 제품과 서비스 부문에서 가장 또렷이 나타나지만, 전문 서비스 기업일지라도 미적 지능은 차별화를 이끌어낼 것이다. 몇 년 전, 칼라일 그룹에서 경영진으로 있던 시기에, 나는 소비자와 소매부문 기업들을 인수하는 역할을 맡았다. 나날이 줄어가는 고품질 거래들을 수십 개의 투자 기업들이 쫓는, 경쟁이 치열한 환경이었다. 매력적인 매도 기업에게는 수많은 거래 제안이 쏟아지면서 부르는 가격이 점점 더 올라갔다. 칼라일 같은 투자 기업이 가격만으로 거래를 따낸 경우는 드물었다. 실제로, 칼라일은 블랙스톤Blackstone, 콜버그 크래비스 로버츠KKR, 베인 앤드 컴퍼니 등의 주요 경쟁사들과 그리 다르지 않았다. 그들 모두 소수의 엘리트 경영대에서 투자 전문가들을 채용했고, 그 전문가들은 매도 기업을 분석하고 가치를 평가하기 위해 똑같은 수학 공식을 사용했으며, 똑같이 은행 거래를 통해 거래를 실체화하고 최적의 대출 금리를 협상했다. 매입 기회도 공평했다. 그렇다면 차이점은 무엇이었을까? 왜 칼라일은 매입에 성공했고, 경쟁자들은 그러지 못했나?

합리적인 관점에서 본다면 투자 기업들은 상당히 똑같아 보였다. 하지만 그들 모두 핵심적인 차별 요소를 갖고 있었고, 그 요소는 지금까지도 지속되고 있다. 차이점은 기업 구성원들의 핵심 가치, 개성, 스타일이었다. 즉, 그 기업의 미학이다. 보통 이 특성들은 설립자의 가치·개성·스타일에서 시작한다. 각 회사가 핵심 요소들에 대해 명확하게 표현하는 것처럼 이 설립자들 역시 자신을 확실하고 강렬하게 표현한다. 투자 기업이 선택한 미학이 판매자 시장에서 매도 기업의 가치와 스타일에 어울리는 이야기를 들려준다면, 그 회사는 매도 기업의 선택을 받게 될 것이다. 특히 관계를 구축하고 자사의 미래에 도움이 되었으면 하는 장기적 열망을 지닌 매도 기업이라면 대체로는 편안하고 이해 받으며 안정된 느낌을 받고 싶어 한다.

칼라일은 현재 설립 일원이자 공동 회장인 데이비드 루벤스타인이 통솔[4]하고 있다. 워싱턴 D.C.의 칼라일 본사를 방문했을 때, 나는 루벤스타인과 공동창립자들의 원칙에서 뿜어나오는 굉장히 구체적인 가치관을 경험했다. 루벤스타인은 검소한 집안에서 태어났다(그의 아버지는 우체부였다). 지금은 미국에서 가장 부유한 사람들 중 한 명일지 몰라도, 그는 자수성가한 사람이었다. 칼라일 본부는 루벤스타인의 출신 배경을 여러 방법으로 반영했다. 본부는 단순하고, 소박하고, 겸손했다. 사무실은 작았고, 새로운 직원이 들어올 때마다 자리를 만들어주기 위해 언제든 벽을 세워서 쉽게 변형할 수 있는 구조였다. 칼라일은 공간 디자인이나 사무실 가구에 큰 자본을 투자하고 있지 않았다.

기능과 단순함에 집중하는 기존의 인테리어는 설립자들의 핵심적인 가치를 전달했다. 즉, '이 회사는 투자자들이나 직원들에게 이윤을 남겨주는 것 외에는 아무것도 관심이 없다'였다. 이게 바로 '미학'이다. 그리고 이러한 미학은 옳거나 그른 것이 아니다. 잠재적 파트너나 투자자에게 중요한 이야기를 들려준다. '이 회사는 일에 집중하며, 일에만 집중한다.' 칼라일에는 분명히 가장 똑똑하고 부유한 사람들이 있을 텐데도, 그들의 미학은 엘리트주의나 호사의 신호를 보내지 않는다. 이렇게 직접적인 미학은 어떤 이들에게는 중요한 자산이 되며, 이 미학 덕분에 칼라일은 미국에서 가장 성공적이고 신뢰받는 사모펀드 회사의 대열에 속할 수 있었다.

또 다른 전설적인 사모펀드 회사인 헨리 크래비스Henry Kravis가 맨해튼 57번가 웨스트 9번지에 마련한 KKR 건물은 칼라일과 완전히 반대되는 성향을 보인다. 방문자들은 로비까지 가기 위해 여러 단계의 보안 절차를 거쳐야 한다. 어두운 색의 나무로 둘러싸인 벽은 근엄하다 못해 요새 같은 분위기를 풍기며, 값나가는 예술 작품들이 잘난 체하듯이 벽을 덮고 있고, 대형 가구들이 비치되어 있다. 사무실을 찾아 걸어 들어가는 길에서 나는 겁나고 위축되는 듯한 느낌을 받았다. 이는 우연이 아니다. 이 건물은 격식과 위용을 느끼도록 디자인되었다. 하지만 KKR의 미학에 빠져드는 고객들도 많다. 고객들은 그러한 인테리어가 전달하는 힘, 권위, 자신감 등의 특성을 발견하고, 안심한다.

결론적으로 따지면 칼라일과 KKR은 아마 투자자들과의 관계에서 비슷한 양의 금전적 이익을 얻을 것이다. 하지만 이런 미학들은 진정한 차별화 요소다. 한 기업이 투자 기업을 결정하는 데 있어서 실제로 미학을 인식했는지는 모르지만 다른 기업들을 제치고 그 대상을 선택한 이유는 (무의식적으로든) 미학이 그들의 심리에 영향을 미쳤기 때문이다.

우리 모두는 전력을 다해 개인적이고 직업적인 모든 특성을 꺼내 각종 사업적인 시도에 녹여야 한다. 그 특성은 경험(그리고 미적 선택)에 진정성을 부여한다. 개인적 특성의 중요성은 개인 관리, 패션 등 일대일로 상호작용하는 분야에서 가장 또렷이 드러나지만, 공업품, 첨단 기술, 일회용품, 건강 관련 서비스, 금융 서비스 등 딱히 미학과 관련 없어 보이는 사업들에서도 중요하다. 하지만 이 분야에 속한 기업들 상당수가 상품의 논리적이고 합리적인 측면은 강조하는 반면 개인적 가치와 인간의 심리가 고객이나 클라이언트의 결정에 미치는 영향력은 간과하면서 최근까지도 개인적 영역과 직업적 영역을 구분해왔다. 고객이 내리는 결정의 상당 부분은 개인적인 가치와 미학의 영향을 받는다. 최소한 그럴 가능성이라도 있다. 내가 어떤 종류의 산업이든 제품이나 서비스를 제시하고 전달하는 과정의 중심에 미적 지능을 두어야 한다고 주장하는 이유가 바로 이것이다. 지금 당장 내 회사의 경영에 미적 설계를 적용하지 않는다면, 미학을 활용하고 있는 경쟁자들의 그늘에 가려질 확률이 높다.

어떤 회사에 방문하여 최고 경영진을 만날 때, 나는 그들 사이의 공통된 맥락을 발견하곤 한다. 임원들의 사무실은 보통 액자에 담긴 가족사진과 여행사진 몇 장을 빼고는 개인의 손길과 그 사람만의 물건이 부족하다. 쉽게 말하자면 그들의 사무실은 전형적인 '법인' 스타일로 장식된 경우가 많다. 하지만 그들의 집을 방문할 경우에는 완전히 다른 느낌을 받는다. 벽에 걸려 있는 그림, 소파의 쿠션 등, 살면서 다양한 시기에 다양한 경험을 통해 소유하게 되었을 여러 세간들이 한데 어울려 정성스럽게 장식되어 있다. 그 임원이 결혼한 남자라면, 이러한 집 디자인은 보통 아내의 소관이다. 하지만 생각해보자. 가정집에서 드러나는 표현과 사무실 생활이 그렇게나 달라야 할까? 업무와 관련된 더 넓은 관점으로 접근해보자. 이 임원이 분석과 기술보다 디자인과 창의성 기반 과정들에 전념하지 않아도 된다거나 자기 일이 아니라고 여기는 건 아닐까?

내 추측이지만, 많은 기업 임원들은 가정집과 분리하여 사무실을 인간미가 없는 다른 공간으로 여기고 있다. 법률이나 금융 관련 사무소라고 해도 예외는 없다. 진지한 인상을 풍겨야 하니까 인간미 없는 사무실로 만들어야 한다는 생각은 틀렸을 뿐만 아니라 촌스럽다. 이 바보 같은 생각 때문에 직원, 동업자, 클라이언트, 고객 모두에게 더 생산적이 되거나 기분 좋아지도록 영향을 미치게 될 미적 경험 생산 기회를 놓치고 있는 것이다. 이렇게 선을 긋는 것은 자연스럽지 않다. 직장에서도 우리는 여전히 인간이다. 인간이 아닌 척하는 행동은 창의적 문제 해결을 막고 감정의 건강을 무너뜨린다. 또한 우리의 사업 관심사를 깎아내리면서 다른 직원들, 고객들과의 연결을 막는다.

어떤 사람에게 역할극을 하기보다는 진정한 자신이 되는 것이 훨씬 쉽다. 필요한 에너지도 더 적고, 나와 직원들과 고객들도 자유로워진다. 결국에는 나만의 고유한 특성을 업무 환경에 끌어들여 제품과 서비스에 녹이는 과정이야말로 그 사업을 차별화할 수 있는 방법이다. 이 책을 읽는 당신이 특징이나 기능 면에서 복제가 불가능한 제품을 팔 가능성은 거의 없을 거라고 생각한다. 경쟁자들은 당신이 파는 제품을 쉽게 베낄 수 있지만, 당신이 누구인지는 따라 할 수 없다.

백화점의 큐레이션, 선택, 종말 그리고 부활
—

역사적으로 백화점들은 언제나 고객들을 배려하는 방향으로 공간을 디자인하려고 노력해왔다. 하지만 오늘날 전통적인 백화점 미학은 세련미를 잃었다. 백화점이라는 소매 유형은 몇십 년 동안 꾸준히 줄어들었고(미국 통계국의 발표에 따르면 전체 소매업체 판매 실적 중에서 1998년에는 5.54퍼센트였던 백화점의 점유율이 2017년에는 1.58퍼센트로 떨어졌다[5]), 이러한 현실은 백화점 쇼핑 경험을 반드시 새로 설계해야 한다는 교훈을 준다.

오늘날의 소비자들은 좀처럼 동네 백화점 방문을 보물찾기처럼 여기지 않는다. 백화점을 돌아다니면서 구경하는 일에는 관심이 없으며, 발견하고 놀라워하는 과정을 즐기지 않는다. 현대의 소비자는 원하는 물건을 지금 받기를 바란다. 그들에게는 오래 기다려야 하는 과정이나 자신의 사이즈가 품절이라는 소식을 견딜 만한 인내심이 없다. 요점만 말하자면, 그들은 원하는 제품을 사서 곧바로 떠나고 싶어 한다. 관습적인 방식의 큐레이션과 고객 응대 서비스에는 소비자를 붙잡을 수 있을 만한 무기가 없다.

아마존이나 웨이페어 등의 온라인 소매업체들이 추천 상품과 소비자의 편의성을 우선하는 알고리즘을 꾸준히 개발하고 발전시키면서 오프라인 백화점은 제품뿐 아니라 고객에게 제공하는 경험까지도 큐레이션 해야 한다는 중압감을 느낀다.

하지만 그렇다 하더라도 백화점들이(그리고 다른 오프라인 소매점들도) 다시 번창할 수 있는 방법은 분명히 있다. 그 해답은 고객들이 백화점이라는 물리적 공간 안으로 들어와야만 하는 설득력 있는 이유를 만들어내고, 적지만 더 나은 선택지를 제공하여 돈을 쓰고 싶게 만드는 것이다. 또한 백화점들은 그들이 누구이며 무엇을 의미하는지(그리고 어떤 유형의 고객들을 얻고 싶은지)를 말하는 강력한 주장을 전달해야 한다. 뚜렷한 주장을 내보이는 행동으로 모두를 즐겁게 할 수는 없지만(그리고 그게 중요한 것이 아니다), 가장 충성심 높은 고객들을 감동시킬 수는 있을 것이다. 백화점들은 고객에게 진심을 담아 응대하고 지식과 노하우를 갖춘 직원들을 채용하고 교육에 투자해야 한다. 이 모든 해결책은 다른 상점들이 쉽게 따라 할 수 없으며 무엇보다도 온라인에서 복제할 수 없는, 지극히 몰입적인 양질의 경험을 창조하려는 목적과 의도를 기반으로 형성된다. 또, 오프라인 소매업체들은 반드시 더 신속하게 움직여, 방문객들에게 신기함과 놀라움이라는 감정을 전달할 방법들을 찾아야 한다. 그렇게 되려면 우선은 면적(1제곱피트)당 판매율, 구매 전환율, 주문당 평균 판매율[6]처럼 성공의 척도를 평가하는 오래된 계산법을 버리는 어려운 과제를 수행해야 한다. 그 이후에는 고객이 매장에 머무는 시간, 참여도, 강한 인상을 남길 수 있는지의 유무 등 매장 경험에 관련된 더욱 의미 있는 계산법들을 활용하면서 철저한 큐레이션으로 매장에 개입해야 한다. 그런 식으로 고객이 구매를 결정하고, 제품에 만족하며, 다시 방문해야 할 이유를 만들어내면 백화점은 다시 번창할 수 있을 것이다.

시카고 지역 카슨스Carson's 백화점의 새로운 주인 저스틴 요시무라Justin Yoshimura를 떠올려보자. 요시무라는 기술 분야의 기업가로서, 2018년 9월에 카슨스 백화점이 속해 있던 본톤 홀딩스Bon-Ton Holdings의 지적 재산권을 90만 달러(한화 10억 원)에 사들였다. 요시무라의 리더십 덕분에 카슨스는 시즌마다 한꺼번에 재고를 채우던 관행을 없앴다. 그 대신 매일 새로운 물품들을 전달받으며, 모든 재고를 2주마다 바꿨다. 무슨 말이냐 하면, 매장에서 한 제품을 보고 그 물건이 마음에 든다면 그때 바로 사야 한다는 뜻이다. 다음번에 방문하면 아마 해당 제품이 사라져 있을 것이다. 그 대신 새로 들어온 수많은 제품들을 보게 될 것이다.[7] 또, 카슨스 백화점은 의류 부문의 규모를 50퍼센트 줄이고 장난감과 가구 부문을 확대했다. 장난감과 가구는 고객들이 온라인보다 오프라인 구매를 더 선호하는 품목들이다. 이는 합리적이라고 생각한다. 고객들은 아마 장난감의 안전성과 품질을 직접 확인하고 싶을 것이고, 대형 가구를 사기 전에 실제 모습을 구경하거나 편안함을 느껴보고 싶을 것이다.

경험을 큐레이션하기

상품을 자주 바꾸고 선택지를 줄이는 방법은 리테일을 성공시킬 가능성이 높은 두 가지 전략들이다. 또 한 가지 좋은 방법이 있는데, 즐거움과 깨달음을 줄 수 있는 매혹적인 환경을 창조하는 것이다. 내가 가장 좋아하는 오프라인 매장 3개를 꼽아보면 10 꼬르소 꼬모10 Corso Como**8**, 도버 스트리트 마켓Dover Street Market**9**, ABC 카펫 앤드 홈이다. 이 중 앞서 말한 두 매장은 전 세계에 퍼져 있고, 세 번째는 뉴욕주에 기반을 두고 있다.**10** 이 셋은 사려 깊은 큐레이션을 이용해서 성공을 이뤘다. 이들이 파는 제품들과 브랜드들 중 상당수는 블루밍데일스 백화점이나 삭스 피프스Saks Fifth Avenue 백화점처럼 대형 매장에서 판매하는 제품들과 같다. 이 세 소매 업체는 쇼핑이라는 일과를 재미있고 짜릿하며 기억에 남고 가치 있는 경험으로 탈바꿈시키는 방법을 쓴다. 이들은 상품을 백과사전처럼 보여주는 방식(온라인 쇼핑에서도 많이 발견되며, 전통적인 백화점에서는 철저히 이런 형식을 활용한다)을 쓰지 않는다. 그 대신 특정 감수성에 바탕을 두고 큐레이션하기 때문에 고객이 물건을 쉽게 선택할 수 있다. 모두에게 모든 물품을 제공하는 시스템이 아니다. 그들은 특정 유형의 고객에 집중하며 그들에게 맞춘 최고의 선택지를 제공한다.

흥미롭게도, 1980년대의 블루밍데일스 백화점과 1990년대의 삭스 백화점도 특별한 상품 구성과 기발한 인테리어를 이용해 앞서 말한 세 상점들과 비슷한 방식으로 짜릿함이 느껴지는 쇼핑 경험들을 제공했었다. 하지만 이 두 곳은 소비자들이 몇십 년 전만 해도 그곳을 '목적지'로 생각하게 만든 그 특성들을 지키지 못했다.

밀라노와 서울에 고루 퍼져 있는 10 꼬르소 꼬모는 〈보그 이탈리아 Vogue Italia〉의 패션 에디터였던 카를라 소차니Carla Sozzani가 1990년에 세운 대형 상점으로, 소차니는 이 상점이 '가상의 이야기' 역할을 한다고 말하며 건물 중앙에 갤러리와 서점을 배치했다. 10 꼬르소 꼬모는 음식·패션·미술·음악·라이프 스타일·디자인 분야 안에서 잡지가 살아 숨 쉰다고 느낄 만큼 대단한 편집 능력과 큐레이션을 드러낸다. 구매 고객이나 구경꾼들은 사물들을 맥락 속에서 배우고 이해하며 바라본다. 또한 집에서 하는 행동과 비슷한 방식으로 만져보면서 제품에 관여한다. 제공된 상품의 큐레이션 자체도 특별하다. 장인 제작 제품이 많으며 모두 타국에서 수입된 수제품이다. 다른 백화점에서는 만날 수 없는 물건들이다. 그래서 10 꼬르소 꼬모 매장 안을 돌아보는 경험은 특별하고 재미있을 뿐 아니라 아마존 웹사이트를 아무리 뒤져도 똑같은 제품을 찾을 수 없을 정도로 희소성이 있다.

이런 특성은 최근 몇 년 동안 전통적인 소매점들의 가슴에 상처를 남겼던 쇼루밍 현상showrooming effect(오프라인에서 상품을 확인하고 저렴한 온라인 쇼핑몰에서 구매하는 현상-역주)이 일어날 수 없게 만든다. 게다가 이 모든 미적 경이로움은 기존 백화점의 20퍼센트밖에 안 되는 25,000제곱피트(702평) 남짓한 공간 안에서 완성된다.

도버 스트리트 마켓도 마찬가지로 이야기를 들려주는 방식으로 여러 브랜드와 아이디어를 제시한다. 그곳의 상품 진열 방식은 활기차고 기발하다. 이 매장은 제품과 그 제작자(디자이너)와 잠재적 고객에 대한 이야기를 들려준다. 도버 스트리트 마켓의 설립자 레이 카와쿠보Rei Kawakubo는 기자들에게 "다양한 분야 출신의 서로 다른 창작자들이 모여, 끊임없이 변화하는 아름다운 혼돈 속에서 서로의 강력하고도 개인적인 시야들을 공유하는 공간이자, 비슷하고도 다른 영혼들이 뒤섞이고 합쳐지면서 서로를 마주 볼 수 있는 형태의 시장을 만들고 싶다"[11]라고 말했다.

도버 스트리트 마켓의 런던 매장에 가보면, 차곡차곡 쌓아 올려 나무같이 느껴지는 연회용 의자 더미 위에 모자들이 걸터앉아 있는 모습을 볼 수 있다. 고객은 의자 '가지들'에 걸려 있는 모자를 하나 빼내 머리에 써본다. 그 건물의 숍 인 숍인 나이키 매장은 독특한 방식으로 구성되고 진열된다. 나이키 운동복은 당연히 온라인에서 살 수 있다. 하지만 도버 스트리트 마켓에게는 기발한 재주가 있는데, 고객들이 그날 그 장소에서 구매하도록 유인하는 것이다. 그 공간은 '나이키 쇼핑'을 한층 더 실험적인 활동으로 변형시키는 이벤트 공간이다.

도버 스트리트 마켓은 상품 진열에 관련된 수많은 리테일 규칙을 깬다. 생뚱맞은 의자 더미에 모자를 쌓아 올리거나, 물품들을 걸고 쌓으면서 그 집합들을 이용해 건물 중앙에 오솔길을 만들어내는(백화점 대부분에서 사각 옷걸이들이 만들어내는 틀에 박힌 모습과는 다르다) 등 예상할 수 없는 수많은 진열 전략들을 이용한다. 그 결과로, 도버 스트리트 마켓은 미학과 고객의 염원이 모두 반영된 매장을 얻었고, 독특한 제품 집합들이 이끌어내는 독자적인 탐구 경험을 제공할 수 있었다. 편리하고 '마찰 없는' 쇼핑에 만족하지 못한, 그 이상의 기발하고 놀라운 무언가를 원하는 고객들의 갈증을 채워준 셈이다.

ABC 카펫 앤드 홈은 10 꼬르소 꼬모와 도버 스트리트 마켓보다 훨씬 큰 공간이다. 하지만 이 맨해튼 명소가 흥미로운 이유는 규모가 크고 판매하는 물품의 범주가 넓음에도 불구하고 여전히 누구에게 무엇을 제안할지를 깊이 고민하며 노력을 아끼지 않기 때문이다. 나는 ABC의 본점을 지니의 램프 내부와 비교하곤 한다. 찬란한 색의 실크 양탄자들, 장식이 화려한 베개들이 쌓여 있는 모습, 빈티지 가구와 현대 가구의 충돌 등, 예상치 못한 광경을 발견하는 곳이라는 측면 때문에 정말 지니의 램프 안에 들어온 것처럼 느껴진다. ABC 매장은 절대로 싸구려 제품들을 들여와 미학을 희석시키지 않는다. 그리고 극단적으로 비싸고 호사스러운 물품들만 판매한다는 사실을 미안해하지 않으며, 고객을 가려 받지 않는다. 직원들은 방문객 모두에게 행복을 담아 응대한다. 그저 아이디어나 영감을 얻으려고 찾아온 손님일지라도 마찬가지다. ABC 카펫 앤드 홈이야말로 그 도시에 방문하는 사람들의 목적지가 되었다.

이 세 상점은 그들의 공간을 판매 점포가 아닌 극장으로 대한다. 이들 모두가 제품을 늘어놓는 방식에 신중하게 접근한다. 이 공간들을 항해하는 길은 직선이 아니라 더 유기적이고 구불구불하다. 모든 구석에 놀라움이 있으며, 모든 진열 방식 속에는 이야기가 있다. 대부분의 소매점들은 진열대(보통 사각이나 원형이다)에 옷을 걸고 마네킹은 십중팔구 밖을 내다보고 있는 등, 안전하다고 여겨지는 뻔한 방식으로 제품을 보여준다. 고객들은 이런 방식에 너무 익숙해져 파는 제품조차 눈에 들어오지 않을 지경이기 때문에, 이제는 이 진열 방식이 소매점들을 불리하게 만들고 있다. 그래서 K마트는 2015년에 마케팅 전문가 켈리 쿡Kelly Cook을 고용하면서 창의적 전략에 새로운 생명을 불어넣으려고 시도했다.[12] 쿡은 2017년에 피어1Pier1으로 옮기기 전까지 K마트에 머물렀다.

앞서 이야기한 세 매장은 자신들의 위치가 어디에 있는지를 잘 알고 있으며, 독립된 시장으로서 고객들을 만난다. 더 중요한 것은, 세 매장 모두 규모를 포기하는 대신 깊은 경험을 끌어내고, 지속성을 가진 사업을 이루어낸다는 점이다. 갭, 시어스, 제이 크루J.Crew, 헨리 벤델처럼 공격적으로 사업을 확장한 소매업체들을 떠올려보면, 그들은 아니나 다를까 시장의 변화를 빨리빨리 받아들일 수 없어 고전했으며, 거대 기업을 유지하느라 써야 하는 막대한 고정 지출(운영비, 임금, 관리비, 임대료)을 부담해야 했다.

이 세 매장은 자신들의 전략에 딱 맞는 고객들이나 행선지를 찾아 표류하는 사람들을 쫓으면서 좁고 깊게 파고든다. 그 고객들은 충성심과 호기심을 품에 안은 채 몇 번이고 다시 찾아올 것이다. 미학은 깊고 좁은 전략이 핵심 원리다.

이 세 소매점들을 포함하여 좋은 제품들을 개선하고 꾸준히 발전시키는 다양한 소매업체들에게서 배우는 커다란 교훈은 그들의 리더가 큐레이션의 힘을 믿는다는 것이다. 매장의 각 팀은 반드시 미적 비전을 믿어야 한다. 그리고 그 비전을 정확하게 숙지하며 확신을 갖고, 분명하고 일관성 있게 설명할 수 있어야 한다. 이 세 회사들이 고객에게 집중하는 태도를 유지한 채 꾸준히 시의적절한 변화를 거친다면, 이들은 장기적인 성공을 누릴 것이며 자신들이 지속 가능한 경제 모델이 되었다는 사실에 기뻐하게 될 것이다.

모든 것이 개인적이다

—

나만의 개인 공간을 큐레이션하는 연습은 사업에서 더 나은 큐레이션 결정을 내릴 수 있도록 돕는 준비 과정이다. 신체의 근육들처럼, 큐레이션 기술들은 연습 과정을 거쳐야 발전할 수 있다. 무엇이 내게 좋은 느낌을 주는지, 혹은 무엇이 그러지 않는지를 판단하면서 개인적 스타일의 강력한 감각을 개발했다면, 그 후에는 이 과정에서 이해한 원리와 안목을 사업에 적용할 수 있다. 올바른 큐레이션이 이루어진다면 고객들과의 무한한 신뢰를 구축할 수 있다.

집·사무실·소매 공간·제품을 디자인하고 큐레이션하게 된다면 반드시 사용자를 고려해야 한다. 앞서 말했다시피 공간을 어떻게 사용하는지(혹은 어떻게 음식을 경험하고 옷을 입는지)를 이해할수록 타인에게 더 깊이 공감할 수 있다. 실내 디자인에서는 그 공간을 누가 사용할지, 그 사람이 어떻게 이용할지를 유념하는 것이 중요하다. 두 조건을 따라가다 보면 실제로 작업에 들어갔을 때 그 공간에 들어갈 물건들과 디자인 요소들의 배치를 큐레이션하기 쉬워진다. 우리는 그 공간에서 어떻게 살고 어떤 감정을 느끼기를 원하는가? 우선은 너무 심각해지지 않는 것이 좋다. 삭막하고 긴장된 공간보다 더 불편한 것은 없다. 유머는 안도감을 불러오며, 편안한 감정과 함께 관계 형성을 돕는다. 메시지를 전달하는 수많은 경우에서 유머는 중요한 역할을 한다. 특히 디자인 분야가 그러한데, 아무리 철학적인 디자인이라 할지라도 마찬가지다. 조너선 애들러Jonathan Adler는 디자인에 유머가 깃들어야 한다는 철학을 바탕으로 사업을 시작했고, 재치 있는 조각과 모순적인 주제를 결합하는 방식의 디자인 제품들을 생산

했다.

아이슬란드에서 태어나 LA를 기반으로 활동하는 건축가이자 가구 디자이너 굴라 존스도티르Gulla Jónsdóttir도 좋은 예시가 된다. 존스도티르는 주위 환경과 어우러지는 공간이나 가구를 디자인하는 일에 능숙했다. 그녀는 바위가 많고 장엄한 풍경이 펼쳐지는 북유럽 지역에서 자랐고, 아이슬란드의 독특한 자연 요소와 감정적으로 연결되면서 결국 자연에 응답하는 공감 능력으로 흥미로운 공간 경험을 탄생시킬 수 있었다. 존스도티르는 유기적인 형태와 곡선, 대리석 등의 자연 소재, 무채색을 활용하여 아이슬란드의 들쭉날쭉한 산들, 검은 화강암, 뿌옇고 회색의 안개, 몽환적인 바다 풍경에 경의를 표하는 디자인을 구현한다. 하지만 그녀는 수학을 전공하기도 했다. 그래서 존스도티르의 디자인에는 사람들이 공간을 어떻게 사용하고 그 안에서 어떻게 돌아다니는지에 대한 그녀만의 감각들이 반영되었음에도 어쩐지 정확하고 기하학적인 분위기를 풍긴다. 존스도티르가 디자인하는 방과 공간들은 안락하고 편안하면서도 구체적이다. 즉, 구체적으로 공간의 사용과 분위기를 위해 디자인되었다. 존스도티르 같은 '사업 미학자들'의 작품에서 배울 수 있는 교훈이 있다. 아무리 그 시작이 직감에 의존한 지극히 개인적인 아이디어였다고 할지라도, 미학의 실행 과정에서는 의도를 담은 전략적인 접근이 필요하다는 것이다.

2014년, 나는 뉴욕주 바깥에 거처를 마련했다. 대단한 크기의 부지에 있다는 점만큼은 괜찮은 집이었다. 나는 지금부터 자잘한 변화들(새 부엌 찬장들, 새로운 가전들, 페인트가 새로 칠해진 벽)을 주기 시작하면 최소한 6개월 안에는 들어와 살 준비를 마칠 수 있다라는 순진한 생각을 했고, 친한 친구이자 유능한 인테리어 디자이너 알만 오르테가Armann Ortega에게 도움을 요청했다. 하지만 그 후 몇 주가 흐르면서 우리는 몇 가지 작업만으로는 완성될 집이 아니라는 사실을 깨달았다(이 책을 읽는 독자들 중에서도 아마 자기 일처럼 들리는 사람들이 꽤 있을 것이다). 6개월의 짧은 여정을 계획하고 시작한 것이 2년의 모험으로 바뀌어갔으며, 이때의 경험은 나 자신의 미적 발전 과정 중에서 가장 큰 깨달음을 얻은 연습들 중 하나로 손에 꼽힌다.

나는 기본적으로 색과 스타일에 민감한 사람이었지만, 몰딩, 조명, 그 외에도 공간에 영향을 미칠 다양한 건축 요소들을 생각해본 적은 없었다. 이전 집에서 가져온 가구들이 새집과 조화되지 않는 분위기와 어조를 전달할 줄은 상상도 못했다. 심지어 문손잡이를 유리로 할지 놋쇠로 할지 등의 사소한 선택들마저 내가 찾아 헤매고 있는(혹은 내가 원하지 않는) 미학들을 향상시킬 수 있다는 사실을 깨달았다. 내게는 무한한 자금이 없었고, 이 경험에서 나는 굳이 큰돈을 쓰지 않고도 자신이 원하는 미적 가치를 끌어낼 수 있다는 교훈을 얻었다.

본격적으로 시작하기 위해, 나는 무드 보드mood board라고 불리는 큐레이션 도구를 사용했다. 색 조합, 가구(조리대), 재료(바닥재), 심지어 가전들까지 고려하면서 아이디어를 얻고자 수많은 인테리어 잡지를 섭렵했다. 페인트 색상과 직물 견본, 단단하고 부드러운 재료들을 두루 살펴보았고 보드에서 엮을 정보들을 모았다. 처음에는 너무 다양한 스타일에 접근하는 바람에 선택지들에 파묻히는 듯한 느낌을 받았다. 그 위압감 때문에 결국에는 '내가 무엇을 좋아하는가?'라는 물음을 제쳐두고 '나는 각 방에서 어떤 느낌을 받길 원하는가?', '이 특정 구역에서는 어떻게 지내고 싶은가?'라는 질문에 따라 평면 이미지들과 공간적인 아이디어들을 분류하여 선호도를 체계화하기로 결단을 내렸다.

이렇게 구체적인 질문들은 분명 큐레이션 과정에 도움을 주었다. 내가 얼마나 좋아하는지만이 아니라 내가 추구하는 분위기에 얼마나 일치하는가에 따라 취향을 깨우칠 수 있었다. 예를 들어보자면, 나는 침실에서는 조용하고 아늑한 느낌을 받고 싶었다. 거실은 사람들이 모여서 대화하며 즐거움을 느끼는 공간이기 때문에 대담한 색채와 강렬한 포인트가 될 물건들을 선택했다. 주방에서는 깔끔한 선과 밝은 조명, 사람들이 둘러앉을 수 있는 넓은 공간을 원했다. 무엇보다 기능적이고, 깔끔한 상태를 유지하기 쉬워야 한다는 점이 중요했다. 보다 명확하고 실제로 구매를 진행할 수 있는 영역까지 내 선호도를 끌고 들어가 체계화했더니, 그 과정에서 비로소 큐레이션이 즐거워졌다. 그리고 그에 따른 결과는 아름다웠다.

새로운 집의 문제를 해결하느라 도움을 요청하기 전에도 오르테가를 부른 적이 있다. 그때는 사무실을 새로 디자인하기 위해서였다. 당시에 나는 LVMH에 있었는데, 회장이라는 높은 직책을 맡고 있었지만 여전히 기업의 명함(격식을 차리며 뻣뻣한 특성)보다는 나 자신(관심의 폭이 넓고 사교적인 특성)으로 느껴지는 사무실을 원했다. 그 당시 사무실을 꾸미려고 개인적으로 구매한 소품들 상당수가 나중에는 서재에 들어오기도 했다. 이번에도 역시, 집에서의 나와 일터에서의 나 자신이 서로 어울릴 수 있어야 했다(그리고 앞으로도 그럴 것이다).

집을 고치는 문제로 씨름하고 있었던 때로 다시 돌아가보자. 오르테가는 영화 한 편을 찍는 것처럼 생각하라고 조언하면서, 영화감독이 고민할 것 같은 질문들을 던졌다. 시작은 그 방에서 누가 주인공 또는 서술자인지를 묻는 질문이었다. 나는 이 물음이 큐레이션에 아주 유익하다고 생각한다. 주인공이나 서술자를 정하면 한 공간(사업이나 제품에서도 똑같다)을 너무 많은 유력자들로 채우는 실수를 막아준다.

오르테가는 "서술자 역할을 하는 물건들이 너무 많이 모여 있으면, 그 모습은 주연 다섯 명이 관심을 독차지하려고 서로 겨루면서 한꺼번에 떠드는 것과 같다"라고 말했다. "주연 배우는 하나만 있어야 한다. 그 방의 주연을 결정하면 그 주연에 맞추어 다른 결정들이 순식간에 완성될 수 있다." 내 거실의 서술자는 박제된 공작이며, 서술자를 결정하고 나니 색 조합과 가구 선택 과정이 매끄러워졌다. 이어 오르테가는 다음과 같이 말하기도 했다. "카펫을 이걸 고를까 저걸 고를까, 이쪽 천이 낫나 저쪽 천이 낫나 하는 고민들처럼, 딜레마에 빠질 때마다 우리는 서술자인 공작 앞에서 서 색을 관찰했다. 그 후에는 선택이 쉬워졌다."

선택과 집중에 따라 현명한 큐레이션이 탄생한다. 예를 들어 어떤 공간 안에서 사물이나 디자인 요소의 강렬함이 모두 똑같고 시각적 중요성도 비슷하다고 생각해보자. 눈에 띄는 것은 아무것도 없고, 그 방의 방문자들은 사물에게 밀려난 기분 때문에 혼란을 겪으면서 궁극적으로는 초대받지 못했다는 느낌을 받는다. 공간 큐레이션 과정은 식료품점에서의 선택 과정을 이야기했던 아이엔가의 연구와 그리 다르지 않다. 선택지가 너무 많거나 적으면 고객들은 애써 선택하고 싶어 하지 않는다.

좋은 큐레이션은 올바른 요소들의 올바른 융합을 선택하는 과정이다. 이 개념을 인테리어 디자인으로 끌어오게 되면 낡은 요소와 새로운 요소를 한데 묶거나 진지한 느낌과 엉뚱한 느낌을 섞으면서 목적을 이룰 수 있다. 숨 쉴 수 있는 방을 만든다는 전제하에 이러한 병치가 일어난다면 그 조합은 작은 충격을 주면서도 편안한 분위기에 일조한다. 오래된 요소와 새로운 요소를 나란히 배치하는 방법은 정확성과 격식을 떨어뜨리는 효과를 낸다. 일본인들은 이 현상을 와비사비wabi-sabi(불완전한 것의 아름다움—역주)라고 부른다. "폴린은 자개가 박힌 기다란 중국식 의자들을 들고 왔다. 그녀에겐 집에서 사용하고 싶은 물건이지만, 나였다면 선택하지 않았을 디자인 요소였다"라고 오르테가가 말했다. 그 의자들은 내가 경매에서 산 물건이었고, 나는 역사와 세계여행, 장인 정신을 사랑하는 내 관심사를 표현할 수 있다는 점에서 그 의자들이 좋았다.

"결국 우리는 균형을 맞출 방법을 찾아내고야 말았다. 굳이 방 안의 서술자와 겨루게 하는 대신, 의자가 아름다움을 마음껏 뽐낼 수 있도록 거실에 놓기로 결정했다. 그 의자들을 거실에 배치하고 나니, 그제야 집 전체를 아우르는 인도차이나 반도와 관련된 이야기의 가닥이 잡히기 시작했다."

당신이 어떤 방이나 집 전체를 큐레이션하게 된다면 우리가 3장에서 토론했던 특징적인 코드들을 유념하길 바란다. 다시 말하지만 코드가 너무 많으면 불편한 감정을 느끼게 된다. 내가 이 새로운 집을 디자인할 때 이용한 코드는 몇 개 안 된다. 내 코드는 자연·새·오래된 물건과 새로운 물건·엉뚱함이었다.

비유를 조금 섞자면, 이 집 프로젝트는 내 미적 '헬스클럽'이 되었다. 이 과정은 내 미적 근력과 유연성과 활력을 키우는 연습이 되었다. 이렇게 연습하고 나니, 새로운 공간으로 들어가거나 못 보던 제품의 모습을 마주칠 때마다 어떤 의도로 이런 선택이 나온 걸까 생각해보는 버릇이 생겼다. 설사 그 디자인이 내 고유의 미학보다 훨씬 더 복잡한 구조로 되어 있더라도, 어떤 요소들이 서로 잘 어울리거나 안 어울리는 이유만큼은 명확하게 밝힐 수 있었다. 내가 집을 디자인할 때 활용했던 큐레이션의 원리는 사업의 미학을 계획할 때도 똑같이 쓰인다. 최고재무관리자CFO라서 크리에이티브 디렉터의 역할을 한 적이 없는 사람일지라도, 큐레이션 과정을 열심히 익히고 연습하다 보면, 크리에이티브 직군의 뛰어난 인재들을 알아보고 영입할 수 있는 능력도 갖추게 된다. 또한 당신의 비전을 대신 표현해주어야 하는 창의적 인재들과 일하게 되는 경우에도, 당신의 미적 전략을 명확하게 전달할 수 있을 것이다.

미학 연습: 무드 보드

앞에서 살짝 언급했듯이, 무드 보드는 큐레이션을 시작하기에 유용한 도구다. 무드 보드는 스타일, 콘셉트, 느낌을 담아내기 위한 수단이며 특정 프로젝트나 아이디어를 발전시킬 수 있는 창의적 방향을 설정하기 위해 이미지, 재료, 질감, 글을 포함하여 여러 시각적 단서들을 배치하는 연습이다. 무드 보드의 힘은 크게 세 가지로 나뉜다. (1) 내가 무언가를 선택할 수밖에 없도록 하거나 선택지 둘을 맞바꿀 수밖에 없도록 만든다. 구체적으로 말하자면, 중요도는 비슷한데 포함되지 않은 요소들과 이미 보드에 포함되어 있는 요소들 사이에서 교환이 일어난다. (2) 보드 안에 포함된 요소들의 배치를 조정하면서 실험할 기회를 준다. 다른 말로 하면, 어떻게 그 조각들이 합쳐져야 조화를 이루면서도 강렬한 이야기를 형성할 수 있는지를 살펴보고 결정할 수 있다. (3) 내가 일으키고자 하는 느낌을 중심으로 시각적인 요소들과 그 외 다른 요소들을 묶을 수 있도록 해준다.

큐레이션은 언제나 이미지, 단어, 질감, 재료의 형식으로 아이디어와 영감을 모으는 것으로 시작된다. 이런 과정을 거치면 우리는 자신이 무엇을 좋아하는지를 알게 되고, 이 요소들을 어떻게 결합하여 시너지 효과를 내고 내 이야기나 메시지를 제대로 전달할 수 있을지 궁리해볼 수 있다. 두 번째 단계인 편집은 훨씬 더 어렵게 느껴지곤 한다. 이 단계에서는 남겨둘 요소와 생략할 요소를 결정해야 한다.

세 번째 단계는 배치다. 이 아이템이 맥락에 들어맞으면서 다른 요소들과 반응하게 하려면, 어디에 배치되어야 하는가? 무드 보드의 힘은 개별적인 이미지에만 있는 것이 아니라 모든 요소들을 합치는 방법에 있다. 스톡 사진처럼 선명하고 예쁜 이미지들에만 의존하지 말길 바란다. 오래된 사진, 질감을 느낄 수 있는 사물(얇은 사슬이나 카펫용 섬유 조각, 페인트 색상 견본, 네모난 돌조각 등등)들도 좋다. 일관성에 너무 얽매이지 말고 대조와 다층적인 관점을 추구하라. 반대 성향의 이미지들은 서로를 어떻게 불리하게 만드는가? 이 단계들을 거치면서 한 이미지를 다른 이미지 옆에 놓기 시작했다면, 아마 편집이 더 필요하다는 사실을 알아차리게 될 것이다. 어떤 선택들은 제거되고, 많은 아이디어들이 바뀌거나 개선될 것이다. 무드 보드의 확실한 도움을 받으려면 좋은 이야기를 들려주고 뚜렷한 메시지를 전달하며, 강력한 느낌들을 불러일으키는 신중한 편집과 의미 있는 병치가 이루어져야 한다.

창의적인 결과물·큐레이션을 이끌어내는 핵심 기술은 어떻게 설명하는가에 달려 있다. 명료화는 내가 무엇을 큐레이션했고 그 이유가 무엇인지를 명확하고 날카롭게 전달하는 능력이다. 사업가들은 어떻게 자신의 미적 전략을 고객, 동료, 관계자들에게 전달할 수 있는가? 여기에는 강력하고 정확한 전달 방식이 필요하긴 하지만, 그보다도 다른 사람들(팀 멤버, 거래처, 기타 등등)이 내 전략을 이해할 수 있고, 따라 할 수 있고, 강화할 수 있어야 한다. 이와 관련해 다음 장에서 토론해보자.

다음은 하버드 수업 시간에 무드 보드 구성 과제를 내주면서 학생들에게 알렸던 지침들이다.

1. 중심 주제와 목표를 설정하고 가장 핵심적인 요소들이 확실히 눈에 띌 수 있도록 배치해야 한다. 또한 시각 요소들의 패턴과 배치는 이야기를 들려주기에 좋아야 한다.

2. 자신을 큐레이터라고 생각하자. 자신이 진정으로 끌리는 아이템들을 포함하고 전달하고자 하는 분위기와 주제를 포착하자.

3. 사진을 찍어라. 하지만 영감을 얻고 싶다면 디지털 세상 너머까지 바라봐야 한다는 것을 명심하자. 가능하다면 직물 견본이나 질감을 나타내는 작은 사물들(예를 들면 녹슨 못, 매끈한 플라스틱)을 이용해서 촉감을 느껴라.

4. 이미지나 사물과 함께할 의미 있는 단어와 구절을 신중히 골라서 포함하라.

5. 마치 발표를 준비하거나 어딘가에서 이야기를 들려주어야 하는 것처럼 보드 전체에 프레젠테이션을 하거나 '이야기'를 짜보자. 이때, 그 형식과 배치에 유념하라.

6. 감정적 반응을 이끌어내는 것에 목표를 두어라. 완성한 보드를 다른 사람들에게도 보여주자. 내가 보고 느끼는 것을 그들이 보고 느끼는지를 관찰하라.

7. 과정을 즐겨라. 그리고 보드가 예상치 못한 방향으로 자연스럽게 진화하는 것을 막지 말자.

명료화의 기술

기능이 뛰어나고 시대에 적합하며 디자인이 훌륭한 데다 여러 감각에 어필하는 제품을 갖고 있다고 가정해보자. 내가 지금껏 이야기해온 미적 기준점들(강력한 코드, 여러 감각 자극, 노련한 큐레이션)을 충족하는 훌륭한 제품이 그저 얌전히 선반에 놓여 누군가에게 발견되길 기다리도록 두어서는 안 된다. 해당 제품의 고객들과 관계자들(팀 멤버, 거래처)이 그 브랜드의 코드와 다른 형태의 표현들을 빠르고 쉽게 발견하고, 느끼고, 경험하고 이해하면서 제품의 장점과 자산들을 직감적으로 움켜쥐면서 열정적으로 사용할 수 있도록 무언가를 시도해야 한다. 명료화가 있다면 가능하다. 제품을 활용하거나 받아들일 수 있도록 유도하는 핵심 기술 중하나인 명료화는 그 제품의 미적 전략들과 장점과 이상을 단어, 스토리텔링, 다른 소통 방법 들을 통해 명확하고 활기차게 전달하는 능력이다. 명료화는 시각적인 인상으로 전달되기도 하지만 마케팅과 메시지로도 실현된다. 이 매체들은 모두 고유의 미학을 갖고 있다.

지금까지 누누이 말해왔듯이 좋은 디자인은 제품이나 서비스의 성공에 결정적인 역할을 한다. 하지만 명료화의 가장 흔한 형태인 '콘셉트 브리프conceptual brief'는 해당 제품과 서비스만큼이나 중요하다. 이 문서는 작가, 미술가, 디자이너, 판매자 등 다양한 사람들이 제품의 큐레이션을 중심으로 창의적인 작업물들을 계획하고 생산하기 위한 가이드다. 콘셉트 브리프는 타깃 소비자를 정의하고 그들에게 닿기 위한 청사진을 제공한다. 크리에이티브 브리프는 모든 관계자가 이해할 수 있어야 한다. 사내 직원들은 그 브리프를 이용하는 방법을 이해하고 있어야 하며, 소비자들은 브리프의 표현들을 즐겨야 한다. 크리에이티브 브리프creative brief는 '밖으로 향하는' 목표로 제작되는 내부용 가이드다.

정말로 브리프를 제작해야 하는 건 사실 아트 부문에 있는 사람들이 아니라 경영진들이다. 이상적으로는 CEO가 주도해야 한다. 하지만 현실에서는 너무나 자주, 브리프 업무가 아트 팀의 손에 넘어간다. 최고의 리더들은 이런 활동을 부수적이라고 격하하지 않는다. 실제로, 최고의 리더들은 해당 사업의 분석·재정·운영과 관련된 업무들과 똑같은 비중으로 크리에이티브 디렉팅에 투자하고 있고 심지어 조예가 깊다. 스티브 잡스는 애플 제품의 기능과 판매 전략과 똑같이 미학과 디자인을 중요하게 생각하는 리더였지만, 그가 오늘날까지도 최고의 리더로 평가받는 결정적인 이유는 직접 생산 라인에 관여했다는 사실 때문이다. 내가 이 책에서 내내 주장해온 것처럼, '사업적 두뇌'와 '창의적 두뇌'를 나누는 기업은 오늘날 그 어느 때보다도 살아남기 힘들다. 이런 변화야말로 '창의적 노동자'뿐 아니라 그 회사의 모두가 제품의 미적 전략 브리프를 제작해야 하는 이유다.

이 장에서는 브리프를 구성하는 요소들을 살펴볼 것이다. 몇몇 리더들이 어떻게 미학의 사업과 수익의 사업을 같은 선상에 두기 시작했는지, 그 예시들을 자세히 살펴보려고 한다.

단어의 가치

—

미적 명료화에서 가장 중요한 요소는 구체성이다. 제품의 목적을 전달하고, 제품에 의미를 불어넣고, 제품을 통해 강력하고 긍정적인 감정들을 불러일으키고 싶다면, 그 명료화가 구체적이어야만 한다. 또한, 구체적인 명료화는 팀이 경영진의 비전을 정확하게 이해하고, 복제하며, 강화하고, 시행할 수 있도록 돕는 역할도 한다. 구체성은 표현의 정확성을 보장할 뿐만 아니라 기업의 제품과 서비스에 대해 한층 더 독보적이고 강력하며 기억에 남을 만한 연상 효과를 일으킨다. 그러한 결과를 바란다면 브랜드나 제품을 위해 선택하는 단어들을 모두 중요하게 여겨야 한다. 애매한 표현은 허용되지 않는다. 예를 들어, '멋지다, 맛있다, 부드럽다'는 포괄적인 형용사들이지만 '경쾌하다, 짜다, 젤리 같다'는 정확하고 또렷하게 정보를 표현한다. 우리가 선택하는 단어들은 반드시 자사의 제품(또는 서비스)을 사용하는 경험을 상기시켜야 한다.

이스트 런던 대학교에서 긍정 심리학과 문화 비교 사전학 분야를 연구하는 팀 로마스Tim Lomas는 영어로는 뜻을 찾기 힘든 다양한 국가의 단어들 속에서 감정적 경험을 전달하는 구체적인 단어들을 많이 발견했다.[1] 그는 이 단어들을 공부하면 인간 경험의 미묘한 뉘앙스를 더 정확히 이해할 수 있게 된다고 주장한다. 그의 말이 사실이라고 가정하면, 인간 경험을 묘사하는 새로운 방법을 배우는 과정을 통해 우리가 제품과 관련된 경험들을 더욱 정확히 서술할 수 있게 된다는 결론에 이르게 된다.[2]

로마스는 역경의 상황에서 마주하는 강인한 의지를 의미하는 핀란드어 단어 '시수sisu'를 발견한 후에 영어로 번역될 수 없는 단어들을 찾아내는 일에 뜻이 생겼다고 말했다. 핀란드인들은 영어가 모국어인 사람이 시수 대신 'grit(투지)', 'perseverance(인내)', 'resilience(회복력)'와 같은 영어 단어들을 사용하더라도 시수가 전달하고자 하는 내면의 엄청난 강인함을 완벽히 정의하지는 못한다고 말한다.[3] 로마스의 사전학 목록[4]에 실려 있는 다른 단어들에는 음악이 유발한 황홀경을 의미하는 아랍어 'tarab', 완벽한 것을 완성해낸 성취의 기분을 뜻하는 중국어 'yuan bei', 환경과 관계없이 오래도록 지속되는 진정한 행복을 말하는 산스크리트어 'sukha', 불가능할지라도 존재의 대안적인 상태에 닿고자 하는 강렬한 열망을 의미하는 독일어 'Sehnsucht'가 있다. 로마스의 웹사이트에는 이처럼 번역이 불가능한 단어들이 많이 적혀 있다. 그중 어떤 단어들은 이 장에서 제시한 단어들보다도 훨씬 더 실존주의적이다. 그 모든 단어들은 어떤 조건들을 정확하게 묘사하기 때문에, 우리가 제품에 연관 짓길 원하거나 명료화하고 싶어 하는 모호한 느낌들에 가까이 다가갈 수 있도록 돕는 역할을 할 것이다.

우리가 이용하는 단어(또는 문장)들이 좋은 선택인지를 판단하려면 다음의 질문들에 대답해보자.

1. 당신이 생각한 것과 정확히 같은 이미지를 다른 사람도 떠올릴 만큼 그 단어(또는 문장)가 제품을 정확히 묘사하는가? 그 단어가 정확한가? 예를 들면

버버리의 특징적인 옷감 무늬는 '격자'가 아니라, 황색·검은색·빨간색이 뒤섞인 타탄(스코틀랜드식 바둑판 무늬-역주)이며, "헤이마켓Haymarket 체크 무늬"라고 한다. KFC는 자사의 프라이드치킨을 "맛있다delicious"고 말하지 않고 "손가락을 핥을 정도로 좋다finger lickin' good"라고 묘사한다. 게다가 오리지널 KFC는 미국 남부 스타일 프라이드치킨이 아니라 켄터키Kentucky 프라이드치킨을 대표한다. 이 사실이 대체 왜 중요한가? 왜냐하면 KFC의 창립자인 할랜드 샌더스Harland Sanders(커넬 샌더스는 그의 별명이자 KFC의 마스코트이기도 하다-편주)가 그의 음식점을 남부의 모든 경쟁 기업들과 차별화하길 원했기 때문이다. 당시에 켄터키에서 생산된 제품에는 독특하다는 뉘앙스가 있었다. 구체적으로는 가정집에서 손님을 접대하는 남부 특유의 소박한 분위기를 상기시켰다.

2. 그 단어들이 '독점 가능'한가? 다시 말해, 사람들이 그 단어를 듣자마자 제품 특유의 형태를 떠올리는가? 예를 들어, "지구에서 가장 행복한 장소The Happiest Place on Earth"라는 표현을 들으면 우리 모두 디즈니랜드를 떠올린다. "일단 해봐Just do it"라는 대사를 들으면 나이키를 생각한다. 맥스웰 하우스Maxwell House 커피의 "마지막 한 방울까지Good to the last drop"도 똑같다. 심지어 하나의 표현을 '독점'하는 것보다 더 강력한 것이 있는데, 단어 자체를 독점하는 능력이다. IBM은 역사적으로 싱크THINK라는 단어에 신세를 지고 있다. 오늘날, 구글은 검색search이라는 단어를 '독점한다'. 신중한 단어 선택은 개별 제품의 호감도 (그리고 판매) 상승에 박차를 가할 수도 있다. 예를 들어, 맥도날드는 평범한 햄버거와 아침 샌드위치를 파는 것이 아니라 빅맥과 에그 미핀을 판다. 마찬가지로, 벤 앤드 제리스

의 여러 맛은 초콜릿, 바닐라, 딸기처럼 일반적인 설명이 아니라 체리 가르시아, 청키 몽키, 커피 토피 바 크런치처럼 '독점 가능한' 맛들이다. 화장품 부문을 보자면 나스의 가장 잘 팔리는 복숭아색 블러셔는 '오르가즘Orgasm'이라고 불린다. 1999년에 출시된 이 제품은 출시 당일부터 히트였다. 고객들이 블러셔의 색조만큼이나 그 이름에 푹 빠졌다고 감히 말할 수 있겠다. 톰포드의 신상 향은 그냥 좋은 게 아니라, '대박 좋다Fucking Fabulous'5인데, 250밀리미터에 804달러(한화 97만 원)나 하는데도 불티나게 팔린다. 세상에 어떤 여성이 연인에게 그 단어로 느껴지고 싶지 않겠는가?

자신의 회사나 제품을 묘사할 알맞은 단어를 찾아 정착하고 싶다면, 듣는 청중을 이해해야 한다. 청중들은 제품을 마주치기 전에 무엇을 느낄까? 아직 접하지 않은 제품의 특성과 이점에 대해 어떤 이야기들을 할까? 제품이 제공하길 바라는 감정적 경험을 묘사하라. 고객이 그 제품을 겪고는 무엇을 느끼게 되길 원하는가? 그들이 무엇을 기억하길 바라는가?

3. 그 단어들이 당신이 제공하고자 하는 경험의 핵심인가, 아니면 부속품인가? 학생들의 과제를 검사하다 보면 너무나 많은 학생들이 지칠 정도의 묘사로 페이지를 가득 채우지만 그중 내가 관심을 줄 만큼 가치 있는 단어는 몇 개 없다(나는 100개가 넘는 과제를 평가해야 하며, 그래서 특히 쓸데없는 노력에 답답함을 느낀다). 모든 유형의 크리에이티브 브리프에서(학생들의 리포트도 당연히 포함된다) 각 단어는 중요해야 한다. 미적 명료화는 정확한 소통일 뿐 아니라 강력하고 매력적이며 기억에 남는 표현이어야 한다. 상투적인 문구들, 찍어낸 듯한 주장들, 비즈니스 용어는 어떤 경

우에도 발전을 이끌 수 없다.

대부분의 케이블 채널 서비스 회사들은 소통으로 긍정적인 인상을 주는 일에 소질이 없는 것으로 유명하다. 엑스피니티Xfinity의 웹사이트에 들어가 보면 시청료 패키지를 설명하는 MbPS 다운로드, 채널 수, 가격 등 자세하지만 형식적인 정보들을 볼 수 있다. 그 웹사이트는 데이터로 가득하지만 그 안에 목소리나 개성은 없다. 이 회사의 눈에는 고객이 오락거리 선택지를 찾아다니는 '진짜 사람'이 아닌, 서비스를 구매하는 '기계'로 보이는 것 같다. 놀라울 일도 아니겠지만, 컴캐스트Comcast의 경우에는 역사적으로 최악의 고객 만족도를 달성했다. 그 수치는 다른 회사들은 물론이고 관청보다도 낮았다. 2014년에는 지금은 없어진 소비자 고발 블로그 '더 컨슈머리스트The Consumerist'가 컴캐스트를 "미국 역대 최악의 회사"라고 표현하기도 했다.[6] 2016년에는 고객 청구서에 해당 고객이 주문하지도 않은 서비스들, 셋톱박스, 비디오 녹화 기기 요금을 추가했다는 의혹으로 시작된 연방 수사를 해결하기 위해 230만 달러(한화 27억 원)를 벌금으로 냈다.[7] 2017년에는 제이디 파워J. D. Power(미국의 소비자 만족도 조사 기관-역주)와 경제 뉴스 웹사이트 24/7 월스트리트24/7 Wall St[8]마저도 컴캐스트를 미국 역대 최악의 회사라는 이름으로 불렀다.

4. 그 단어는 제품과 회사에 붙어넣고 싶은 전반적인 어조에 부합하는가? 제품 속성과 미학뿐 아니라 회사의 가치도 강화하는가? 냉장박스 제작회사 예티의 노래 가사를 살펴보자.

"에너지가 넘쳐 쉬지 못하는 강인한 사람들에게 '외딴 곳'은 마음의 상태일 뿐이다. 그곳이 해발 15,000피트에 있을지라도, 마지막 신호등을

1,000마일이나 지나쳤을지라도, 가장 순수한 형태로 함께 시간을 보내고, 단순한 즐거움과 개인의 취미를 찾아 나선다. 바로 그곳에서 당신은 몇 마일 더 가려고 목숨 거는, 길들일 수 없는 영혼들과 나란히 선다. 바로 당신처럼, 그들도 자신이 가고 싶다면 그 어느 곳도 멀리 있지 않다고 믿는 사람들이다."**9**

이 가사는 냉장박스가 곰의 공격과 나쁜 조건의 날씨에도 버틸 수 있고, 활동 범위가 넓은 사람들도 자주 쓸 수 있는 제품이라는 것을 보여준다. 그리고 이 노래의 어조는 제품의 미적 의도와 잘 어울린다.

이야기가 왜 있어야 할까

이야기는 각각의 단어와 문장 단계들을 넘어서서 스토리텔링, 역사, 회사의 설화(또는 신화), 설립 이념, 존재의 이유, 방향과 정보 전달을 모두 아우른다. 오늘날 대부분의 회사나 제품들의 웹사이트에는 'About' 메뉴가 있다. 사람들은 그들이 누구와 거래하는지를 알고 싶어 한다. 티파니앤코, 샤넬 등 긴 세월을 거쳐오면서 강력한 문화적 유산을 물려받은 기업들은 역사와 설화로 신뢰성과 믿음을 세운다. 그리고 이들의 경우, 엄마나 할머니보다는 이 브랜드에 익숙하지 않을 것 같은 다음 세대에게 회사의 유산에 대한 정보를 넘겨준다는 측면에서도 스토리텔링이 중요하다.

시대 적합성은 이미 자리 잡은 브랜드라 할지라도 결정적인 요소다. 그래서 티파니앤코의 웹사이트도 책임감 있는 채석 작업에 전념하는 모습과 브랜드의 지속 가능성을 설명한다.**10** 지속 가능성에 대한 노력이 고객 개인에게 중요한 문제이든 아니든, 그 회사는 여전히 채석과 가공 등 다이아몬드를 둘러싼 이슈들을 예민하게 받아들인다는 점을 입증하고 있다. 반대로, 시어스나 K마트와 같은 유산 부자 기업들은 시대 적합성을 고객들에게 전달할 수 없다는 것이 증명되었다. 시어스와 K마트가 완전히 사라진다면, 진정으로 안타까워하거나 오랫동안 그리워할 사람이 누가 있겠는가? 한 제품이나 회사가 존재해야 하는 이유를 보여줄 수 없다면, 그 기업은 사라질 운명인 것이다. 그리고 그런 기업이 사라졌다는 사실을 알아차리고 신경 쓰는 사람은 거의 없다.

신생 기업들 중에서도, 특히 이미 시장이 거대해진 업계에서 어려움을 겪는 회사들의 경우에는 소비자가 무엇을 원하는지에 귀 기울이면 지금껏 수요가 없었던 분야에 뛰어들어 회사의 이야기를 통해 수요를 만들어 낼 수 있다. 이러한 결과는 그들의 제품이 지닌 우수 가치, 특이성, 소비자들이 다른 곳에서 얻을 수 없는 이점 등 기존 제품들과의 핵심 차이점들을 강조함으로써 완성된다. 신생 기업들은 참신함과 장난스러움 또는 세련된 기술이나 스타일로 우리를 유혹하며, 새로움으로 기쁨을 선사한다. 이런 방식으로, 새로 생긴 기업이라는 사실도 약점(역사가 짧고 검증되지 않았다)이 아닌 강점(새롭고 신난다)으로 제시될 수 있다.

혜성처럼 등장한 칫솔 브랜드 퀍Quip의 'About' 페이지는 "치과 의사의 조언과 일치하는 것, 당신의 치아에 가장 좋은 성분을 누구보다도 빨리 제품에 넣는 것, 품질 향상 노력을 절대 멈추지 않고 환경 파괴 효과를 줄이는 것, 일주일 내내 24시간 동안 서비스할 수 있을 정도로 번창하는 것, 당신의 입안 건강을 위한 종합 해결책이 되는 것"[11]이 그 회사의 존재 이유라고 설명한다. 회사의 설립 배경 이야기는 이 약속의 신뢰도를 높인다. 설립자는 뉴욕에 있는 동네 치과에서 아이디어를 얻었다고 한다. 그 당시 치과 의사는 이를 너무 세게 닦는 습관은 가장 흔하면서도 해로운 행위이며, '싸구려 전동 칫솔'을 쓰기 때문에 습관을 고치기가 어렵다는 말을 환자(추후 큅 설립자)에게 남겼다. 큅 창립자는 수년 동안 칫솔의 '혁신'을 시도하고 있었지만 의사의 말을 듣고 나니 실제로는 양치 경험이나 그 결과(최적의 치아 건강)를 향상시키지는 못했다는 깨달음을 얻게 되었다. 이를 너무 세게 닦고, 하루에 두 번 충분한 시간 동안 양치하지도, 칫솔을 자주 교체하지도 않으면서 양치질의 진짜 문제를 간과하고 있었던 것이다. 이제 큅은 양치 과정이 간단하다고 느껴질 수 있는 제품 디자인과 적절한 단어 선택을 이용하여 큅의 칫솔이 환자와 치과 의사 모두를 위해 이 흔한 문제들을 그들만의 방법으로 해결한다고 주장한다.

유기농 주스 시장에 새로 입장한 기업들 중 하나인 수자 주스Suja Juice도 디자인을 통해 강력한 이야기를 드러낸다.[12] 그 이야기 속에는 유기농 주스가 합리적인 가격으로 판매되어야 하며, 화려한 주스 바에 방문해야만 마실 수 있는 고가의 사치스러운 상품이 아니라 식료품점에서 살 수 있는 제품이 되어야 한다는 신념이 있었다. 수자 주스의 제품들은 활기찬 서체, 무지개색, 읽기 쉬운 상표와 함께 즉각적으로 알아볼 수 있는 디자인이 되었고, 물리적 또는 경제적인 이유로 신선한 오렌지 주스를 마실 수 없었던 사람들에게 적합해졌다.

마음속에 그려보아라
—

눈에 보이는 모습은 중요하다. 특히 고객이 당신의 물건을 접할 때 가장 처음으로 보는 것이 컴퓨터 스크린에 있는 섬네일 사진이라면 더욱 중요하다(이 책의 출판사에게도 마찬가지다). 오늘날에는 과거에 비해 이미지의 중요도가 커졌다. 제품을 돋보이게 하고 싶어서 제작하는 이미지와 포장(일러스트레이션, 사진, 로고, 포장, 온오프라인 마케팅 재료들)은 해당 제품이 더 강화되고 재생산되도록 뒷받침해야 하며, 이미지 자체가 제품과 어울려야 한다. 단어, 이미지, 색, 질감, 분위기, 특성 같은 것들도 매끄럽게 어우러져야 한다.

선택한 이미지들이 사업의 특성과 신념을 반영하는가? 그 시각적 단서와 이미지가 독창성을 보여주고 진정성 있다는 느낌을 주며, 그 브랜드에게 무엇을 기대할 수 있는지를 가리키는가? 모든 시각 정보들 또한 반드시 타깃 고객들과 공명해야 한다. 해당 브랜드와 연관된 핵심 감정이 재미라면, 광고 속 인물의 이미지가 재미를 전달하는가? 사용된 색들이 재미를 연상시키는가? 포장의 형태가 재미를 향상시키는가? 버진Virgin은 이런 측면의 좋은 사례가 된다. 그 회사의 로고는 창립자인 리처드 브랜슨Richard Branson이 냅킨에 끄적거린 사인 같은 형태로 보인다. 그 로고의 개성과 노골적인 특성은 브랜슨의 대담성, 자신감 그리고 유쾌한 성격과 흡사하다. TV방송국인 니켈로디언Nickelodeon은 오렌지색 물감이 흩뿌려진 배경에 자주 등장하는 풍선 같은 활자체 덕분에 재미있게 느껴진다. 오렌지는 그 자체로 재미있는 색이며, 장난기 있는 형태들과 결합되어 진정으로 살아났다.

이미지와 시각 단서들은 일관성을 입증해야 한다. 당신이 선택하는 단어처럼, 그 이미지들은 독점할 수 있어야 하고, 알아차릴 수 있을 정도로 해당 브랜드와 깊이 연관되어 있어야 한다. 이들은 웹사이트, 광고, 매장 디스플레이, 소셜 미디어 포스팅 등 접점이 생기는 모든 곳에 퍼져 나가야 하는 특성들이다.

이것이 포장이다

—

포장 디자인도 소비자들에게 즉각적인 시각 효과를 발휘한다. 그리고 포장은 근본적으로 다양한 감각을 건드리는 경험이다. 최근에 나타난 연구 분야인 '뉴로디자인neurodesign'은 포장이 어떻게 군중 속에서 튈 수 있는지, 그리고 어떻게 브랜드 충성도에 기여할 수 있는지, 인간의 뇌가 어떻게 기능하는지에 대한 지식을 활용함으로써 소비자들에게 특정 행동과 느낌을 상기시키는 방법을 이해하려고 노력한다.[13]

미적으로 가장 즐거운 제품들 중 몇 개는 제품과는 별개로 포장 자체의 아름다움이 있어 소비자들이 보관하고 재사용하거나 전시해두기를 유도하는 용기 안에 포장된다. 이런 접근은 한때 향수병이나 술병 등 소수의 아이템들에만 해당되었지만 지금은 유리 촛대, 화장품 용기, 심지어 토마토 통조림까지 두루 포함한다. 당시에는 본래의 제품이 빠진 빈 통일 뿐이었지만 이제 그것들은 보관 용기나 전시용 물건 등 다른 무언가가 될수 있다. 좋은 예시로, 버지니아에 사는 이벤트 플래너 나타샤 롤러Natasha Lawler는 특별히 그 매력적이고 잘 디자인된 통조림 캔을 꽃병으로 쓰기 위해서 이탈리아산 비앙코 디나폴리Bianco DiNapoli 토마토를 주문했다.[14]

포장은 이야기를 들려주어야 하며, 최대한 빨리 들려주는 것이 좋다. 여기서는 첫인상이 중요하다. 포장은 고객들에게서 긍정적인 감정 반응을 일으킨다. 게다가 회사가 다른 기업들에서도 판매하는 제품에 주력하고 있다면, 그 기업들과 선반 스페이스(소매점에서 어떤 상품 종류가 점하는 선반의 면적 혹은 길이-역주)와 관심 면에서 경쟁하고 있는 상황이다. 효과적인 포장은 한 제품의 장점과 가치를 전달하도록 돕는다. 그리고 포화 상태의 시장에서는 포장이야말로 다른 선택지에서 분리되는 차이를 전달하는 수단이다. 무엇보다도 포장은 핵심 감정들을 불러일으키고 강화한다.

포장에서 색은 정말로 중요하다. 제품들에 관련된 순간적인 판단의 거의 90퍼센트가 색 하나에 기초한다는 연구 결과가 있다. 80퍼센트의 소비자들은 색이 브랜드 인식률을 높여준다고 느낀다.[15] 검은색 등의 특정 색들은 극적인 상황을 상기시키며, 샤넬이나 구찌 같은 패션 브랜드들에 훌륭히 적용된다. 파란색은 신뢰를 가리키기 때문에 아메리칸 익스프레스American Express와 포드 모터 컴퍼니Ford Motor Company가 효과적으로 이용했다. 초록색은 '자연'과 '회춘'을 상징한다. 이러한 특성은 스타벅스와 홀푸드Whole Foods에 미친 효과들로 입증되었다. 이어서 좋은 포장을 만드는 다른 원리들을 설명하려고 한다.

1. 고객을 (단순한 구매자가 아닌 한 사람으로) 고려하라. 포장을 통해 제품의 미학을 명료화하려고 계획하고 있다면, 그 물건에 접근하는 경험을 고려해야 한다. 포장 안의 제품에 이르려면 고객들은 무엇을 해야 하는가? 고객들이 무엇을 하길 원하는가? 향수나 귀금속처럼 고가 브랜드의 제품이라면, 안에 숨겨진 보물을 찾아 들어가는 경험을 원할지도 모른다. 아름다운 상자를 만들기 위해 고품질의 카드보드와 종이 코팅을 이용할 수도 있지만, 2차 상자나 박엽지 등의 소재로 다른 겹들을 추가해 둘러싸는 것을 원할 수도 있다. 그 단계들은 포장을 뜯는 즐거움과 기대감을 높이

고, 어떤 면에서는 하나의 의식이 된다. 컴퓨터나 스패너처럼 실용적인 성격의 제품이라면, 우리는 소비자들의 시간을 배려하여 야단 떨지 않고 제품에 바로 접근할 수 있도록 해주는 최소한의 포장을 하고 싶을 것이다. 이 선택들은 모두 우리가 제공하는 콘셉트를 강화하는 방법이다. 또한 포장을 뜯을 때 물리적으로 어떤 과정을 거치는지를 고려하는 것도 고객들의 경험을 형성한다. 예를 들어, 탄산음료 생산자들은 오래전부터 캔의 지렛대 부분을 더 실용적이고 따기 쉬운 무언가로 교체해왔다. 하지만 그 부분을 '탁' 하고 여는 순간이야말로 톡 쏘는 해방을 느낄 수 있는 부분이다. 마개를 누를 때의 스냅과 그때 발생하는 치익 하는 소리, 배출되는 탄산 때문에 따끔하게 느껴지는 코의 감각. 이것들은 모두 제품 '포장'의 중요한 부분들이다.

간단 포장, 즉 편리한 패키징Frustration-free packaging은 더욱더 중요해지고 있다. 여는 과정이 재미있지도 쉽지도 않으며, 그 경험이 고객이 느꼈으면 하는 감정에 공헌하지 않는다면, 그때는 포장의 미학을 다시 생각해야 한다. 포장을 여는 과정은 쉽고 빠르거나 재미있고 기분 좋아야 한다. 2018년 9월, 아마존은 거래처 수천 곳에 포장 낭비를 줄이고 효용성을 향상시키려는 자신들의 새로운 지침을 설명한 서신을 보냈다. 그 서신에는 불필요한 배송 준비 과정이나 아마존 박스를 덧씌우는 과정이 필요하지 않은 포장으로 바꿔달라는 지시 내용이 실려 있었다.[16] 온라인 기업들의 인기와 환경 보전에 대한 고객들의 관심은 많은 기업들이 포장에 있어서 다 함께 생각해볼 수밖에 없도록 만든다. P&G의 브랜드 타이드Tide는 그들의 150온스 플라스틱 병보다 4파운드(1.8킬로그램) 더 가벼운, 하지만 똑같은 양의 세탁물을 세탁할 수 있는 타이드 에코 박스Tide Eco-Box라는 이름의 카드보드 박스를 개발했다. 에코 박스는 주소 스티커를 제품 위에 직접 붙일 수 있었기 때문에, 배송을 위해 다른 박스 안에 포장될 필요가 없었다.[17]

좌절을 일으키거나 공감을 거부하는 디자인들의 특징을 읊어보자면, 작고 가독성 없는 인쇄, 눈을 혼란스럽게 하는 어수선한 디자인, 낭비스럽거나 불필요한 재료들, 제품에 접근하는 즐거움에 전혀 도움 되지 않는 과한 포장, 그리고 가위나 커터 칼 같은 도구들을 사용해야 하거나, 잡아당기고 치는 등 물리적 노력을 요구하는 포장이다. 이러한 특징들은 구매자들의 열정을 50퍼센트 식게 만든다.

2. 시대에 적합한 포장을 만들어라. 포장은 해당 제품이 무엇을 나타내는지를 제시해야 한다. 환경 친화적 설거지 세제를 파는 기업이라면, 생분해성 소재를 쓰거나 최소한 재활용이나 재사용 가능한 용기로 제작하는 것이 좋다. 가정·개인 관리 제품 중 환경적으로 중성적인 제품들을 파는 회사인 세븐스 제너레이션Seventh Generation은 현재 내추럴 디시 리퀴드Natural Dish Liquid용으로 100퍼센트 재활용수지PCR 뚜껑을 이용한다. 그 뚜껑은 주로 버려진 옷걸이의 플라스틱으로 제작되었다. 세븐스 제너레이션의 CEO인 조이 버그스타인Joey Bergstein은 자사가 2020년까지 새 플라스틱을 전혀 쓰지 않는 포장이 되기를 원한다고 말했다. 버그스타인에 따르면 플라스틱 없이 뚜껑을 만들기가 특히 더 어렵다고 한다. 트리코브라운Tricor-Braun사가 제작하여 세븐스 제너레이션이 이용하는 새로운 '그린' 캡은 중대한 도약이었다.[18]

장난감이나 소형 전자 기기, 오락거리 제품들 또는 다양한 식품이나 음료 제품들을 판매하는 기업이라면, 포장을 통해 제품의 장난스럽고 재미있는 특성을 전달할 기회가 있다. 약이나 공구 등을 판매하는 기업이라면, 포장은 간단해야 하며 그 물건의 위험성을 전달해야 한다. 그렇다고 높은 수준의 미적 매력을 가질 수 없다는 뜻은 아니다.

1927년에 설립된 미국의 권위 있는 도구 제작사 라이트 툴 컴퍼니 Wright Tool Company[19]는 자사의 공구 상품들을 위해 구매자들이 품질을 살펴볼 수 있도록 격려하는 최소한의 포장을 이용한다. 그 발랄한 빨간색 포장은 소비자의 눈길을 여러 다른 브랜드들이 함께 비치되어 있을 철물점 벽으로 이끈다. 포장의 오른쪽에 인쇄된 미국 국기는 값싼 수입제가 아니라는 메시지를 전달한다. 회사 이름 옆의 'W' 로고는 브랜드 인식률을 높인다.

기능성 식품 제작사 소일렌트Soylent[20]는 특유의 활자체와 언어("몸을 해방시키세요Free your body"), 그리고 실험실이나 병원에서 볼 듯한 외형이지만 미니멀리즘 현대성을 암시하기도 하는 포장을 이용한다. 이 브랜드가 최첨단 식사 대용 제품에 대해 전달하고자 하는 정확한 메시지들이다.

3. 고객의 감각들을 사로잡을 수 있는 포장을 만들어라. 포장 디자인이 고객의 감각 한 가지 이상을 사로잡았을 때 브랜드가 고객들에게 미치는 효과가 30퍼센트 증가한다는 연구 결과가 있다.[21] 소비자가 선반에서 제품을 집어 들도록 만드는 어떤 것이라도 플러스 요인이며, 이는 무늬나 질감을 간과해서는 안 된다는 점을 의미한다. 촉감적인 특성이 있다고 보이면 사람들은 포장을 집어 들고 손으로 만져보게 될 것이다. 양각같은 입체적 효과들, 질감(부드럽거나 잔물결이 있거나 울퉁불퉁하거나 거친 질감 등등),

독특한 형태들, 무게(손 느낌)는 제품의 매력을 더하고 관심을 높인다.**22** 누군가가 제품을 들어 올려 관찰한다면, 판매까지 반은 온 것이다.**23**

주류 회사들은 오래전부터 재미있고 촉감적인 병을 써온 것으로 유명하다. 2016년, 캡틴 모르간Captain Morgan은 병의 색만이 아니라 그 형태와 느낌에서도 호박을 모방하는 호박향 럼주의 시즌제 병을 출시했다. 이 회사의 한정판 호박향 럼주 병은 그 몸에 꼭 맞는 오렌지색 수축필름 포장부터 거친 질감의 줄기 모양 뚜껑까지 실제 호박처럼 보였고 그렇게 느껴졌다.

지금은 돌려서 따는 뚜껑의 와인 병도 코르크 마개 와인만큼 많아졌다. 그러나 와인 애호가들 대부분에게, 금속 뚜껑을 돌려서 따는 것보다는 코르크를 따는 촉감 경험(그리고 코르크가 빠져나올 때 들을 수 있는 만족스러운 소리와 함께)이 훨씬 더 감각적이다. 와인 오프너로 코르크를 밀어 올리는 과정은 기대감을 끌어올리며, 코르크 냄새를 검사하는 마지막 과정이 경험을 완성시킨다. 또한 많은 사람들이 특별한 상황을 다시 떠올리기 위해서, 코르크를 무더기로 모으고 싶어서, 심지어는 코르크로 다른 물건(냄비받침, 화관)을 만들기 위해 코르크를 보관한다. 코르크는 우리가 어떻게 제품의 주요 기능을 달성한 후에도 계속 그 제품을 즐길 수 있는지에 대한 또 다른 예시다. 와인을 소비하는 순간이 아무리 기억에 남을 만큼 중요하다고 해도, 나는 돌려서 따는 뚜껑을 보관하는 그 누구도 상상할 수 없다.

파스타 소스 회사 프란체스코 리날디Francesco Rinaldi는 병 포장에 증강 현실 기술을 추가했다. 소비자들은 선반에서 병을 집어 들고 프란체스코 리날디 AR 앱으로 스캔하면 그 제품의 뒷이야기를 브랜드 마스코트인 미스터 리날디에게서 직접 들을 수 있다. "AR을 통해, 우리는 전통적인 파스타 소스 레시피와 이탈리아 문화를 그대로 유지하는 방향으로 첨단 기술에 다가가려 한다." 그 브랜드 모회사인 리데스트리 식품회사LiDestri Food & Drink의 크리에이티브 디렉터이자 브랜딩 디렉터인 마리 드마르코Mary DeMarco가 말했다. "조금 혁신적이고 전통을 살짝 방해하는 방법으로, 그 앱은 우리가 차세대 파스타 소스 애호가들에게 닿을 수 있게 해준다."[24] 나중에는 더 많은 회사들이 비슷한 기술을 도입해 소비자들이 실시간으로 제품에 대한 이야기를 나눌 수 있을 것이다.

명료화에 필수적인 요소들

장점: 해당 제품이나 서비스의 구매·경험·사용을 가장 즐기는 사람이 누구인가?

맥락: 해당 제품이나 서비스를 사용하는 것에서 그들은 현재 어떤 감각과 감정을 경험하는가?

목표: 나는 그들이 무엇을 경험하기를 바라는가?

타깃: 그들의 꿈이나 염원이 무엇인가?

벤치마크: 이 열망들을 전달하는 다른 회사들이 있다면, 어떤 회사들인가?

경쟁: 우리 회사와 직접적으로 경쟁하는 제품들이나 서비스들은 어떤 감정을 상기시키는가?

가치: 나는 우리 기업의 문화를 어떻게 묘사할 것인가? 그 묘사는 해당 제품과 서비스를 내 목표나 염원과 연결 지을 수 있는가?

아름다움을 명료화하다

—

뷰티 제품들은 보통 디자인과 포장의 최전선에 있다. 어쨌든, 색조 화장품, 수분 제품, 마스카라가 속한 세계의 경쟁은 치열하고 어느 브랜드를 살펴봐도 제품 성분과 조제법은 그리 독특하지 않다. 매장 구매자·뷰티 에디터·소비자의 관심을 끌기 위해, 기업들은 제품과 포장을 꾸준히 혁신해야 한다. 뷰티 고객들은 충성도가 높은 편이기 때문에, 제품의 설명이 특히 중요하다. 이 고객들은 효과가 괜찮은 제품을 하나 발견하면, 다른 브랜드의 제품으로 선뜻 옮겨가지 않는다. 효과를 장담할 수 없기 때문이다. 티셔츠를 바꾸는 것만큼 화장품들을 자주 바꾸는 경향이 있는 소비자들(주로 젊다)이 많기는 해도, 보통의 경우 화장품 회사들에게 수익을 가져다주는 사람들은 장기 단골들이다.

이 골수팬들이 새로운 시도를 꺼리는 것은 아니다. 우리는 언제나 더 나은 효과를 내고, 더 좋은 냄새가 나고, 더 즐거운 느낌을 주는 물건을 원한다. 투자할 가치가 있다는 보장이 있어야 고객은 새로운 제품을 시도한다. 어떤 브랜드들은 샘플을 제공하고 매장에 테스터 제품들을 비치하면서 소비자를 잡아챈다. 그리고 어떤 브랜드들은 품질이 좋다는 점을 알리는 특징들과 재료들(플라스틱 대신 가죽, 유리 대신 크리스털, 구리 대신 황동), 카운터 뒤에서 일하는 사람들의 모습과 스타일, 진열대의 위생, 진열 순서, 일관성 등의 다양한 자산을 이용하여 소비자의 관심과 신뢰를 얻는다.

스킨케어 브랜드 필로소피의 경우에는 시장에 진입할 수 있다는 것만으로도 의외였다. 더군다나 성공하기도 해서 업계를 놀라게 했다. 필로소피는 화장품 중독자들도 아니고, 뷰티 제품 회사들의 전형적인 표적 시장도 아닌 소비자들을 찾아냈다. 병원이나 성형외과에서 판매하여 큰 수익을 낸 화장품 라인 바이오메딕BioMedic을 개발한 크리스티나 칼리노Cristina Carlino가 1996년에 필로소피를 세웠다. 칼리노는 "나는 내가 아는 대다수의 여성들이 화장품 산업에서 소외되었던 시대에 필로소피를 시작했다. 나는 그들에게 말을 거는 브랜드를 만들고 싶었다. 그래서 아름다움만 제외하고, 그들이 신경 쓰는 모든 것들을 이야기하며 말을 걸었다"라고 말한 바 있다.**25**

"필로소피에는 안티뷰티로 느껴질 정도의 메시지가 담겼다. 그 당시에 나는 정말로 소비자들 사이에 퍼져 있는 미의 기준을 좋아하지 않았다. 왜 여성들은 그렇게나 화장품에 붙잡혀 있는가? 왜 화장품 없이 모두가 빛날 수는 없는 건가? 왜 우리는 깨끗한 냄새를 풍기면서 깔끔해 보이면 안 되는 건가? 나는 이 직감들과 함께 뷰티 업계에 도전하고 있었다. 당시의 나는 그저 기분이 나아지고 싶었다. 그리고 많은 여성들이 같은 감정을 느낀다는 사실을 알았다. 그래서 이 브랜드는 기분 좋은 감정을 위한 사업이 되었다." 칼리노는 1990년대 중반의 어느 크리스마스에 혼자 걷던 중 깨달음을 얻었다고 설명했다. 참고로, 혁신가들은 아이디어가 어떻게 떠오르는지를 이야기할 때 그녀와 비슷하게 경험들을 묘사하곤 한다. 정신을 방해하는 요소들이 눈앞에서 사라지면, 이전의 관찰이 정신으로 스며들어 주요 콘셉트가 될 수 있다. 칼리노의 경우에는 그 광대한 애리조나 사막을 혼자 걸었던 시간이 그러했다.

"그 당시의 나는 삼십대 초반이었고, 사업에서도, 인간관계에서도 모두 불행했다. 내가 혼자라는 것을 깨달았고, 그래서 걷기로 했다. 그때 눈

앞에 무지개가 나타났다. 그리고 영적인 순간을 경험했다. 나는 브랜드를 만들 수 있을지에 대한 확신이 없었는데, 그 순간은 정말 강하게 다가왔다. 몇 단어들이 명확하게 떠올랐다. '주님의 놀라우신 은총Amazing Grace', '항아리 속 희망Hope in a Jan', '순수Purity'. 이 단어들은 제품의 이름이 되었고, 아직도 판매되고 있다. 이 단어들의 개념은 여성에게 많은 것을 의미했다. 내게만 의미 있었던 것은 아닐 것이다." 칼리노가 말했다.

'주님의 놀라우신 은총'은 가볍고 깨끗한 향이 되었으며 모던 클래식에 속하는 향수가 되었다. '항아리 속 희망'은 인기 있는 수분 제품이다. '순수'는 클렌저 부문에서 잘 팔리는 제품이다. 제품 개발은 어려운 부분이 아니었다. 칼리노는 크림, 향수, 클렌저를 조제하는 부분에서는 연륜 있는 연금술사 같았다. 하지만 이 새로운 화장품 라인을 만드는 과정에서, 칼리노는 전통적인 화장품 회사들에게 무시당했다고 느끼는 한 여성 무리를 찾았다. 칼리노가 이 모든 과정을 거쳤던 시기는 훨씬 더 포괄적으로 틈새 브랜드와 '인디' 브랜드의 차세대 상품들을 비치하는 세포라Sephora나 얼타 뷰티Ulta Beauty 매장들이 생기기 훨씬 전이었다.

필로소피의 창조는 칼리노가 제품이 필요성과 사명감이 만들어낸 강렬한 감각을 중심으로 여러 결정을 내리면서 완성되어갔다. 한편, 칼리노는 살면서 처음 사업을 시작했기 때문에 거대 자금이 있을 리 없었다. 당시에는 필로소피의 포장을 따라한 기업들이 꽤 있었기 때문에, 지금은 그 포장이 친숙하게 느껴질지도 모른다. 하지만 1996년, 그 포장은 혁신이었다. 칼리노는 간단하고, 임상 실험에 쓰일 것 같은 용기들을 선택했다. 용기의 색(혹은 무색)도 중요한 부분이었다. 필로소피의 화장품 병들은 검거나 하얗거나 반투명했고, 그 안의 제형은 흰색이 섞인 듯한 노란색, 분홍색, 녹색이었다. 칼리노는 화장품 용기에 글귀를 새겼다. 그것도 아주 많이 새겼다. 그 당시 주류 뷰티 제품 사업에서는 거의 들어본 적이 없는 방법이었다. 칼리노가 받은 영적 영감은 제품명에만 붙은 게 아니었다. 모든 병과 통에 격려의 글과 영성에 대한 이야기가 적혔다.

칼리노의 서체 선택과 소문자로 써야 한다는 별난 고집도 독특했다. "나는 소문자로만 글을 쓴다. 언제나 소문자로만 글을 인쇄했다. 그렇게 보여지는 방법이 좋았다. 나는 대문자를 한 번도 좋아해본 적이 없다"라고 칼리노가 말했다. 마케팅 캠페인에서, 그녀는 세피아톤의 빛바랜 가족 사진들을 마케팅과 브랜드 이미지로 활용했다. "당장 큰 금액이 수중에 없다면, 이미 갖고 있는 것들을 써야 한다. 나는 오래된 사진들을 모아놓은 박스를 하나 갖고 있었다. 뚜껑을 열어 첫 번째로 발견한 사진은 여동생이 바닥에 앉아 색칠 공부책으로 놀고 있는 모습이었다. 이거다! 화장품 홍보에 쓰기 완벽한 이미지였다." 칼리노가 설명했다. "또한 나는 다른 방식의 언어로 흑백 이미지들이 무언가 흥미로운 역할을 한다고 생각했다. 흑백 사진은 논란 가능성이 적었다. 게다가 빛바랜 사진이라 얼굴이 잘 보이지 않았다. 그 이미지를 본 나는 제품 라인에 특정 인종이나 성을 지정하지 않겠다고 다짐했다. 나는 포괄적인 특성을 원했다."

필로소피의 명료화는 당시 아름다움에 대한 기준과 문화 규범에 도전이었다. 이러한 방법은 특정 부류의 사람들에게 호응을 얻었다. 바로, 비관습적인 아름다움을 멋있다고 생각하고 추구해서 뷰티 산업에서 제외되던 사람들이다. "나는 권리를 박탈당했던 여성들에게, 화장품 테이블 위에 그들을 위한 자리가 있다고 알려주고 싶었다. 1996년에 설립된 화장품 업계에서 오해를 받아온 사람들의 섬 말이다."

투명성 또한 결정적인 요소였다. "진실이나 투명성으로 부르지만, 우리가 확실히 이야기하고 싶었던 점은 '고객들이 우리가 그들을 위해 얼음 위에서도 기꺼이 미끄러질 수도 있다는 사실을 아는 것'이다. 우리는 고객이 무엇을 하고 무엇을 하지 않으려는지를 고려했고, 그런 생각들과 함께 이 제품에 어떤 의미가 들어 있는지를 전달하고 싶었다"라고 칼리노는 말했다.

식사 경험을 명료화하다
—

뉴욕주에 있는 채식주의 음식점 닉스Nix에 가면, 고객들은 식당 입구 쪽 벽에 철도처럼 나란히 줄지어 있는 길쭉한 테이블에 앉을 수 있었다. 그리고 매장 안쪽으로 더 들어가면 단풍나무 재질에 남색의 널찍한 테이블이 벽과 동떨어진 모습으로 있는데, 고객들은 그 테이블에도 앉을 수 있었다. 벽은 스칸디나비아 스타일의 기본 바탕에 허연 코팅으로 덮여 있고, 바의 카운터는 세로 면이 코르크 목재로 둘러싸여 있으며 그곳에 초록 화초들이 놓여 있었다. 뉴욕의 비참하고 추운 한겨울에도 식당은 여름 같은 분위기를 풍겼다. 한때 〈보그〉, 〈글래머〉, 〈GQ〉 등의 잡지들을 감독했고 미디어 기업 콘데 나스트Conde Nast에서 편집자로 일했던 제임스 트루먼James Truman은 이 식당의 고급스럽지만 건강하며, 따뜻하지만 시내의 세련됨도 있는 미학을 공간과 콘셉트로 능숙하게 설명해낸 선구적인 혁신가다.

식당을 열기 전에, 트루먼은 채식 중심 요리의 선구자 존 프레이저John Fraser, 현대 미학과 전통적인 디자인 요소들을 섞는 것으로 유명한 건축가 엘리자베스 로버츠Elizabeth Roberts와 함께 여러 달을 고민했다. 화장실의 벽에 칠해진 그라우트의 색감, 직원용 앞치마의 형태와 윤곽 등 자잘한 디테일들을 세심히 살폈다. "편집자로서, 나는 미학 그 자체보다는 전달하려는 이야기를 더 생각하면서 디자인 작업에 들어갔다. 전체적인 이야기가 무엇이 될지를 고민했고, 이야기를 세우고 강화하려면 어떤 디자인 결정들을 내려야 하는지 고민했다"라고 트루먼이 말했다.

"대중에게 채식 식당들은 따분하고 음침한 장소라는 인식이 있었고, 그 안에서 데이트를 하거나 파티를 여는 등의 재미있는 것을 하고 싶지는 않은 장소였다. 우리는 이러한 인식을 어떻게 뒤집고 싶은지를 토론했다. 왜 채식주의 식당이 음침한 분위기를 갖는지에 대해서는 역사적 전례 빼고는 다른 이유가 없었다. 논리적으로 생각해보면 그 이미지는 좀 왜곡되어 있었다. 스테이크 하우스에서는 각종 축하 파티를 하면서, 어째서 동물을 죽일 필요가 전혀 없는 식당에서는 장례식 느낌이 나야 하는가?"

또한 트루먼은 이 식당의 방향이 '브루클린 모델'이라고 불리는 특성을 향하지 않기를 바랐다. 브루클린 모델형 식당이라면 보통 미완성 목재 벽과 바닥, 19세기 시골을 생각하게 하는 디테일들, 오래된 서양 영화에서 튀어나온 것 같은 직원 유니폼들이 등장한다.

"그 스타일은 진정성, 비도시, '농장에서 식탁까지'의 가치들에 대한 주장이었지만 너무 보편화되어 많은 식당들이 분별없이 쓰기 시작했다." 그가 지적했다. "동시에, 스칸디나비아에서 혁신적인 요리의 새로운 모델이 떠오르고 있었다. 그리고 그곳의 디자인들도 원자재들을 내보이는 것은 마찬가지였지만, 훨씬 더 사려 깊고 건축적인 방법이었다." 흥미롭게도, 트루먼은 "이 스칸디나비아 버전은 일본의 현대 디자인과 디자인 가치를 공유한다"고 지적한다. 그는 이것이 향후 몇 년 동안, 특히 작은 식당들에서 지배적인 디자인 미학이 될 것이라 믿는다. "큰 공간들은 여전히 전통 프랑스 식당이나 라스베이거스를 염두에 두고 디자인될 것이다."

프레이저는 1970년대 채식주의의 마지막 물결이 일었던 캘리포니아에서 성장했고, 그런 공간적 배경은 닉스의 중요한 초기 참고점이 되었다. 건축디자이너인 엘리자베스 로버츠까지 캘리포니아 출신이었으니, 따로 전략을 세울 필요도 없이 닉스는 캘리포니아라는 도시를 중요한 부분이라고 여겼다. 트루먼은 이렇게 말했다. "쉽게 접근할 수 있는 느낌과 함께 '편안함'과 '격식'의 격차 해소가 핵심이었다. 내가 가장 훌륭하다고 여기는 식당 진입로는 버클리에 있는 셰파니스Chez Panisse 정면의 계단을 오르는 진입로다. 소박한 공예품처럼 보이는 이층집을 바라보며 삼나무들 아래를 지나고 계단을 오르면, 곧장 오픈형 주방이 있는 식당 공간으로 이어진다. 그곳은 풍요롭고 이상적인 버전의 가정집 같은 느낌을 주며, 손님을 반기는 분위기와 조명, 부엌 냄새가 서로 어우러져 과거와 현재가 동시에 느껴지는 환경에 둘러싸였다는 감각을 준다."

하지만 뉴욕 시내의 콘크리트 정글 한가운데서, 어떻게 그런 분위기를 표현해낼 수 있을까? "우리에게는 나무도, 계단도 없었고 주방은 식사 공간 뒤편에 고정되어 있었다. 상황이 이러하니, 몇몇 요소가 캘리포니아에서 큰 효과를 발휘했을지라도 그런 건축 자원을 뉴욕 매장까지 끌어올 수 있는 방법은 없었다." 비록 건축 요소는 끌고 오지 못했지만, 닉스 팀이 추구하는 분위기와 정서가 있었다. 그들은 편안함, 친밀감, 낙천주의, 그리고 과거의 기억이지만 이젠 향수가 아니게 될 어떤 감각에 대한 이야기들을 공유했다.

그들이 원하는 느낌을 내기 위해서는 부스와 테이블 사이의 회반죽(치장 벽재) 칸막이들의 모서리가 둥글어야 했다. 그래서 그들은 직접 모서리를 깎는 과정을 거쳤는데, 수작업이라 얼룩덜룩한 모양새가 되었다. 트루먼의 표현을 빌리자면, 단순한 시도임에도 이 인테리어는 지중해를, 특히 그리스 섬들의 요소들을 재현한다. 그리고 1970년대 보헤미안 사회의 기억을 상기시킨다.

"코르크 목재는 다양한 목적으로 쓰일 수 있기 때문에 우리에게 가장 중요한 재료가 되었다. 우리는 코르크로 바의 측면을 덮었고 코르크로 만든 펜던트 조명 기구도 두 개나 설치했으며, 최근에는 전체 바닥을 코르크 타일로 덮기도 했다. 코르크는 지속 가능한 재료인데다 보기에도 좋고, 살아 있는 기분과 청결한 느낌을 준다는 매력이 있었다. 이 모든 조건들은 우리가 중요하게 고려한 사항들이다." 그가 말했다.

가장 까다로웠던 디자인 문제들 중 하나는 식사 공간의 벽면에 둘러진 선반들 위에 올라가기 적합한 조명들을 찾는 것이었다. "우리는 모든 조명 기구들을 살펴봤다. 그리고 새로운 것이든 빈티지든 상당수의 조명 기구가 이제는 세기 중반의 현대적인 스타일로 바뀌었다는 것을 발견했다. 이제 벗어날 수 없다! 나는 마침내 퍼스트 딥스1st Dibs(디자인 장식 웹사이트)에 올라온 1970년대에 캘리포니아에서 제작된 히피풍 유목(드리프트 우드) 램프를 발견했고 그 사진을 엘리자베스에게 보냈다." 트루먼이 말했다. 그녀는 답장으로 뉴멕시코의 한 예술가가 작업한 향나무의 말린 뿌리 사진을 보내왔고, 그 향나무가 조명의 해결책이 되었다. "우리는 8개를 사서 선반 램프로 개조했다. 그리고 그것들은 우리의 대표적인 디자인 특징이 되었다. 3년이나 지났는데도 아직도 우리는 그것을 누가 만들었냐는 질문을 날마다 받는다."

음악은 조명 다음으로 분위기를 만드는(또는 망치는) 가장 중요한 요소다. 식당 음악에 대한 댓글을 살펴보면, '너무 시끄럽다', '너무 거슬린다', '너무 뻔하다' 등, 대부분 불평불만이다. 트루먼이 관찰한 바로는, 스포티파이를 켜놓는 식당들이 많고, 아니면 식당에서 자주 나오는 플레이리스트를 거래처에게서 넘겨받아 랜덤으로 재생시키는 경우도 있다고 한다.

트루먼은 식당 음악에 대해 이렇게 말했다. "운이 정말 좋으면 직접 선곡한 것처럼 듣기 좋은 플레이리스트가 재생되는 날도 있겠지만, 아직 그날은 오지 않았다. 닉스에서는, 전 음반 프로듀서이자 내 친구인 로저 트릴링Roger Trilling이 모든 플레이리스트를 직접 구성한다. 또, 우리는 매일 식당에서 어떤 노래가 분위기를 더하고, 어떤 노래가 분위기를 방해하는지 관찰하기 때문에 언제나 트랙을 추가하거나 뺀다. 그 과정에서 우리는 식당이 더 시끄러워지는 밤에 대화 소리와 경쟁하는 어떤 소리(시끄러운 기타 소리, 목소리 위주의 트랙들)가 나오면 대화 흐름이 깨진다는 것을 깨달았다. 그래서 이 시간에는 록 음악의 빠른 멜로디보다는 길고 반복되는 멜로디가 더 효과 있다는 사실을 알게 되었다."[26]

운송수단을 명료화하다

매년 열리는 전매 가치상Resale Value Awards[27]에서 제이디파워가 조사한 24종 차량들 중 베스파 스쿠터는 전매 가격이 새 제품 가격의 72.1퍼센트였다. 이는 희귀하고 수집하기 좋은 차량을 제외하고는 베스파 스쿠터가 도로 위의 어떤 차량보다도 더 나은 가치를 갖고 있다는 것을 의미한다.

주목할 만한 점은 그들의 속도가 빠른 것도 아니고 할리데이비슨이나 심지어 혼다 오토바이만큼의 강력한 엔진도 없다는 것이다.

베스파의 성공은 아마 그 독특함에서 나올 것이다. "베스파는 고가의 명품 브랜드다." 버지니아에서 베스파, 그 외에도 다른 브랜드의 스쿠터와 오토바이를 판매하는 모토 리치먼드Moto Richmond의 설립자 첼시 라머스Chelsea Lahmers가 말했다. "대부분의 명품 브랜드들은 경쟁을 한다. 베스파에게는 어떤 경쟁자도 없다."[28]

반드시 그렇지는 않다. 혼다와 야마하가 만든 고가 오토바이들이 있다. 이 오토바이들은 미국에서 베스파보다 가격이 저렴하고 더 많이 팔린다. 베스파의 신제품 중 가장 기본 라인인 프리마베라Primavera는 세금과 중개 비용을 제외해도 약 4,100달러(한화 490만 원)의 비용이 든다. 가장 비싼 모델인 946 RED의 가격은 10,500달러(한화 1,271만 원)다. 그리고 그 비용의 일부는 U2의 메인 보컬 보노Bono가 아프리카의 인체면역결핍바이러스HIV와 에이즈AIDS를 퇴치하기 위해 설립한 자선단체RED에 기부된다.[29]

하지만 어떤 스쿠터도 베스파 정도의 위신과 명성, 역사를 지니고 있지 않다. 1950년대 이후에 개봉된 이탈리아 영화를 보면 베스파를 타는 캐릭터들을 흔히 볼 수 있다. 실제로 로마나 이탈리아의 다른 도시들에 가면 인도 옆에 가지런히 주차된 베스파들을 볼 수 있다. 그들은 아름다울 뿐 아니라 도시의 좁은 길에서 운전하는 경우에는 굉장히 기능적이다. 대중문화와 실생활에서의 이러한 사용은 집단적 무의식에 베스파를 새겨 넣어왔다. 베스파는 자유, 도시성, 세련됨, 스타일, 재미를 암시한다.

베스파 스쿠터의 매력은 그 디자인이 상당 부분 차지한다. 버전이 거의 바뀌지 않았지만 여전히 매혹적이다. 스쿠터들은 항상 그랬던 것처럼 비슷하게 보인다. 1946년 디자인을 더욱 유선형으로 만들었는데, 오늘날 치고는 다소 복고풍이지만 조악하다거나 구식이라는 느낌이 없다. 경쟁 스쿠터들은 이미 오래전에 값싼 플라스틱 부품으로 옮겨갔는데, 베스파는 금속으로 제작되었다. 베스파를 간단하게 표현하면, 지속되도록 만들어진 정말 아름다운 사물이다. 베스파의 제작 방법에는 모노코크 프레임 monocoque frame이라고 불리는 것이 포함되는데, 차체가 바로 프레임이라는 의미다. 대부분의 다른 스쿠터들은 별도의 차체 패널이 프레임에 붙은 형태다. 모노코크 프레임은 베스파를 더 가볍고 단단하게 만든다.

베스파는 스스로 어떤 의미를 갖고 있는지 안다. 베스파가 역사와 브랜드를 묘사하기 위해 선택한 단어들은 사람들이 오토바이를 탈 때 느끼는 감정을 상기시킨다. 그 단어는 '젊음', '자유', '열정', '아름다움', '미래'[30]다. 또한 소비자에게 영향을 주는 획기적인 혁신을 지속한다. 베스파의 일레트리카 Elettrica 모델은 블루투스 기능, 조용한 기동, 맞춤화, 지속 가능성을 구현한다.[31] 그러나 베스파를 가장 잘 표현하는 단어는 '소유'다. 베스파를 갖고 있다는 것에 자부심을 느끼고, 좋다고 열심히 입소문을 내고, 베스파 동호회에 나가고 소셜 미디어에 자랑하는 행동 모두 소유에서 비롯되었다(인스타그램에 #Vespa를 검색하면 500만 개의 결과가 나온다. 하지만 일반 #scooter는 약 300만 개의 결과밖에 없다).

누구에게 이득일까?

—

좋은 디자인의 가치에 대해 분석하면 우리가 제품을 통해 누구를 기쁘게 하고 감정을 불어넣기를 원하는지 진지하게 고려해보고 해답을 찾을 수 있다. 윤리적 이슈야말로 설명과 깊은 관련이 있다. 우리가 어떻게 무엇을 하는가, 그리고 그것을 어떻게 전달해야 하는가를 깊이 고민해야 한다. 소비자들이 알고 싶어 하기 때문이다. 소비자들은 자신들을 신경 쓰지 않는 회사들을 기다려주지 않는다. 아플락Aflac 보험회사의 연구 자료에 따르면, 밀레니엄 세대의 약 92퍼센트가 윤리적 기업에서 생산할 제품들을 구매할 가능성이 높다고 답변했다.[32] 한 브랜드가 소비자들(그리고 지구)을 대할 때 수행해야 할 윤리적 의무는 제품이 구매자뿐 아니라 '공익(환경, 사회적 원인들)'에 어떤 영향을 미치는지를 전달하는 것이다. 이러한 노력은 우리가 소비주의에서 탈소비주의 사회로 넘어가면서 점점 더 중요해질 것이다.

이전에는 저축과 절약을 중시했던 보통 사람들의 주요 경제활동이 1970년대부터는 지출을 하고 상품과 서비스를 마구 즐기는 추세로 옮겨갔다. 소비주의는 2차 세계 대전 이후에 시작되어 적어도 1970년대부터는 우리의 경제 지형을 지배해왔다. 이 책 초반에 말했다시피, 수십 년 동안 우리의 생활방식을 꾸준히 지배해온 소비주의가 무너지기 시작했다. 소비주의는 이제 많은 사회에서 의심과 멸시의 눈초리를 받는다. 미니멀리즘의 인기는 공유 경제와 마찬가지로 소비주의 몰락 현상을 보여주는 지표 중 하나다. 그리고 체험 기반 사업들의 성장은 평생 지속될 순간과 기억을 만들고 싶어 하는 사람들의 열망에 부응한다. 나는 이런 변화를 환영한다. 우리는 너무 많은 물건들을 가지고 있다. 그리고 우리가 가진 많은 것들에는 의미도, 지속성도, 장인 정신도 없다.

우리가 탈소비주의 사회로 옮겨가게 되었으므로 윤리적 마케팅은 반드시 홍보 전략 이상의 무언가가 되어야 한다. 브랜드와 생산자로서 우리가 하고 있는 모든 행동을 뒷받침해야 한다. 다른 말로 하면, 윤리적 마케팅은 사업 내에서 운영될 수 있어야 하고 사업의 모든 측면에 통합되어야한다. 즉, 마케팅과 광고는 반드시 정직해야 하며 신뢰와 관심을 받을 자격이 있어야 한다. 제품 포장은 반드시 창의적이고 윤리적이어야 하며, 브랜드 가치는 감정을 불어넣고 소비자를 기쁘게 할 수 있어야 한다. 나혼자만 이런 예측을 한 건 아니다. 제품 혁신과 생산에 관련된 내 많은 동료들, 경제학자들, 그 외에도 많은 사람[33]이 동의하는 관점이다.

Part III

Aesthetic

미적 미래

Intelligence

Aesthetic Intelligence

9

미학의 미래

　날이 갈수록 우리는 두 가지 세계 안에서 살고 있는 것 같다고 느낀다. 한쪽은 자동화, 알고리즘, 관심 부족 현상이 지배하는 세계이며, 다른 한쪽은 개인으로서의 우리를 위해 특별히 설계된 경험들과 함께 인간 중심적 상호작용과 감정적 연결을 추구하는 세계다. 자동차 정비사, 세무사, 배달원 같은 직업들은 곧 컴퓨터 기반 서비스나 디지털 서비스로 대체될지도 모른다. 하지만 헤어스타일리스트, 마사지 테라피스트, 실내 인테리어 전문가는 대체되지 않을 확률이 높다(최소한 한동안은 괜찮을 것이다). 이러한 차이는 미학에도 영향을 미칠 것이며, 그러한 과정으로 미학이 진화하기도 할 것이다. 그리고 당연한 이야기겠지만 문화의 변화와 인구 통계적 변화들은 우리가 무엇을 아름답고 즐겁다고 느끼는지, 매력과 호감을 느끼지 않아 거부하게 되는 것은 무엇인지를 판단하는 인식에 꾸준히 영향을 미칠 것이다. 이미 소셜 미디어의 부상에서 느꼈듯, 인간 활동은 끊임없이 관계Relationship, 경험Experience, 기억Memory에 주목할 것이다.

그리고 나는 이 세 가지를 REM이라고 부른다.

타인들과 개인 대 개인으로, 친밀하고 진정하게 연결되고자 하는 열망은 어떤 형태의 소셜 미디어[1]라도 거부하는 결과를 낳을 것이다. 또, 밀레니엄 세대들을 포함하여 이미 많은 사람들이 뉴욕이나 LA 등 슈퍼스타 도시라고 불리던 곳을 떠나 더 작은 도시와 마을로 이주하는 흐름이 생겼고, 이 현상이 가리키고 있듯 머지않아 새로운 형태의 공동체가 건설될 것이다.[2] "지난 몇 년간 대도시에서 탈출하는 사람들의 수가 급증했다." 경제 및 도시 개발 전문가이자 뉴욕 대학교의 샤크 도시 부동산 연구기관 지도교수 스티븐 페디고Steven Pedigo가 말했다.

"많은 장소들이 도시 공동체가 원하는 요소들에 집중하고 있고, 이제는 시골을 중심으로 형성되는 더 작은 공동체들도 도시의 그것을 재현하려고 노력하고 있다."[3]

이주 현상이 일어나는 원인을 살펴보면 그 속에는 경제적 문제(대도시 생활은 비싸다)도 있겠지만 아마 기술이 진보하여 거대 도시 중심지를 떠나도 여전히 일할 수 있는 환경이 되었기 때문일 것이다. 하지만 새로운 인구가 유입된 작은 마을과 도시는 결국 인간 주도적인 창의성에 주목함으로써 번창하게 된다. 이러한 창의적 공동체의 성장을 꾸준히 뒷받침하고 촉진할 수 있는 수단은 자동화가 아니라 바로 '미학'이다. 즉, 대도시의 중심지를 포함한 모든 지역의 사람들은 그들이 원하고 필요로 하는 상품과 서비스에서 높은 수준의 미학을 찾고, 기대하게 된다. 찾을 수 없다면, 직접 만들기도 할 것이다. 기업가들은 강력하고 명확한 미적 가치를 지닌 회사를 세우기 시작할 것이다. 현존 기업들의 경우에도 직원들의 미적 지능과 역량을 끌어올릴 수 있다면 소비자가 점점 더 원하고, 기대하고, 소비하게 될 총체적이고 인간적인 경험을 제공하는 것이 가능해진다.

다른 사회적·문화적 변화들은 이러한 믿음을 뒷받침하며 향후 15~20년 동안 기업과 미학이 어디로 향하게 될지에 영향을 미칠 것이다. 이 장에서는 나의 사견으로 미학과 사업을 재정립하게 될 네 가지 주요 경향들을 서술하려고 한다. 곧 알게 되겠지만, 이 둘은 떼어낼 수 없을 정도로 밀접하고 상호 의존적이다.

환경 위기

소비자들은 더 이상 환경과 관련하여 손 놓고 있을 수만은 없다는 사실을 깨닫고 있다. 환경에 책임감을 느끼고 보호를 실천할 수 있는 방법 중 하나는 우리가 구매하는 제품들에 관심을 기울이는 것이다. 아마 우리의 경제력을 이용하면 변화를 유도할 수 있고, 더 나은 세상을 만들거나 최소한 덜 해롭게 만들 수 있을지도 모른다. 콘/포터 노벨리Cone/Porter Novelli가 진행했던 기업의 사회적 책임CSR에 대한 연구에서는 현대의 소비자들이 제품의 생산 과정에 관심 갖는다는 점을 발견했다.[4] 연구 결과의 요점은 다음과 같다.

- 소비자들의 87퍼센트는 사회·환경 문제를 고려하는 기업들에 그렇지 않은 기업들보다 더 긍정적 이미지를 갖고 있다고 말한다.
- 응답자의 88퍼센트는 환경 문제를 고려하는 기업에 그렇지 않은 기업보다 더 높은 충성심을 보인다고 말했다.

- 응답자의 87퍼센트는 환경에 도움이 되는 조건이 있다면 그러한 제품을 살 것이다.
- 응답자의 92퍼센트는 환경 문제를 고려하는 기업을 더 신뢰할 가능성이 높다.

참가자들 중 바이럴 마케팅과 소셜 미디어를 가장 많이 이용하는 밀레니엄 세대는 환경·사회 문제를 책임지고 있다고 생각되는 기업과 환경에 대한 관심에 발맞추지 않는다고 생각되는 기업의 정보를 공유하는 집단이었다. 밀레니엄 세대가 점점 더 지배적인 경제 집단이 되고 있으므로, 기업들은 반드시 환경에 도움이 되는 효과를 보장하고, 홍보하고, 지원할 준비가 되어 있어야 한다. 게다가 밀레니엄 세대들은 조금만 허점이 보여도 의심하기 때문에 그러한 시도는 신뢰를 줄 수 있는 방향으로 진행해야 한다.

한 기업이 재활용·재사용이 가능한 포장으로 혁신을 이루는 등 환경 친화적 생산 정책과 관행으로 명확하고 뚜렷한 서사를 만들어내려고 할 때, 미학은 핵심 역할을 수행할 수 있다. 2018년 4월, 세계적인 식품 대기업 네슬레Nestle는 2025년까지 모든 포장을 재활용하거나 재사용할 수 있도록 만들겠다고 발표했다.[5] 암코어Amcor, 에코버Ecover, 에비앙Evian, 로레알L'Oreal, 마스Mars, 막스 앤드 스펜서Marks & Spencer, 펩시코PepsiCo, 코카콜라 컴퍼니, 유니레버, 월마트, 베르너 앤드 메르츠Werner & Mertz도 비슷한 약속을 했다.[6] 유제품 생산기업 오가닉 밸리Organic Valley의 포장은 이미 재활용(또는 재사용)이 가능하다.[7] 스포츠웨어 회사인 파타고니아 Patagonia는 스스로를 '운동가 기업'이라고 부르며, 환경 보호가 목적인 사업을 펼치고 있다고 한다.[8] 가정용품 회사인 세븐스 제너레이션도 마찬가지로 회사가 사회·환경적 사명을 실현하기 위해 존재한다고 말한다.[9]

나는 앞으로 제품들에 더 채도 높고 대담한 색을 넣는 경향, 또는 자연을 반영하거나 자연에서 영감을 얻은 시각 단서들을 향한 새로운 관심이 시작될 것이라고 생각한다. 폴리에스테르 소재를 줄이고 의류 생산에 다른 성분을 혼합하는 등 자연적이라고 느껴지는 질감과 소재를 선호하고, 그 상품이 핸드메이드라는 상징과 표식에 열광하며, 일본의 와비사비 철학처럼 불완전하고 일관성 없는 생산을 받아들이면서 심지어 그러한 상품에 이끌리기도 하는 양상을 보일 것이다. 대형 소매업체들은 이미 지역 단위로 '소량 생산'된 맞춤형 물건들을 매장에서 선보이는 실험을 시작했다. 윌리엄스 소노마Williams-Sonoma의 자회사인 가구 소매업체 웨스트엘름 West Elm은 약 500명의 장인들이 제작한 제품들[10]을 판매하여 '큰 수익'을 이끌어냈다.[11] 조지아의 트리온에 사는 도예가 캐런 게틀린Karen Guethlein[12]은 홀 푸드와 앤트로폴로지Anthropologie 등의 대형 소매업체들에 납품하는 그릇, 사발, 접시들을 만들어왔다. 2016년, 엣시Etsy는 메이시 백화점과 파트너십을 맺었고[13], 그 관계는 제작자와의 만남 이벤트를 포함하여 엣시의 장인 제작 상품들을 차례대로 돌아가면서 보여주는 결과를 낳았다. 이들 제작사들은 여전히 핸드메이드 제품들의 진본성을 유지하면서도 더 큰 수요를 충족하기 위해 생산량을 늘릴 수 있는 방법을 찾아낼 것이고, 더 많은 제품들을 대형 소매점에서 판매하게 될 것이다.

환경에 부담이 적은 제품들의 수요가 높아지면서 앞으로도 사회·환경 문제에 반응하는 실천주의, 지속 가능성을 향한 더 큰 노력들, 핸드메이드 제품 생산 증대 등의 현상이 예상된다. 그리고 이들은 차례차례 더욱 촉각적인 경험들을 열망하는 흐름으로 이어질 것이다.

디지털 확장과 촉각 경험

—

오늘날, 컴퓨터와 '스마트' 기술이 점점 더 진보하고 보편화되었으며 자동차와 집 외에도 노동의 많은 부분에서 자동화가 증가했고[14], 데이터에 저렴한 값으로 빠르게 접근할 수 있게 되었다. 이 모든 현상이 지난 40년 동안 지속되어 온 흐름의 결과물이기도 하며 앞으로 40년 더 지속될 것이다. 첨단 기술 경험들과 제품들을 환영하는 사람들도 있지만, 거부하는 사람들도 생길 것이다. 그리고 이런 현상은 '디지털 격차'라는 개념에 새로운 반전을 도입한다. 우리는 '갖고 있다'와 '갖고 있지 않다'가 아니라 '원한다'와 '원하지 않는다'의 세상으로 입장하고 있다. 자동화는 많은 분야의 업무를 대체하게 될 것이다(군대[15], 패스트푸드[16], 운전[17], 사무직, 그리고 비슷한 다른 직업들[18] 등이 가장 먼저 대체될 것이다[19]). 하지만 예술, 과학, 경영 전략[20]을 포함하여 창의성, 독창성, 인간의 손길(문자 그대로도, 비유적으로도)이 필요한 사업일수록 새로운 일자리가 더 많이 생겨날 것이다. 미적 기술이 없는 사람에게는 디지털 세계와 핸드메이드 세계가 모두 닿을 수 없는 곳처럼 느껴질지도 모른다. 컴퓨터들이 미술과 음악도 창작한다는 사실을 주목해야 하지만, 나는 그래도 인간들이 훨씬 더 수준 높고 감정을 불어넣는 방법들로 끊임없이 창작 활동을 펼칠 거라고 생각한다. 또한 많은 사람들이 인간의 마음과 손으로 만든 창의적인 소재들을 선호하게 되어, '인간의 특권' 같은 성격을 지닌 무언가가 인기를 끌 것이며 심지어 우리는 웃돈을 내고 구매하게 될 것이다. 복잡한 대인관계를 구축하고 유지하도록 돕는 간호, 운동 교습, 심리치료 등의 직업들은 자동화로부터 어느 정도는 안전할 것이다. 하지만 여기에서도 또다시, 미적 지능이 필요하다. 이 분야에서의 경쟁이 활발해질 확률이 높기 때문에, 이러한 서비스들은 고객층을 유지하고 확대하기 위해 미적 지능의 힘을 빌려야 할 것이다.

자동화 증가와 컴퓨터의 학습 능력 향상 때문에 사람들은 삶의 질을 향상시키기 위해 더욱 창의적이고 개인적인 방법들을 찾아 나설 수밖에 없다. 자연스럽게, 2차원 스크린에 끊임없이 노출되던 사람들은 그 납작한 화면에서 빠져나와 우리에게 감각적 즐거움을 선사할, 촉감 특성이 더욱 강조된 물건들을 찾게 될 것이다. 또한 더 풍부하고 호화로운 소리를 향한 열망은 더 살아 있는 듯한 듣기 경험들을 창조하도록 기술 기업들의 등을 떠밀게 될 것이다. 덧붙이자면, 우리는 아마 라이브 음악 경험을 더욱 갈망하게 될 것이다.[21] 또, 더욱 진해진 향·맛·촉감을 제공하는 디지털 제품들과 함께 풍부한 감각적 경험을 제공하는 비디지털 제품들에 대한 찬사가 늘어날 것이다. 패션과 의류를 이야기하자면, 감각적 경험들은 아마 정말로 옷감 안에 엮여 들어갈 것이다. 두껍고 울퉁불퉁한 니트웨어, 정말로 부드러운 옷들, 누비 질감이 있는 옷들, 또는 혼합재료 직물들(예를 들면, 가죽과 올록볼록한 누비와 자수)을 상상해볼 수 있다.

음식에서는 특이하고 예기치 못한 재료(맵거나 고소한 아이스크림, 더욱 강렬한 단맛, 신맛)를 이용하면서 요리 혁신의 한계를 넘어서게 되겠지만 또한 마음도 몸도 편안한 음식과 따뜻하고 향수를 불러일으키는 음식으로 되돌아가는 모습도 목격하게 될 것이다. 소일렌트처럼 우주 시대 음식을 선택하는 사람들이 나타날지도 모른다. 하지만 우리 대부분은 다 같이 모여 식사를 하면서 다양한 감각들과 진기한 느낌을 경험하고 싶다.

이 모든 일이 일어나는 동안 기술은 끊임없이 진화할 것이고 우리의 걸음, 체질량 지수BMI, 섭취 칼로리와 소비 칼로리, 혈압 등을 재는 최첨단 건강 의류와 웨어러블 제품들을 생산할 것이다. 기술은 또한 음식과 음료에도 영향을 미치게 되며, 우리의 건강 또는 기분을 향상시킬 기능성 식품들을 쏟아낼 것이다. 허드슨 밸리 기반의 리세스Recess는 이러한 추세의 전조다. 리세스의 물은 통증 완화, 불안 감소, 염증을 억제하는 특성이 있다고 홍보하는 비독성 삼 추출물을 함유한다. 이 물은 무기력해지는 부작용 없이 긴장을 풀 수 있도록 도와줄 것이다. 이 음료에는 스트레스를 줄여주고 기억력, 집중력, 면역력을 높인다고 알려져 있는 강장제가 들어 있다.[22]

마사지와 새로운 형태의 요가, 운동 경험을 심화시키는 심신치료 요법을 포함하여 신체의 건강을 얻기 위해 직접 몸으로 하는 운동(첨단 운동 기계들과 대조된다)들이 더욱 강조될 것이다. 실제로, 수업에 들어가보면 주먹으로 치기, 발로 차기, 기타 연주 흉내, 헤드뱅잉, 땀을 많이 흘리는 특징이 나타나는 데스 메탈 요가Death metal yoga가 좋은 예시가 된다.[23] 피트니스 센터는 더 작아지고, 심지어 시골 지역 안에서도 고객들에게 더 가까운 곳에 건설되며, 더욱 개인화되고 틈새 지향적 성격을 띨 것이다. 노인들과 젊은 사람들 모두에게 서비스하는 피트니스 센터는 물론 트랜스젠더나 특정 종교 집단 같은 소수자들에게 서비스하는 센터가 등장할 것이다.[24]

작은 사회와 그 구성원들의 요구에 초점을 맞추는 것은 피트니스 사업뿐 아니라 대부분의 사업들까지도 붐비는 업계에서 경쟁력을 키울 수 있는 방법이다. 다양한 연령대와 열망에 서비스하는 틈새시장이었던 것이 세월이 가면서 흔해질 것이다. 그때는 미적 선택으로 차별화를 이루어야 한다. 비인격화된 사회를 상쇄하기 위해 소비자들은 개성을 찾으려는 갈망을 느낄 것이고, 이어서 다음 변화가 일어날 것이다.

부족 분리

'분리secession'라는 단어를 쓸 예정이지만, 나는 나라들이 작게 쪼개진다는 이야기를 하는 것이 아니다(나라가 분리되는 일이 아예 불가능해지는 않다. 지정학 전문가들 외에도 많은 사람들이 그렇게 될 것이라 예상해왔고, 브렉시트는 실제 예시를 보여주었다[25]). 세계화가 일어나고 현지 문화와 언어, 삶의 방식이 위협받게 되면서 정체성 정치학, 부족중심주의, 지방주의, 행동주의, 그리고 불행하게도 테러리즘까지 급속도로 성장해왔다. 하지만 현대인들은 그 어느 때보다도 동류의 느낌, 공통의 가치들, 공동 목표를 제시하는 그룹에 속하기를 원하고, 공동의 믿음과 공동 이상의 결합은 그들의 믿음 체계를 입증한다. 이러한 힘은 소셜 미디어를 양분 삼아 민주주의와 독재 모두를 약화시킬 것이다.[26]

꼭 민족에 따른 배경으로 정의될 필요가 없는 '부족'의 성장은 세계의 화합을 거부하고 개인적 가치와 생활 방식의 선택으로 집단을 정하는 하이퍼로컬리즘 시대, 그리고 지극히 특수한 문화와 정체성에 맞춘 마이크로도미넌트microdominant('소수가 우세하다'는 뜻-역주) 브랜드들을 등장시킬 것이다. 소규모 공동체(트랜스젠더나 젠더 플루이드, 종교 단체, 역사적으로 부당한 대우를 받았거나 간과되어온 무리 등등)에게 서비스하는 브랜드는 진정하고 진실한 특성을 갖게 되며, 사회를 변화시킬 수 있는 제품들과 경험들을 이끌어내면서 리테일의 형태를 재정립할 것이다. 소비자들은 이러한 제품과 경험을 원하지만 언제나 쉽게 찾을 수는 없다. 부족주의는 오늘날 지구상에서 가장 강력한 힘이다. 공동체가 부족이 된다. 브랜드가 부족을 형성한다. 대기업은 부족 내부의 부족이다.

사업 관점에서 부족주의를 이야기하자면, 두 가지 소비자 열망이 동시에 발생할 것이다. 첫째, 우리는 더 작고 특수한 집단 정체성에 어필하는 제품들을 보게 될 것이다. 하지만 동시에 숨어 있던 다양한 문화적 영향들에 접근할 수 있게 되면서 세계적이고 뒤섞인 감각을 디자인에 담아 전달하는 제품들을 보게 될 것이다. 또, 문화적 유산들이 섞이고 융합됨으로써 '부족적인 기술tribal tech', '공업적인 세련미industrial chic' 같은 하이브리드 집단과 하이브리드 정체성들이 등장할 가능성이 있다. 바깥세상의 변화 때문에, 가혹하고 예측할 수 없는 현실이 두려워 또 다른 방법으로 '부족'을 형성하는 경우도 있을 것이다. 그래서 집콕 생활은 꾸준히 중요할 것이며, 그 생활을 보조해줄 장비들도 중요해질 것이다. 여기에는 아늑한 담요들부터 시작해서, 더욱 안전한 곳에 있을 수 있도록 하며 신뢰와 위안을 주는 제품과 서비스가 모두 포함된다.

사회적·경제적·정치적·윤리적 혼란 때문에 불안감에 휩싸인 몇몇 사람들은 오늘에 대처하거나 내일을 상상하는 능력 이상으로 뻗어나가는 자신의 능력을 보게 될 것이다. 목표, 의미, 정신적 연결을 향한 추구는 훨씬 더 분명히 표현될 것이다. 뜻이 비슷한 사람들을 찾고 싶어 하게 될 것이며, 그중에서도 특히 불친절한 세력들과 박해(진짜든 상상이든)로부터 정신적, 감정적 유지와 보호를 제공하는 사람들을 찾기 위한 탐색은 미적 혁신의 새로운 영역을 열어줄 것이다. 종교적인 믿음과 영성을 인정하고 찬사하는 새로운 제품과 서비스는 그들을 제공하기 위한 새롭고 비전통적인 시장을 찾을 것이다. 핸드백, 토트백, 액세서리 등에 가톨릭 성인들을 그린 조그마한 예술작품을 넣어 장식했던 벤자라Venxara의 스피리추얼 워리어스 쿠튀르Spiritual Warriors Couture(영적 전사 복장)**27** 제품군이 좋은 예시가 된다. 또한 이슬람교도, 정통 유대교인, 그 외에도 다양한 종교적 믿음을 갖고 있는 여성들 덕분에 탄생하고 그들에게 맞춘 모디스트 패션modest fashion(살을 드러내지 않는 패션)의 성장을 보게 될 것이다. 새로운 모디스트 패션은 주류 패션의 방향으로 나아갈 것이고, 영적인 무언가에 끌리는 것과 똑같은 이유로, 적대적인 외부 세계로부터 보호받거나 편안하고 싶은 심리 때문에 많은 사람들이 모디스트 패션에 끌리게 될 것이다.

공동체가 영적 성장과 회복에 초점을 맞추게 되면, 목적, 의미, 긍정적인 차이를 만들 수 있는 요소에 더 집중하게 될 것으로 보인다. 우리 지구의 장기적 지속 가능성을 향한 열렬한 관심도 기대된다. 또한 이전 세대들의 속 편한 어린 시절에 대한 향수도 있을 것이다. 베이비붐 세대는 어린 시절에 많이 접했던 취미나 제품들에서 위안을 찾을 것이다. 밀레니엄 세대나 X세대도 그렇게 될 것이다. 팝스트 앤드 슐리츠Pabst and Schlitz(맥주), 폴라로이드Polaroid(카메라), 슈윈Schwinn(자전거), 케즈Keds(운동화), 프레스카Fresca(음료), 샬리마르Shalimar(향수), 아서 트레쳐스 피시 앤드 칩스Arthur Treacher's Fish & Chips(패스트푸드), 하이드록스Hydrox(쿠키), 피오루치Fiorucci(패션) 등등 시대에 역행하는 브랜드들이 다시 수요를 얻을 것이다. 보다 순수하고 배타적이었던 시간의 향수를 불러일으킬 수 있는 새로운 브랜드들도 승리할 것이다.

부족 혹은 문화나 가치 그룹으로 분리되는 상황은 뷰티 산업에도 영향을 미칠 것이다. 젊음을 이상적인 가치로 여기던 추세는 이제 건강, 행복, 지적인 노화로 초점을 옮길 것이다. 이런 현상은 프랜차이즈 화장품 판매점 얼타 뷰티의 최근 광고들만 봐도 이미 일어나고 있다. 2016년부터 2018년의 어느 지점까지, 얼타 뷰티의 TV·인쇄 광고들은 여성들을 완벽하고 인형 같은 존재로 그리면서 만화 같은 특징을 지녔다. 비록 다양한 인종들이 등장했지만 모두 비슷하게 보였다. 오늘날, 울트라의 브랜딩과 마케팅은 모든 형태와 사이즈들로 아름다움을 구현하는데, 그러한 시도로 인해 얼타 뷰티는 다양한 시장에서 성공할 수 있었다. 또한 얼타 뷰티는 고가와 저가 제품들을 나란히 놓고 파는 얼마 안 되는 소매업체들 중 하나였다.[28] 그들은 젊음 대신 기쁨을 판다. 그 결과 2009~2016년 사이에 3,000퍼센트 이상의 수익률을 올리면서, 같은 시기에 250퍼센트밖에 성장하지 않은 S&P 500을 넘어섰다.[29] 뷰티 부문은 앞으로 특별한 요구 조건과 질환을 가진 사람들을 위한 맞춤 제품들을 포함하면서, 매장에 그들을 위한 공간을 만들고 인간 조건의 모든 형태로 아름다움을 인식하면서 더욱 풍성해질 것이다.

흐려진 경계들

이미 앞서 이야기했지만 사람들은 공통의 이념·관심·믿음에 따라 집단을 형성할 것이다. 하지만 그 집단과 구성원들은 자신이 평소에 속하는 집단 바깥의 특성 또한 지니고 있다는 사실을 자주 확인하게 될 것이다.

이미 남성과 여성, 양성애자와 동성애자, 흑인과 백인, 어린아이와 노인 사이의 경계가 흐려지고 있다.**30** 그 결과로, 한때 관습적으로 성별이나 나이에 따라 물품을 나누었던 더 많은 브랜드들과 부문들이 이제는 성별, 연령 구별이 없는 제품이나 서비스를 제공하게 될 것이다. 유아용 브랜드 프라이머리Primary**31**는 티셔츠, 레깅스, 바지, 치마, 원피스 등 채도 높은 단색으로 0세부터 12세까지 모든 아이들이 입을 수 있는 기본 의상들을 판매한다. 남자아이용(바지, 티셔츠) 제품과 여자아이용(원피스, 치마) 제품으로 나뉘던 옷들은 이제 모든 아이들에게 마케팅된다. 더 플루이드 프로젝트The Phluid Project의 소호 지점과 뉴욕 지점은 공식적으로 성 구분이 없는 소매 매장으로, 세계 최초였을 것이다. 3,000제곱피트에서, 큼직한 창문들과 높은 천장이 있는 그 밝은 하얀 매장은 부분적으로는 소매 공간이고 부분적으로는 '경험 플랫폼'이라고 콘텐츠 총괄자 질리언 브룩스가 말했다.**32**

생물학적 성별을 거부하거나 어느 성별도 될 수 있는 소비자들을 타깃으로 설정한 이 매장들은 주문 제작된 성 구분 없는 마네킹들을 사용하여 리바이스와 소울랜드Soulland, 그리고 유행에 더 한발 앞선 집시 스포트 Gypsy Sport, 스킨그래프트Skingraft 등의 브랜드들에서 들여온 유니섹스 상품들과 미트Meat처럼 페티시에서 영감 받은 라텍스 제품을 내보인다. 더 플루이드 프로젝트**33**는 또한 "함께 더 강하게Stronger together", "하나의 세상One world"이라는 슬로건들로 장식된 티셔츠나 후드티 등 자체 제작 상품을 제공하기도 한다. 이 브랜드의 신념 중 하나는 적당한 가격이다. 그래서 제품의 가격은 보통 300달러(한화 36만 원)를 넘지 않는다. No Sesso(이탈리어로 '성별이 없다')는 성 구분 없는 의류의 아이디어를 새롭고 독특한 영역들로 불러온 또 다른 브랜드다. 발랄한 색 조합들, 매듭, 바늘땀, 자수 방법들, 듬성듬성한 뜨개질, 큼직하거나 완벽하게 체형에 맞는 옷 등 수많은 특징을 지니며, 이 브랜드의 옷은 다양한 체형에 모두 잘 맞는다. 왜냐하면 그들은 전환 가능하거나 변형 가능한 특징들을 갖고 있기 때문이다.**34** 다른 말로 하면, 고객들은 그 옷이 그들의 체형과 정체성에 어울리도록 다양한 방법으로, 마음대로 바꿀 수 있다.

빅토리아 시크릿Victoria's Secret에 대항하는 톰보이엑스TomboyX는 비록 '인간 중심'을 표방하고 있지만 레즈비언이 만들었고 레즈비언을 위한다는 명백한 의제**35**를 지닌 회사다. 성적 취향이나 성격에 따른 다양한 정체성들을 지향하는 새로운 브랜드들의 맹공격이 이어지면서, 결국 기존 브랜드가 톰보이엑스와 비슷한 제품들을 생산하게 될 것이라 기대된다. 동시에, 우리는 여성과 남성 사이의 편견적인 특징들을 가짜로 꾸미고 모순적인 버전으로 제시하는 새로운 브랜드와 서비스를 보게 될 것이다. 과도한 크기의 풍선 같은 소매들, 주름, 동그란 단추, 셔츠와 블라우스에 달린 레이스처럼 하이퍼 페미닌hyperfeminine(여성미를 최대한으로 표현한 패션-편주) 디테일들을 보게 될 것이다.

인간과의 긍정적인 관계를 구축하는 것은 복잡한 노력이며 한번 구축하면 그 영향력은 멀리까지 미친다. 잘만 하면 더 풍부한 브랜드 경험으로 이어질 수 있다. 크리에이터에게는 사적으로 깊게 경험할 가치가 있는 자극들과 일치되는 아이디어를 낼 책임이 있다. 더 이상 물질적 소유를 축적하려고 하지 않는 현대의 소비자는 깊이, 진정성, 의미를 추구한다. 그러므로 결국에는 목적을 제공하는 브랜드들이 살아남게 될 것이다. 구체적으로 말하자면 상업적 동기를 훨씬 뛰어넘어 제품이나 서비스에 감동한 사람들을 통합하고 힘을 실어주는 브랜드들이 오래도록 지속된다. 또한 목적을 제공해야만 진정으로, 영원히, 소비자들에게 자극을 주고, 감정을 불어넣고, 기쁨을 전달할 수 있으며, 이는 결국 소비가 아니라 인간애를 위해 그들을 아끼고 존중할 수 있는 모든 기회가 된다.

나가며

'미적 지능'은 내 안의 깊고 개인적인 공간에서 시작되었다. 나는 세계적인 패션 선도 기업들 중 하나인 LMVH의 북미 회장으로서 많은 사람들이 '세계 최고의 직업'이라고 묘사하는 자리에 있었다. 뉴욕이나 파리 같은 중심지뿐 아니라 아이슬란드의 레이캬비크처럼 멀고 먼 곳의 패션쇼에도 참석했다. 레드카펫처럼 화려한 자리들은 내 일과였고, 가끔은 하루에 두 군데를 들르기도 했다. 하지만 대부분의 경우에는 꼬리에 꼬리를 무는 회의들, 지겨운 전화 회담들, 끝이 안 보이는 예산 책정과 계획 수립 업무는 물론 어떤 제안은 빠지고 다시 새로운 계획을 넣기도 하는 단계들이 뒤따랐다. 또한 채용, 해고, 분석 업무들도 있었다. 분석해야 할 일이 정말 많았다. 브랜드별 분석, 시장별 분석, 매장별 분석….

2015년이 끝나갈 무렵 우리 가족은 빈으로 여행을 떠났다. 그곳에서 나는 한때 증조할아버지 이스라엘 골드스테인의 옷가게 클라이데하우스 골드스테인Kleiderhaus Goldstein이 있었던 카이저스클라세 44번지 앞에 섰다. 나는 속으로 증조할아버지가 나의 성공을 자랑스러워했겠다고 생각했다. 그가 살던 시대에는 어느 사업과 직업에서도 꼭대기까지 올라간 여성은 없었다. 더욱이 유대인 여성이 그곳에 있을 거라고는 상상도 못했을 것이다. 그렇다고 해도, 나는 증조할아버지가 내가 속한 패션 업계에 실망했을 거라고 생각한다. 지금의 패션은 그가 한때 잘 알고 사랑했던 분야와는 너무나 달라져버렸다.

내 조부모님 네 분 모두 간신히 홀로코스트에서 탈출했다. 친할아버지와 친할머니는 1939년에 빈을 떠나 뉴욕으로 이주했다. 외할아버지와 외할머니는 같은 시기에 프랑크푸르트를 떠나 바르셀로나를 거쳐 케이프타운으로 이주했다(먼 길을 돌아 움직일 수밖에 없었는데, 바르셀로나에서 마주친 스페인 내전이 더 충격적이었다고 들었다). 친가와 외가를 통틀어 그 모든 고통스러운 시간 동안 가족을 부양했던 사람들은 여성들이었다. 즉, 내 외할머니와 친할머니였다. 할머니들은 작은 의류회사를 설립하면서 패션과 미학을 이용해 가족을 지켰다.

지금의 패션 동향을 비판적 시선으로 바라보면, 나는 패션 업계가 존재 이유를 잃었다고 생각한다. 25년 전에 그 업계에 들어갔을 때만 해도 사람들은 쇼핑을 좋아했고 특히 옷을 고르는 과정을 즐겼다. 그들은 쇼핑을 오락의 한 형태로 경험했다. 오늘날, 당신이 원하는 모든 제품에 빠르고 직접적으로 접근할 수 있는 온라인 쇼핑이 등장했고, 물질적인 상품보다 경험을 선호하게 되었기 때문에, 핸드백을 하나 더 사기 위해 상점을 방문한다는 이야기는 그다지 설득력이 없다. 쇼핑은 더 이상 사람들의 욕구를 충족하거나 창의성을 자극하지 않는다. 이러한 현상은 다른 분야 대부분의 사업과 산업에도 해당될 것이다. 기업인으로서 우리는 최종 수익에만 집중하게 되었고, 소비자들이 더 이상 원하지 않는 제품인데도 소비를 강요해왔다. 우리가 만든 제품과 우리의 연결이 끊기고 말았다. 살아남으려면, 우리가 하고 있는 일에 인간의 손길을 다시 불러들이고 왜 그 일을 하고 있는지를 이해해야 한다. 당신이 이 책에서 얻어 갈 수 있는 무언가가 있다면, 그리고 당신이 얻어가기를 내가 크게 바라는 것이 있다면, 전달하고 싶은 부분은 다음과 같다.

- 미학은 중요하다. 지금이 그 어느 때보다도 중요하다.
- 미적 사업들은 미적 지능을 지닌 사람들 덕분에 건설되고 추진된다.
- 사람들은 실제로 알아차릴 수 있는 것보다 훨씬 더 뛰어난 미적 지능을 갖고 있지만, 우리 몸의 모든 근육들처럼 미적 지능에는 훈련이 필요하다.

이 부분들을 잘 적용한다면, 미학은 당신의 사업을 강화하고 심지어 변화할 수도 있다.

당신이 미적 기쁨을 더 쉽고 깊게 인지하고, 투자하며, 노력할 수 있도록 '미적 지능'이 뒤에서 밀어주는 역할을 했으면 좋겠다. 미적 기쁨이야말로 사람들이 진정으로 영원히 추구하는 가치이며, 사업의 미래도 미적 기쁨에 달려 있다.

감사의 글

나는 강인한 여성들이 있었던 집안에서 태어났다. 우리 집안 여성들은 암사자처럼 우아하면서도 맹렬했다.

할머니 두 분 모두 자신의 사업을 설립하고 운영하셨다. 두 분에게는 섬세한 취향이 있었고, 그 취향을 바탕으로 기업의 성공을 이끄셨다.

친할머니인 헤디Hedy는 1940년대에 뉴욕 롱아일랜드의 주방 테이블에서 처음 탄생한 고급 아동복 라인을 소유하고 있었는데, 나중에는 미국 전역의 양품점에서 제품이 판매되었다. 같은 시대를 살았던 외할머니 오미Omi는 자신의 디자인과 재능과 옷 만드는 솜씨를 남아프리카 상류 사회 속으로 끌어들였고, 파리의 쿠튀리에 거장들을 관찰하면서 영감을 받아 야회복을 만들고 그곳에서 판매했다. 이 두 여인이 물려준 문화적 유산은 내가 미학의 경영이라고 부르는 개념 안에서 성장할 수 있도록 기틀을 다져주었다.

나는 친할머니로부터 세세한 디테일들에 대한 관심, 취향, 우아함의

269

가치를 배웠다. 그다지 중요한 상황이 아닐 때도 우리 할머니는 가장 곱게 꿰맨 속옷만 입으라고 강조하셨다. 그리고 외할머니 덕분에 장인 정신과 창의성, 스토리텔링을 향한 열정을 키워나갈 수 있었다. 외할머니는 그저 실 한 가닥이었던 것을 의상으로 바꾸고, 단순해 보이는 옷에도 개성을 불어넣는 방법을 알고 계셨다.

그들이 내게 끼친 영향과 이 책의 아이디어를 돌아보면, 우리가 오늘날 이해하고, 인지하고, 통달해야 할 것들을 우리 할머니들은 본능적으로 알고 있었던 것 같다. 그들의 사업을 살아남게 했던 것은 근면성과 훈련이었겠지만 번창할 수 있었던 이유는 결국 창업자들의 미적 지능이었다. 할머니들이 받아들인 '또 다른 AI'는 지금 내 몸을 통해서 이어지고 있다. 마찬가지로 우리 엄마 바바라 개리스, 언니 레슬리 개리스, 내 딸인 아리아나 브라운에게도 이어지고 있다. 모두가 각자의 특별한 방법으로 유행을 창조했다.

마찬가지로, 강인하고 창의적이며 세련된 여자 친구들이 내 곁에 있다는 것도 축복이었다. 마디 보르긴슨, 크리스티나 칼리노, 앤 드베룩스, 에다 구드문즈도티르, 굴라 존스도티르, 도나 카란, 바네사 케이, 마리아 마트베바, 제니퍼 맥크레아, 블레어 밀러, 리 프린스, 로빈 프링글, 로렌 레밍턴 플랫, 케이 엉거, 올가 비데셰바. 그 외에도 많다. 이 친구들은 그들이 건드리는 모든 사물에 흔적을 남긴다. 그리고 내게도 흔적을 남겼다.

또한, 내 인생에는 미적 감각이 뛰어난 남자 친구들도 많이 있다. 로사노 페레티, 스콧 굿슨, 데이비드 키더, 에릭 모틀리, 팀 누논, 아르만 오르테가, 시안 피에르 레기스. 이 사람들은 모두 내 진정한 친구이며 고귀한 사람들이다. 그리고 내 아들 줄리언 브라운이 특별하게 생각하는 롤 모델들이다.

이 사람들은 모두 내가 책을 쓸 생각도 하기 전부터 나를 잘 알고 있었다. 이들이 없었다면, 나는 자신감도 없었을 것이며 책이 나온다 하더라도 그 내용이 부실했을 것이다. 이 책을 쓰는 과정에서 새로 친구가 된 몇몇 사람들도 이 책에 생명을 불어넣는 중요한 역할을 했다. 첫째로, 출판사와의 중간 다리가 되어주었던 게일 로스는 이 모호한 아이디어, 수업 커리큘럼, (거의 관련 없는) 이력서밖에 제공하지 못했던 내게 운을 걸어주었던 사람이었다.

게일은 아주 재능 있고 사랑스러운 작가인 캐런 켈리를 소개해주었다. 켈리는 (어떻게든, 어떤 방식을 쓰든) 군데군데 끊겨 흩어져 있는 내 아이디어들을 모두 받아들여 아름다운 산문으로 뽑아주었다. 켈리는 이 책의 시작부터 끝까지 내 생각 파트너이자, 창의적 협력자, 연구자였고, 나에게 현실적인 충고들을 잊지 않았다.

로스는 또한 내게 명석하고 유쾌한 홀리스 헤임부치를 소개해주었다. 하퍼 비즈니스의 대표로서 하퍼 콜린스에서는 내 편집자 업무를 맡아 주었다. 헤임부치는 스토리텔링에 대한 예리한 두뇌, 언어를 듣는 귀, 경향을 읽는 코를 갖고 있을 뿐 아니라 스타일도 멋졌다.

그리고 헤임부치가 하퍼 콜린스에 거느리고 있는 세계 최강의 팀이 있었다. 명석한 마케팅과 홍보를 담당하는 3인조 프라이언 페린, 페니 마크라스, 레이철 엘린스키, 제작 구성 편집자 니키 발도프, 제작감독 조슬린 라니크, 책 디자이너 윌리엄 루오토 그리고 쉬리브 윌리엄스의 홍보 담당 니콜 듀이에게도 특별히 감사하다.

마지막으로, 중요한 사람들이 남았다. 내겐 미적 염원을 형성해준 여성들의 리스트가 있다. 그들은 내 개인적 스타일 아이콘이다. 코코 샤넬, 젤다 피츠제럴드, 도러시 파커, 잉그리드 버그만, 카트린 드뇌브, 다이애나 브릴랜드, 글로리아 스타이넘, 핼리 베리, 케이트 블란쳇, 대너리스 타가리엔, 솔랑지 놀스. 그들은 모두 내 개인적인 영감 보드의 중요한 위치를 차지하고 있다.

내 주위의 모든 고귀한 독자들이여, 이 책 내내 나는 당신이 포효하는 소리를 들었다.

참고 문헌

들어가며 미학이 중요하다

1 "Future Craft," Panasonic, https://www.panasonic.com/global/corporate/technology-design/our-design.html.

CHAPTER 1 미적 이점

1 "CNBC Transcript: LVMH Chairman & CEO Bernard Arnault Speaks with CNBC's 'Squawk on the Street' Today," CNBC, May 6, 2014, https://www.cnbc.com/2014/05/06/cnbc-transcript-lvmh-chairman-ceo-bernard-arnault-speaks-with-cnbcs-squawk-on-the-street-today.html.

2 Caroline Halleman, "New Louis Vuitton Exhibit Shows Off the Glamorous History of the Brand," *Town & Country*, October 27, 2017, https://www.townandcountrymag.com/style/fashion-trends/a13107658/new-louis-vuitton-exhibit/.

3 Jacoba Urist, "Is Good Taste Teachable?," *New York Times*, October 4, 2017, https://www.nytimes.com/2017/10/04/style/design-good-taste.html.

4 Wei Gu and Dean Napolitano, "Hermès Birkin Bagged for Record Price at Christie's Hong Kong Auction," *Wall Street Journal*, June 2, 2015, https://www.wsj.com/

articles/hermes-birkin-bagged-for-record-price-at-christies-hong-kong-auc-tion-1433149955.

5 "Perfumer Jo Malone on Her Superhuman Sense of Smell," *Good Morning Britain*, March 17, 2017, https://www.youtube.com/watch?v=QEHw144GyzQ.

6 에다 구드문즈도티르 전화 인터뷰, January 16, 2019.

7 위와 동일.

CHAPTER 2 감각 깨우기

1 "Augmented Reality in Lego Stores," Retail Innovation, August 4, 2013, http://re-tail-innovation.com/augmented-reality-in-lego-stores/.

2 Matthew Carroll, "How Retailers Can Replicate the 'Magic' of the Apple Store . . . Online," *Forbes*, June 26, 2012, https://www.forbes.com/sites/matthewcar-roll/2012/06/26/how-retailers-can-replicate-the-magic-of-the-apple-store-on-line/#1801e66da873.

3 "Ingrid Fetell Lee Studies Joy and Reveals How We Can Find More of It in the World Around Us," TED, https://www.ted.com/speakers/ingrid_fetell_lee.

4 Georgia Frances King, "Your Sense of Smell Controls What You Spend and Who You Love," Quartz, August 16, 2018, https://qz.com/1349712/companies-like-star-bucks-use-smells-to-keep-us-buying-heres-why-it-works/.

5 Jennifer Welsh, "Smell of Success: Scents Affect Thoughts, Behaviors," Live Science, June 16, 2011, https://www.livescience.com/14635-impression-smell-thoughts-be-havior-flowers.html.

6 "The Scent of Coffee Appears to Boost Performance in Math," Stevens Institute of Tech-nology, July 17, 2018, https://www.stevens.edu/news/scent-coffee-appears-boost-performance-math.

7 Shilpa Shah, "It's Not Retail That's Dying. It's Our Imagination," Business of Fashion, June 8, 2018, https://www.businessoffashion.com/articles/opinion/op-ed-its-not-retail-thats-dying-its-our-imagination.

8 Amit Kumar and Nicholas Epley, "Undervaluing Gratitude: Expressers Misunderstand the Consequences of Showing Appreciation," *Psychological Science* 29, no. 9 (June 27, 2018): 1423–35, https://journals.sagepub.com/doi/abs/10.1177/0956797618772506?journalCode=pssa.

9 Peter Merholz, "The Future of Retail? Look to Its Past," *Harvard Business Review*, December 12, 2011, https://hbr.org/2011/12/the-future-of-retail-look-to-i.

10 Francesca Landini, "Unilever Buys Premium Ice Cream Maker GROM," Reuters, October 1, 2015, https://www.reuters.com/article/us-unilever-m-a-grom-idUSKCN-0RV5BO20151001.

11 Bloomberg, "How Phillip Plein Made Bad Taste Big Business," Business of Fashion, July 17, 2018, https://www.businessoffashion.com/articles/news-analysis/how-philipp-plein-made-bad-taste-big-business.

12 "Tops," Philipp Plein, https://www.plein.com/us/women/clothing/tops/.

13 "Philipp Plein Aquires Billionaire Italian Couture," CPPLuxury, April 29, 2016, https://cpp-luxury.com/philipp-plein-acquires-billionaire-italian-couture/.

14 Caitlin O'Kane, "Gucci Removes $890 'Blackface' Sweater, Apologizes after Receiving Backlash," CBS News, February 7, 2019, https://www.cbsnews.com/news/gucci-blackface-sweater-gucci-removes-890-blackface-sweater-apologzies-after-receiving-backlash/.

15 Olivia Pinnock, "Can D&G Recover from Its China Crisis?," *Drapers*, December 8, 2018, https://www.drapersonline.com/news/can-dg-recover-from-its-china-crisis/7033285.article.

16 Christopher Brito, "Prada Accused of Using Blackface Imagery at NYC Store and Online," CBS News, December 14, 2018, https://www.cbsnews.com/news/prada-blackface-soho-manhattan-broadway-racist-accusation-store-online-today-2018-12-14/.

17 Jennifer Newton, "Wine Snobs Are Right: Glass Shape Does Affect Flavor," *Scientific American*, April 14, 2015, https://www.scientificamerican.com/article/wine-snobs-are-right-glass-shape-does-affect-flavor/.

18 Steven Kolpan, "Good Glasses Make Wine Taste Better," Salon, April 21, 2010, https://www.salon.com/2010/04/21/wine_glass_shapes__matter/.

19 위와 동일.

20 Telephone interview with Jessica Norris, August 24, 2018.

21 Katia Moskvitch, "Why Does Food Taste Different on Planes?," BBC, January 12, 2015, http://www.bbc.com/future/story/20150112-why-in-flight-food-tastes-weird.

22 A. T. Woods, T. Poliakoff, D. M. Lloyd, et al., "Effect of Background Noise on Food Perception," *Food Quality and Preference* 22, no. 1 (January 2011): 42-47, https://www.sciencedirect.com/science/article/abs/pii/S0950329310001217.

23 Roni Caryn Rabin, "'I'll Have the Cake.' The Music Made Me Do It," *New York Times*, May 31, 2018, https://www.nytimes.com/2018/05/31/well/eat/ill-have-the-cake-the-music-made-me-do-it.html.

24 Julian Treasure, "The Four Ways Sound Affects Us," TED Talk, July 2009, https://www.ted.com/talks/julian_treasure_the_4_ways_sound_affects_us.

25 Catherine Saint Louis, "Fragrance Spritzers Hold Their Fire," *New York Times*, April 15, 2011, https://www.nytimes.com/2011/04/17/fashion/17Fragrance.html.

26 "New Rollers Get Old Scent of Success," *Telegraph*, July 10, 2000, https://www.telegraph.co.uk/news/uknews/1347753/New-Rollers-get-old-scent-of-success.html.

27 Emily Bryson York, "Starbucks Posts Loss for Third Quarter," *Ad Age*, July 31, 2008, http://adage.com/article/news/starbucks-posts-loss-quarter/130024/.

28 King, "Your Sense of Smell Controls What You Spend and Who You Love."

29 Myung-Haeng Hur, Joohyang Park, Wendy Maddock-Jennings, et al., "Reduction of Mouth Malodour and Volatile Sulphur Compounds in Intensive Care Patients Using an Essential Oil Mouthwash," *Phytotherapy Research* 23, no. 7 (July 2007): 641-43.

30 Listerine Original Antiseptic Mouthwash, Walgreens, https://www.walgreens.com/store/c/listerine-original-antiseptic-mouthwash-original/ID=prod1207-product.

CHAPTER 3 코드 해석하기

1 Nokia Original Real Tune, YouTube, https://www.youtube.com/watch?v=yq0EmbY3XyI.

2 Luke Peters, "Nokia Tune: More Than Just a Ringtone," Microsoft, April 25, 2014, https://web.archive.org/web/20150413013830/http://lumiaconversations.microsoft.com/2014/04/25/nokia-tune-just-ringtone.

3 위와 동일.

4 Hallie Busta, "The Last Howard Johnson's Standing," *Architect Magazine*, August 26, 2016, https://www.architectmagazine.com/design/culture/the-last-howard-johnsons-standing_o.

5 Philip Langdon, *Orange Roofs, Golden Arches: The Architecture of American Chain Restaurants* (New York: Knopf, 1986), 194.

6 위의 책.

7 Andrew A. King and Baljir Baatartogtokh, *How Useful Is the Theory of Disruptive Innovation?*, MIT Sloan Management Review, Fall 2015, 85, http://ilp.mit.edu/media/news_articles/smr/2015/57114.pdf.

8 Walter Isaacson, "How Steve Jobs' Love of Simplicity Fueled a Design Revolution," *Smithsonian*, September 2012, https://www.smithsonianmag.com/arts-culture/how-steve-jobs-love-of-simplicity-fueled-a-design-revolution-23868877/.

9 Joanne Wasserman, "How City Rode Out Strike," *New York Daily News*, December 12, 2002, http://www.nydailynews.com/archives/news/city-rode-strike-article-1.499686.

10 "The Chanel Jacket," Inside Chanel, Chanel, http://inside.chanel.com/en/jacket.

11 Chanel Pink Logo Jacket, Tradesy, https://www.tradesy.com/i/chanel-pink-cc-logo-tweed-boucle-wool-size-6-s/4939264/.

12 Susan Blakey, "Fake It Till You Make It . . . Chanel-esque Jackets," Une femme d'un certain age, May 22, 2012, https://unefemme.net/2012/05/fake-it-till-you-make-it-chanel-esque-jackets.html.

13 "Our Story," Green Giant, https://www.greengiant.eu/our-story/.

14 "Motorcycles, Millennials, and the Future of Riding," Edgar Snyder & Associates, https://www.edgarsnyder.com/blog/2016/06/28-motorcylists-and-millennials.

html.

15 "Mermaid Mythology," Real Mermaids, http://www.realmermaids.net/mermaid-legends/mermaid-mythology/

16 "Deadmau5 and Walt Disney Settle Mouse Ears Legal Dispute," *Guardian*, June 22, 2015, https://www.theguardian.com/music/2015/jun/23/deadmau5-and-walt-disney-settle-mouse-ears-legal-dispute.

17 Annie Karni, "MTA Sees Something—Says Stop!," *New York Post*, September 4, 2011, https://nypost.com/2011/09/04/mta-sees-something-says-stop/.

18 Reuters, "Harvard Sues Company Over Use of Name," *New York Times*, January 3, 2001, https://www.nytimes.com/2001/01/03/business/harvard-sues-company-over-use-of-name.html.

19 "History," Harvard Bioscience, http://www.harvardbioscience.com/about-us/history/.

20 "The Betty Crocker Portraits," Betty Crocker, https://www.bettycrocker.com/menus-holidays-parties/mhplibrary/parties-and-get-togethers/vintage-betty/the-betty-crocker-portraits.

21 Monte Olmsted, "The Red Spoon That Changed Betty Crocker," Taste of General Mills blog, General Mills, May 10, 2016, https://blog.generalmills.com/2016/05/the-red-spoon-that-changed-betty-crocker/.

22 Nathaniel Meyersohn, "Claire's Files for Bankruptcy," CNN Business, March 19, 2018, https://money.cnn.com/2018/03/19/news/companies/claires-bankrupt/index.html.

23 Lauren Thomas, "Department Store Chain Bon Ton Files for Bankruptcy Protection," CNBC, February 5, 2018, https://www.cnbc.com/2018/02/05/department-store-chain-bon-ton-files-for-bankruptcy-protection.html.

24 Nathan Bomey, "Sports Authority Files for Chapter 11 Bankruptcy," *USA Today*, March 2, 2016, https://www.usatoday.com/story/money/2016/03/02/sports-authority-files-chapter-11-bankruptcy/81199502/.

25 Robert Mclean, "Toys 'R' Us Files for Bankruptcy," CNN Business, September 19,

2017, https://money.cnn.com/2017/09/19/news/companies/toys-r-us-bankruptcy-chapter-11/index.html.

26 Le Bon Marche Rive Gauche, LVMH, https://www.lvmh.com/houses/selective-retailing/le-bon-marche/.

27 National Celebrations, France, http://www2.culture.gouv.fr/culture/actualites/celebrations2002/bonmarche.htm.

28 "The Story of Henri Bendel," Girl's Playground, Henri Bendel, https://www.henribendel.com/us/girls-playground/bendel?fdid=bendel-heritage.

29 Eric Wilson, "Geraldine Stutz Dies at 80; Headed Bendel for 29 Years," *New York Times*, April 9, 2005, https://www.nytimes.com/2005/04/09/business/geraldine-stutz-dies-at-80-headed-bendel-for-29-years.html.

CHAPTER 4 지속하기 위한 설계

1 Fortune 500, *Fortune*, 2018, http://fortune.com/fortune500/list.

2 Tristan Bove, "These 49 companies have been on the Fortune 500 every year since 1955. Here's who they are," Fortune, May 24, 2022, https://fortune.com/2022/05/24/fortune-500-companies-list-every-year-exxonmobil-chevron-pfizer/.

3 Clayton M. Christensen, Taddy Hall, Karen Dillon, and David S. Duncan, "Know Your Customers' 'Jobs to Be Done,'" *Harvard Business Review*, September 2016, https://hbr.org/2016/09/know-your-customers-jobs-to-be-done.

4 Sarah Foster, "U.S. Consumer Confidence Unexpectedly Jumps to 18-Year High," MSN, September 25, 2018, https://www.msn.com/en-us/news/msn/us-consumer-confidence-unexpectedly-jumps-to-18-year-high/ar-AAACEBr.

5 "Timeline," Starbucks, https://www.starbucks.com/about-us/company-information/starbucks-company-timeline.

6 "Ray Oldenburg," Project for Public Spaces, December 31, 2008, https://www.pps.org/article/roldenburg.

7 Benet Wilson, "The Top 15 Airlines in North America," Trip Savvy, December 26, 2018, https://www.tripsavvy.com/top-airlines-in-north-america-53734.

8 Laurie Brookins, "Eye on Carol Phillips and the Creation of Clinique," Clinique, https://www.clinique.com/thewink/eye-on-carol-phillips.

9 Aimee Picchi, "Sears May Be Filing for Bankruptcy—and Its Stock Price Is Now Around 40 Cents," CBS News, October 10, 2018, https://www.cbsnews.com/news/sears-bankruptcy-filing-reports-sends-retailers-stock-sinking-2018-10-10/.

10 Rich Duprey, "Sears Holdings' Store Auction Won't Help Enough," Motley Fool, April 19, 2018, https://www.fool.com/investing/2018/04/19/sears-holdings-store-auction-wont-help-enough.aspx.

11 Daniel B. Kline, "Why J.C. Penney Will Succeed Where Sears is Failing," Motley Fool, May 22, 2018, https://www.fool.com/investing/2018/05/22/why-jc-penney-will-succeed-where-sears-is-failing.aspx.

12 Pam Goodfellow, "Sears: The Good, the Bad, and the Ugly," *Forbes*, January 26, 2016, https://prosperinsights.com/sears-the-good-the-bad-and-the-ugly/.

13 "Historic Catalogs of Sears, Roebuck and Co., 1896–1993," Ancestry, https://search.ancestry.com/search/db.aspx?dbid=1670.

14 Will Knight, "Inside Amazon's Warehouse, Human-Robot Symbiosis," MIT Technology Review, July 7, 2015, https://www.technologyreview.com/s/538601/inside-amazons-warehouse-human-robot-symbiosis/.

15 Burt Helm, "How This Company Makes $70 Million Selling Random Stuff on Amazon," *Inc.*, March 2016, https://www.inc.com/magazine/201603/burt-helm/pharmapacks-amazon-warehouse.html.

16 "How One of America's Beloved Family Beer Companies Squandered a $9 Billion Fortune," *Daily Mail*, July 21, 2014, https://www.dailymail.co.uk/news/article-2699668/How-one-Americas-beloved-family-beer-company-squandered-9-billion-fortune.html.

17 위와 동일.

18 Kerry A. Dolan, "How to Blow $9 Billion: The Fallen Stroh Family," *Forbes*, July 21, 2014, https://www.forbes.com/sites/kerryadolan/2014/07/08/how-the-stroh-family-lost-the-largest-private-beer-fortune-in-the-u-s/#328269f3d13a.

19 Carol Emert, "Pabst, Miller Toast Deals To Buy Stroh's / Pabst Takes Bulk of Assets—Miller Gets Two Brands," SFGate, February 9, 1999, https://www.sfgate.com/business/article/Pabst-Miller-Toast-Deals-To-Buy-Stroh-s-Pabst-2947861.php.

20 E. J. Schultz, "How Pabst Is Reinventing Stroh's, Old Style, Schlitz," *Ad Age*, August 23, 2016, https://adage.com/article/cmo-strategy/pabst-reinventing-stroh-s-style-schlitz/305538/.

21 Tom Perkins, "Stroh's Is Developing a New IPA Called Perseverance," *Detroit Metro Times*, February 20, 2018, https://www.metrotimes.com/table-and-bar/archives/2018/02/20/strohs-is-developing-a-new-ipa-called-perseverance.

22 "Dolce & Gabbana and Smeg United Once More," Dolce & Gabbana, http://www.dolcegabbana.com/discover/dolcegabbana-and-smeg-united-once-more/.

23 "History," SMEG, https://www.smegusa.com/history/.

24 Emily Bencic, "Smeg Global Thanks Business Partners for Support," Appliance Retailer, August 27, 2018, https://www.applianceretailer.com.au/2018/08/smeg-global-ceo-thanks-business-partners-for-support/.

25 Douglas MacMillan, "Eyeglass Retailer Warby Parker Valued at $1.2 Billion," *Wall Street Journal*, August 30, 2015, https://blogs.wsj.com/digits/2015/04/30/eyeglass-retailer-warby-parker-valued-at-1-2-billion/.

26 "Retail Brands," Luxottica, http://www.luxottica.com/en/retail-brands.

27 Steve Denning, "What's Behind Warby Parker's Success?," *Forbes*, March 23, 2016, https://www.forbes.com/sites/stevedenning/2016/03/23/whats-behind-warby-parkers-success/#4571deb3411a.

28 Mallory Schlossberg, "This Hot $250 Million Start-up Is Being Called J. Crew for Millennials," Business Insider, March 7, 2016, https://www.businessinsider.com/everlane-is-projecting-major-growth-2016-3.

29 "The Cashmere Waffle Square Turtleneck," Everlane, https://www.everlane.com/products/womens-cashmere-waffle-sq-ttlenck-heatherrust?collection=womens-all.

30 David Ludlow, "Dyson Will Only Make New Cordless Vacuums Following Cyclone V10 Launch," Trusted Reviews, March 9, 2018, https://www.trustedreviews.com/

news/new-dyson-vacuums-2018-3410897.

31 Bill Saporito, "How 2 Brothers Turned a $300 Cooler into a $450 Million Cult Brand," *Inc.*, February 2016, https://www.inc.com/magazine/201602/bill-saporito/yeti-coolers-founders-roy-ryan-seiders.html.

32 위와 동일.

33 Hannah Martin, "Why Designers Love Benjamin Moore's Newest Paint," *Architectural Digest*, March 3, 2017, https://www.architecturaldigest.com/story/benjamin-moore-century-paint-designer-favorite.

34 위와 동일.

35 Jia Tolentino, "The Promise of Vaping and the Rise of Juul," *New Yorker*, May 14, 2018, https://www.newyorker.com/magazine/2018/05/14/the-promise-of-vaping-and-the-rise-of-juul.

36 Laura Kelly, "FDA Makes 'Surprise Inspection' of E-cigarette Maker's Offices, Seizes Documents on Youth Marketing," *Washington Times*, October 2, 2018, https://www.washingtontimes.com/news/2018/oct/2/fda-raids-e-cigarette-maker-juuls-offices/.

37 Claude E. Teague, Jr., "Research Planning Memorandum on Some Thoughts About New Brands of Cigarettes for the Youth Market," Industry Documents Library, University of Southern California, February 2, 1973, 21 U.S.C. 387G (2009), https://www.industrydocumentslibrary.ucsf.edu/tobacco/docs/#id=lhvl0146.

38 위와 동일.

39 위와 동일.

40 *U.S. v. Philip Morris USA, Inc., et al.*, No. 99-CV-02496GK (U.S.Dist. Ct., D.C.), Final Opinion, August 17, 2006, https://www.tobaccofreekids.org/assets/content/what_we_do/industry_watch/doj/FinalOpinion.pdf.

41 "Leading Health Groups Urge State AGs to Investigate R. J. Reynolds' New Magazine Ads for Camel Cigarettes," Campaign for Tobacco-Free Kids, May 30, 2013, https://www.tobaccofreekids.org/press-releases/2013_05_rjr_ad.

42 Marion Nestle, "The FTC vs. POM Wonderful: The Latest Round," Food Politics,

May 23, 2012, https://www.foodpolitics.com/2012/05/the-ftc-vs-pom-wonderful-the-latest-round/.

43 Cases and Proceedings, FTC, https://www.ftc.gov/enforcement/cases-proceedings/082-3122/pom-wonderful-llc-roll-global-llc-matter.

44 "Kellogg Settles FTC Charges That Ads for Frosted Mini-Wheats Were False," FTC, April 20, 2009, https://www.ftc.gov/news-events/press-releases/2009/04/kellogg-settles-ftc-charges-ads-frosted-mini-wheats-were-false.

45 마이클 모스, 《배신의 식탁》, 최가영 옮김, 명진출판, 2013

CHAPTER 5 맛으로 바꾸기

1 Michaeleen Doucleff, "Love to Hate Cilantro? It's in Your Genesand Maybe, in Your Head," NPR, September 14, 2012, https://www.npr.org/sections/the-salt/2012/09/14/161057954/love-to-hate-cilantro-its-in-your-genes-and-maybe-in-your-head.

2 Stefan Anitei, "Your Genes Dictate You What to Eat," Softpedia News, October 23, 2007, https://news.softpedia.com/news/Your-Genes-Dictate-You-What-To-Eat-68954.shtml.

3 "How Smell and Taste Change as You Age," National Institute on Aging, https://www.nia.nih.gov/health/smell-and-taste#taste.

4 Mary Beckham, "A Matter of Taste," *Smithsonian*, August 2004, https://www.smithsonianmag.com/science-nature/a-matter-of-taste-180940699/?c=y&page=1.

5 Sybil Kapoor, *Sight, Smell, Touch, Taste, Sound: A New Way to Cook*(London: Pavilion, 2018), 6.

6 위의 책, 58.

7 위의 책.

8 Telephone interview with Chris Lukehurst, November 1, 2018.

9 Jennifer Duggan, "Spilling the Beans on China's Booming Coffee Culture," *Guardian*, May 18, 2015, https://www.theguardian.com/sustainable-business/2015/may/18/spilling-the-beans-chinas-growing-coffee-culture. 다음도 참고. "The Coffee Market

Explodes in China," Marketing to China, July 5, 2016, https://www.marketingtochina.com/coffee-market-explodes-china/.

10 "China's Luckin Coffee Takes On Starbucks," CNBC, July 20, 2018, https://www.cnbc.com/video/2018/07/20/chinas-luckin-coffee-takes-on-starbucks.html.

11 *Potato Chips Market Trends in China*, Research and Markets, August 2018, https://www.researchandmarkets.com/reports/3714608/potato-chips-market-trends-in-china. 다음도 참고. *Potato Chips in China*, The Market Reports, November 2015, https://www.themarketreports.com/report/potato-chips-in-china.

12 Kevin Pang, "In Lay's 2018 Chips Saluting American Regional Flavors, the Best Come from the Central Time Zone," The Takeout, August 1, 2018, https://thetakeout.com/review-taste-test-lays-potato-chips-2018-flavors-1828016062.

13 Jethro Kang, "Durian Potato Chips Are Now a Thing in China," Shanghaiist, October 10, 2018, https://shanghai.ist/2018/10/10/durian-potato-chips/.

14 "Leading Trends in Food Items on Restaurant Menus in the United States in 2018," Statista, https://www.statista.com/statistics/293885/leading-trends-in-food-items-on-restaurant-menus-us/. 다음도 참고. "What's Hot Culinary Forecast," National Restaurant Association, https://www.restaurant.org/News-Research/News/These-9-food-trends-will-heat-up-sales-in-2018.

15 Erica M. Schulte, Nicole M. Avena, and Ashley N. Gearhardt, "Which Foods May Be Addictive? The Roles of Processing, Fat Content, and Glycemic Load," *PLOS One* 10, no. 2 (October 2015), https://www.ncbi.nlm.nih.gov/pmc/articles/PMC4334652/.

16 Michael Moss, *Salt Sugar Fat: How the Food Giants Hooked Us* (New York: Random House, 2014), xiii, xix, 4, 6.

17 Bee Wilson, "Learning to Love Bitter Tastes," *Wall Street Journal*, April 19, 2019, https://www.wsj.com/articles/learning-to-love-bitter-tastes-11555688851?mod=hp_lista_pos2.

18 Amber Williams, "7 Factors that Change Your Sense of Taste," *Popular Science*, March 5, 2014, https://www.popsci.com/article/science/7-things-affecting-your-sense-taste.

19 High Road Craft Brands, https://www.highroadcraft.com.

20 "Maine Favorites," Foody Direct, https://www.foodydirect.com/restaurants/gelato-fiasco/dishes/maine-favorites-collection-6-pints.

21 "Flavors," Van Leeuwen, http://www.vanleeuwenicecream.com/flavors/.

22 "Our Scream," MilkMade, https://store.milkmadeicecream.com/pages/our-scream.

23 Marilen Cawad, "Small Biz Battles Popular Ice Cream Brands with Unusual Flavors," TheStreet, May 23, 2014, https://www.thestreet.com/story/12719999/1/small-biz-battles-popular-ice-cream-brands-with-unusual-flavors.html.

24 "Party Cake," Turkey Hill, https://www.turkeyhill.com/frozen/ice-cream/premium-ice-cream/party-cake.

25 "Butterscotch Blondie," Breyers, https://www.breyers.com/us/en/products/butterscotch-blondie.html.

26 Maggie Sheehan, Jennifer Meyers, and Rheanna O'Neil Bellomo, "The Craziest Ice Cream Flavors in Every State," Delish, July 13, 2018, https://www.delish.com/food/g2795/50-states-crazy-ice-cream-flavors/?slide=2.

27 "What's Hot Culinary Forecast."

28 "Haagen-Dazs," Wikipedia, https://en.wikipedia.org/wiki/Haagen-Dazs.

29 "Vanilla Swiss Almond," Haagen-Dazs, https://www.haagendazs.us/products/ice-cream/vanilla-swiss-almond/.

30 "About Us," Ben & Jerry, https://www.benjerry.com/about-us.

31 "Cookies, Cream 'N' Controversy," *Newsweek*, July 4, 1993, https://www.newsweek.com/cookies-cream-n-controversy-194604. 다음도 참고. "Peace, Love, and Branding: The History of Ben & Jerry's in 3 Minutes," *Fast Company*, December 4, 2014, https://www.fastcompany.com/3039354/peace-love-and-branding-the-history-of-ben-jerrys-in-under-3-minutes.

32 Rob Brunner, "How Chobani's Hamdi Ulukaya Is Winning Amrica's Culture War," *Fast Company*, March 20, 2017, https://www.fastcompany.com/3068681/how-chobani-founder-hamdi-ulukaya-is-winning-americas-culture-war.

33 "About Us," Euphrates Cheese, http://www.euphratescheese.com/pages/about-us.

34 John Tamny, "The Story of Chobani Is About Much More Than Yogurt," *Forbes*, July 4, 2016, https://www.forbes.com/sites/johntamny/2016/07/04/the-story-of-chobani-is-about-much-more-than-yogurt/#21f2b63b6646.

35 Steven Heller, "The Appetizing Aesthetics of a Kind Bar," *Atlantic*, August 29, 2013, https://www.theatlantic.com/entertainment/archive/2013/08/the-appetizing-aesthetics-of-a-kind-bar/279170/.

CHAPTER 6 개인의 스타일을 이해하고 재해석하기

1 "Tiny Ancient Shells—80,000 Years Old—Point to Earliest Fashion Trend," European Science Foundation, August 27, 2009, https://www.sciencedaily.com/releases/2009/08/090827101204.htm.

2 Oscar Holland, "Style Icon Iris Apfel, 96, Is Now a (Wrinkle-Free) Barbie Doll," CNN, March 19, 2018, https://www.cnn.com/style/article/iris-apfel-barbie/index.html.

3 William D. Cohan, "'They Could Have Made a Different Decision': Inside the Strange Odyssey of Hedge-Fund King Eddie Lampert," *Vanity Fair*, March 25, 2018, https://www.vanityfair.com/news/2018/03/the-strange-odyssey-of-hedge-fund-king-eddie-lampert-sears-kmart.

4 Air VaporMax Platinum, Nike, https://www.nike.com/launch/t/air-vapor-max-pure-platinum/.

5 "Contributors," *Elle Decor*, December 2018, 28, 10.

6 Steve Kroft, "Peter Marino, Architect, Calls His Tattooed Leather Look 'a Decoy,'" *60 Minutes*, CBS, April 2, 2017, https://www.cbsnews.com/news/peter-marino-architect-on-living-and-dressing-out-of-the-box/.

7 Charlotte Hu, "A Former Apple Employee Inspired Theranos CEO Elizabeth Holmes' Change from 'Frumpy Accountant' to Her Signature Steve Jobs–style Black Turtleneck," Business Insider, September 5, 2018, https://www.businessinsider.com/how-elizabeth-holmes-came-up-with-her-iconic-jobsian-look-2018-5.

8 Meghann Myers, "New in 2018: Army Decision Coming on Return of 'Pinks and Greens' Uniform," *Army Times*, December 27, 2017, https://www.armytimes.com/

news/your-army/2017/12/27/new-in-2018-army-decision-coming-on-return-of-pinks-and-greens-uniform/.

9 Randall Shinn, "Anti-Glamour: Modest and Unprovocative," Deep Glamour, June 21, 2009, https://vpostrel.com/deep-glamour/antiglamour-modest-and-unprovocative.

10 Telephone interview with Frank Abagnale, Jr., August 27, 2018.

11 Joseph Stromberg, "The Origins of Blue Jeans," *Smithsonian*, September 26, 2011, https://www.smithsonianmag.com/smithsonian-institution/the-origin-of-blue-jeans-89612175/.

12 "Attention Baby Boomer Women: Meet Fashion Designer Kay Unger!," Winsome 2 Wisdom, http://www.winsometowisdom.com/kay-unger-fifty-plus-fashion/.

13 Telephone interview with Kay Unger, December 16, 2018.

14 M. J. Stephey, "Camouflage," *Time*, June 22, 2009, http://content.time.com/time/nation/article/0,8599,1906083,00.html.

15 Cleo M. Stoughton and Bevil R. Conway, "Neural Basis for Unique Hues," *Current Biology* 18, no. 16 (August 26, 2008): 698–99, https://www.sciencedirect.com/science/article/pii/S0960982208007392.

CHAPTER 7 큐레이션의 예술-조화와 균형의 회복

1 Carola Long, "The Secret to Moncler's Success," *Financial Times*, March 3, 2017, https://www.ft.com/content/a211bc98-ff50-11e6-8d8e-a5e3738f9ae4.

2 Sheena S. Iyengar and Emir Kamenica, "Choice Proliferation, Simplicity Seeking, and Asset Allocation," Columbia University Graduate School of Business, March 2010, https://www0.gsb.columbia.edu/mygsb/faculty/research/pubfiles/4519/simplicity-Seeking.pdf.

3 Sheena Iyengar, "How to Make Choosing Easier," TED Summaries, December 6, 2014, https://tedsummaries.com/2014/12/06/sheena-iyengar-how-to-make-choosing-easier/.

4 "David Rubenstein," The Carlyle Group, https://www.carlyle.com/about-carlyle/team/david-m-rubenstein.

5 "Monthly Retail Trade," United States Census, https://www.census.gov/retail/marts/www/timeseries.html.

6 Suzanne Kapner, "Department Store of the Future: Selling Art Off the Walls and Car Insurance at Checkout," *Wall Street Journal*, December 24, 2018, https://www.wsj.com/articles/department-store-of-the-future-selling-art-off-the-walls-and-car-insurance-at-check out-11545647400.

7 위와 동일.

8 10 Corso Como, http://www.10corsocomo.com.

9 Dover Street Market, https://www.doverstreetmarket.com.

10 ABC Carpet & Home, http://www.abchome.com.

11 Nikara Johns, "A Look Inside Dover Street Market's Insanely Cool Los Angeles Store," Foot Wear News, November 5, 2018, https://footwearnews.com/2018/business/retail/dover-street-market-los-angeles-store-opening-photos-1202703338/.

12 Ashley Rodriguez and Maureen Morrison, "Kmart Revamps Marketing Team, Hires CMO," *Ad Age*, June 11, 2015, https://adage.com/article/cmo-strategy/kmart-re-vamps-marketing-team/298992/.

CHAPTER 8 명료화의 기술

1 Tim Lomas, "The Positive Lexicography," Tim Lomas, PhD, https://www.drtimlomas.com/lexicography.

2 Tim Lomas, "Papers," Tim Lomas, PhD, https://www.drtimlomas.com/blank-1.

3 David Robson, "The 'Untranslatable' Emotions You Never Knew You Had," BBC, January 26, 2017, http://www.bbc.com/future/story/20170126-the-untranslatable-emotions-you-never-knew-you-had.

4 Lomas, "The Positive Lexicography."

5 "Fucking Fabulous," Tom Ford, https://www.tomford.com/fucking-fabulous/T6-FAB-ULOUS.html.

6 "Congratulations to Comcast, Your 2014 Worst Company in America!," Consumerist, April 8, 2014, https://consumerist.com/2014/04/08/congratulations-to-comcast-your-2014-worst-company-in-america/index.html.

7 "Comcast to Pay $2.3 Million Fine to Resolve Billing Complaints," FCC, October 11, 2016, https://www.fcc.gov/document/comcast-pay-23m-fine-resolve-billing-complaints.

8 Michael B. Sauter and Samuel Stebbins, "America's Most Hated Companies," 24/7 Wall St., January 10, 2017, https://247wallst.com/array/2017/01/10/americas-most-hated-companies-4/.

9 "Yeti Anthem," Yeti, https://stories.yeti.com/story/yeti-anthem.

10 "Make a Lasting Impact," Tiffany & Co., https://www.tiffany.com/sustainability.

11 "A Dentist's Insight," Quip, https://www.getquip.com/story#thedentist.

12 "About," Suja Juice, https://www.sujajuice.com/about/.

13 Alberto Gallace, "Neurodesign: The New Frontier of Packaging and Product Design," Packaging Digest, October 27, 2015, https://www.packagingdigest.com/packaging-design/neurodesign-the-new-frontier-of-packaging-and-product-design1510.

14 Katherine Owen, "House of Good Cheer," *Southern Living*, December 2018, 115.

15 Satyendra Singh, "Impact of Color on Marketing," *Management Decision* 44, no. 6 (2006): 783–89, https://www.emeraldinsight.com/doi/abs/10.1108/00251740610673332?journalCode=md.

16 Lisa McTigue Pierce, "Amazon Incentivizes Brands to Create Frustration-Free Packaging," Packaging Digest, September 18, 2018, https://www.packagingdigest.com/sustainable-packaging/amazon-incentivizes-brands-to-create-frustration-free-packaging-2018-09-18.

17 Daniel Keyes, "E-commerce Is Changing Product Packaging," Business Insider, December 31, 2018, https://www.businessinsider.com/procter-gamble-unilever-change-ecommerce-product-packaging-2018-12.

18 Pan Demetrakakes, "Seventh Generation Tops Off Dish Soap's 'Eco' Appeal with 100% PCR Cap," Packaging Digest, August 24, 2018, https://www.packagingdigest.com/sustainable-packaging/seventh-generation-tops-off-dish-soaps-eco-appeal-with-100-pcr-cap-2018-08-24.

19 Wright Tool, http://www.wrighttool.com.

20 Soylent, https://soylent.com.

21 Rick Lingle, "Digitally Printed Labels Add Texture to Put Consumers in Direct Touch with Packaging," Packaging Digest, October 3, 2016, https://www.packagingdigest. com/labels/texture-inks4-labels-put-consumers-in-direct-touch-packaging1610.

22 Malcom G. Keif, Colleen Twomey, and Andrea Stoneman, "Consumer Perception of Tactile Packaging: A Research Study on Preferences of Soft Touch & Hi Rise Coatings in Cosmetic Packaging," *Journal of Applied Packaging Research* 7, no. 1 (2015), https://scholar works.rit.edu/cgi/viewcontent.cgi?referer=https://www.google. com/&httpsredir=1&article=1013&context=japr.

23 Alberto Gallace, "Neurodesign: The New Frontier of Packaging and Product Design," Packaging Digest, October 27, 2015, https://www.packagingdigest.com/packaging-design/neurodesign-the-new-frontier-of-packaging-and-product-design1510/page/0/3.

24 Jenni Spinner, "Augmented Reality Brings Pasta Packaging to Life," Packaging Digest, December 13, 2018, https://www.packagingdigest.com/smart-packaging/augmented-reality-brings-pasta-packaging-to-life-2018-12-13.

25 Telephone interview with Cristina Carlino, December 18, 2018.

26 Email from James Truman, December 28, 2018.

27 "J. D. Power Honors Best Resale Value for Mass Market and Luxury Automotive Brands," J. D. Power, August 22, 2018, https://www.jdpower.com/business/press-releases/2018-resale-value-awards.28. Roy Furchgott, "A 72-Year-Old Italian Star Barely Showing Its Age," *New York Times*, December 27, 2018, https://www.nytimes.com/2018/12/27/business/vespa-scooters-resale-values.html.

28 Roy Furchgott, "A 72-Year-Old Italian Star Barely Showing Its Age," New York Times, December 27, 2018, https://www.nytimes.com/2018/12/27/business/vespa-scooters-resale-values.html.

29 Don Williams, "2017 (Vespa 946) RED First Look," Ultimate Motorcycling, November 6, 2016, https://ultimatemotorcycling.com/2016/11/08/2017-vespa-946-

red-first-look-charity-scooter/.

30 "Vespa Is . . . ," https://www.vespa.com/us_EN/vespa-is.html.

31 "A Journey to Discover Electric Vespa in Eight Videos. Surprises and Emotions," Wide, https://wide.piaggiogroup.com/en/articles/products/a-journey-to-discover-electric-vespa-in-eight-videos-surprises-and-emotions/index.html.

32 Erin Sagin, "10 Stats That Will Make You Rethink Marketing to Millennials," Word-Stream, January 4, 2019, https://www.wordstream.com/blog/ws/2016/02/02/mar-keting-to-millennials.

33 Maurie J. Cohen, Halina Szejnwald Brown, and Philip J. Vergragt, eds., *Social Change and the Coming of Post-Consumer Society*, (New York: Routledge, January 12, 2019), 4-7.

CHAPTER 9 미학의 미래

1 Kurt Wagner and Rani Molla, "Facebook Lost Around 2.8 Million U.S. Users Under 25 Last Year. 2018 Won't Be Much Better," Recode, February 12, 2018, https://www.re-code.net/2018/2/12/16998750/facebooks-teen-users-decline-instagram-snap-emar-keter. 다음도 참고. Rupert Neate, "Twitter Stock Plunges 20% in Wake of 1M User Decline," *Guardian*, July 27, 2018, https://www.theguardian.com/technology/2018/jul/27/twitter-share-price-tumbles-after-it-loses-1m-users-in-three-months.

2 Rebecca Gale, "The Allure of Small Towns for Big Ciy Freelancers," Slate, July 20, 2018, https://slate.com/human-interest/2018/07/big-city-freelancers-look-to-small-cit-ies-to-lower-cost-of-living.html.

3 위와 동일.

4 "2017 Cone Communications CSR Study," Cone Communications, http://www.con-ecomm.com/research-blog/2017-csr-study#download-the-research.

5 Greta Stieger, "Nestle: 100% Recyclable or Reusable Packaging by 2025," Food Pack-aging Forum, April 16, 2018, https://www.foodpackagingforum.org/news/nes-tle-100-recyclable-or-reusable-packaging-by-2025.

6 "Eleven Companies Commit to 100% Reusable, Recyclable, or Compostable Packaging," Packaging Strategies, January 26, 2018, https://www.packagingstrategies.com/articles/90200-eleven-companies-commit-to-100-reusable-recyclable-or-compostable-packaging.

7 "Can I Recycle Organic Valley Packaging?," Organic Valley, http://organicvalley.custhelp.com/app/answers/detail/a_id/525/~/can-i-recycle-organic-valley-packaging%3F.

8 "The Activist Company," Patagonia, https://www.patagonia.com/the-activist-company.html.

9 "100+ Cities Commit to Clean with 100% Renewable Energy," Seventh Generation, https://www.seventhgeneration.com/blog/100-cities-commit-clean-100-renewable-energy.

10 "West Elm Local," West Elm, https://www.westelm.com/shop/local/.

11 Rex Hammock, "More Giant Retailers Discover Marketing Magic of Artisans, Crafters & Makers," Small Business, December 7, 2015, https://smallbusiness.com/trends/makers-crafter-big-retailers/.

12 The Brick Kiln, Instagram, https://www.instagram.com/thebrickkiln/.

13 "Etsy Is Now at Macy's Herald Square," Macy's, https://www.macys.com/cms/ce/splash/etsy/index?cm_kws=etsy.

14 Judith Aquino, "Nine Jobs That Humans May Lose to Robots," NBC, http://www.nbcnews.com/id/42183592/ns/business-careers/t/nine-jobs-humans-may-lose-robots/#.XDVlUi3MzGI. 다음도 참고. Joshua Kim, "Robots, Jobs, and the Liberal Arts," Inside Higher Ed, July 15, 2015, https://www.insidehighered.com/blogs/technology-and-learning/robots-jobs-and-liberal-arts.

15 Miriam Jordan, "As Immigrant Farmworkers Become More Scarce, Robots Replace Humans," New York Times, November 20, 2018, https://www.nytimes.com/2018/11/20/us/farmworkers-immigrant-labor-robots.html.

16 Chantel McGee, "In a Decade, Many Fast-Food Restaurants Will Be Automated, Says YumBrands CEO," CNBC, March 28 2017, https://www.cnbc.com/2017/03/28/in-a-decade-many-fast-food-restaurants-will-be-automated-says-yum-brands-ceo.

html.

17 Samuel I. Schwartz, *No One at the Wheel* (New York: Public Affairs, 2018), 32–36.

18 Conner Forrest, "The First 10 Jobs That Will Be Automated by AI and Robots," ZD-Net, August 3, 2015, https://www.zdnet.com/article/the-first-10-jobs-that-will-be-automated-by-ai-and-robots/.

19 James Manyika, Michael Chui, Mehdi Miremadi, et al., "Harnessing Automation for a Future That Works," McKinsey & Company, January 2017, https://www.mckinsey.com/featured-insights/digital-disruption/harnessing-automation-for-a-future-that-works.

20 Arwa Mahdawi, "What Jobs Will Still Be Around in 20 Years?," *Guardian*, June 26, 2017, https://www.theguardian.com/us-news/2017/jun/26/jobs-future-automation-robots-skills-creative-health.

21 Roisin O'Connor, "More People Are Going to See Live Gigs and Festivals Than Ever Before, UK Music Study Finds," *Independent*, July 11, 2017, https://www.independent.co.uk/arts-entertainment/music/news/live-music-gigs-festivals-attendance-uk-economy-local-venues-glastonbury-reading-leeds-brexit-a7835301.html. 다음도 참고. Ariana Brockington, "Going to Concerts Is Good for Your Health(-Study)," Variety, March 28, 2018, https://variety.com/2018/music/news/new-research-finds-concerts-good-for-health-1202739766/.

22 Kate Carraway, "How to Make a Millennial Feel Cozy in Just One Beverage," *New York Times*, January 8, 2019, https://www.nytimes.com/2019/01/08/style/millennial-marketing-wellness-recess.html.

23 Celia Balf, "Death Metal Yoga Is the 1000% Intense Workout You're Not Doing," *Men's Health*, January 22, 2018, https://www.menshealth.com/fitness/a19546754/death-metal-yoga/.

24 Pamela Kufahi, "Prayer and Transgender Issues Hit the Fitness Industry," Club Industry, March 9, 2015, https://www.clubindustry.com/blog/prayer-and-transgender-issues-hit-fitness-industry. 다음도 참고. Jordyn Taylor, "This LGBT Gym Helps Transgender Clients Shape Their Bodies to Match Their Identities," Marriott Traveler,

https://traveler.marriott.com/tips-and-trends/this-lgbt-gym-helps-transgender-clients-shape-their-bodies-to-match-their-identities/.

25 "The Start of the Break-up," *Economist*, August 4, 2016, https://www.economist.com/europe/2016/08/04/the-start-of-the-break-up. 다음도 참고. Lis Wiehl, "Falling Apart," June 13, 2017, https://www.washingtontimes.com/news/2017/jun/13/secession-movements-in-us-gaining-steam/. 다음도 참고. Rachel Belle, "The Likelihood of California, Oregon, and Washington Seceding," My Northwest, December 19, 2017, http://mynorthwest.com/470605/oregon-california-washington-seceding/.

26 Reihan Salam, "One Nation, Divisible?," Slate, July 3, 2014, https://slate.com/news-and-politics/2014/07/hobby-lobby-and-the-cultural-divide-is-america-in-danger-of-fracturing-into-two-countries-one-secular-one-religious.html.

27 "Spiritual Warriors Couture," Venxara, https://www.venxara.com/collections/spiritual-warriors-couture.

28 Hilary Milnes, "How Ulta Beauty Evolved Its Merchandising Strategy to Compete in a Crowded Market," Digiday, May 7, 2018, https://digiday.com/marketing/ulta-beauty-evolved-merchandising-strategy-compete-crowded-market/.

29 Eric Leininger and David Kimbell, "The Secret to Ulta Beauty's Success: Joy," Kellogg Insight, March 6, 2017, https://insight.kellogg.northwestern.edu/article/the-secret-to-ulta-beautys-success-joy.

30 "Dutch Man, 69, Who 'Identifies as 20 Years Younger' Launches Legal Battle to Change Age," *Telegraph*, November 7, 2018, https://www.telegraph.co.uk/news/2018/11/07/dutch-man-69-identifies-20-years-younger-launches-legal-battle/.

31 Primary, https://www.primary.com.

32 Mitchell Kuga, "Gender-Free Shopping Is a Movement, Not a Trend," Racked, March 22, 2018, https://www.racked.com/2018/3/22/17148716/phluid-project-gender-neutral-shopping-retail-opening.

33 The Phluid Project, https://www.thephluidproject.com.

34 Merrell Hambleton, "Brand to Know: a Gender-Neutral Line Challenging Norms," *New York Times*, February 20, 2018, https://www.nytimes.com/2018/02/20/t-magazine/fashion/no-sesso-gender-neutral-clothing.html.

35 "About Us," TomboyX, https://tomboyx.com/pages/about-us-1.

사고 싶게 만드는 것들

초판 1쇄 발행일 2022년 4월 28일
초판 3쇄 발행일 2022년 9월 15일

지은이 폴린 브라운
옮긴이 진주 K. 가디너

발행인 윤호권
사업총괄 정유한

편집 논픽션팀 **디자인** 박지은 **마케팅** 명인수
발행처 ㈜시공사 **주소** 서울시 성동구 상원1길 22, 6-8층(우편번호 04779)
대표전화 02-3486-6877 **팩스(주문)** 02-585-1755
홈페이지 www.sigongsa.com / www.sigongjunior.com

글 ⓒ 폴린 브라운, 2022

ISBN 979-11-6579-950-2 03320

*시공사는 시공간을 넘는 무한한 콘텐츠 세상을 만듭니다.
*시공사는 더 나은 내일을 함께 만들 여러분의 소중한 의견을 기다립니다.
*알키는 ㈜시공사의 브랜드입니다.
*잘못 만들어진 책은 구입하신 곳에서 바꾸어 드립니다.